CHRISTOPH RABENSTEIN
RONALD WERNER

St. Georgen

BILDER UND GESCHICHTE(N)

CHRISTOPH RABENSTEIN
RONALD WERNER

St. Georgen

BILDER UND GESCHICHTE(N)

DRUCKHAUS BAYREUTH

Printed in Germany
© 1994 by Druckhaus Bayreuth Verlagsgesellschaft mbH.
Gesamtherstellung: Druckhaus Bayreuth
ISBN 3-922808-38-7

Die Abbildung auf der Einband-Vorderseite zeigt
eine Schützenscheibe aus dem Jahre 1834
mit der Ansicht von St. Georgen

Der Umwelt zuliebe
auf chlorfrei gebleichtem Papier gedruckt

Vorwort des Herausgebers

Unter den traditionellen St. Georgener Vereinen nimmt sich der „Freundeskreis Schloß St. Georgen" noch recht jung aus. In ihm haben sich engagierte Mitbürger zu einer Gruppierung zusammengeschlossen, die das barocke Markgrafenschloß für die Allgemeinheit öffnen und die Gartenanlage nach dem historischen Vorbild rekonstruieren lassen wollen.

Sie verstehen ihr Projekt nicht als eine Aufgabe des Denkmalschutzes, sondern als einen Beitrag zur Identitätsfindung des Stadtteils St. Georgen. So soll hier kein Museum entstehen, sondern, unter Bewahrung des historischen Erbes, eine Einrichtung, die den Bürgern nützt und die zu unserem heutigen St. Georgen paßt.

Das vorliegende Buch von Dr. Christoph Rabenstein und Ronald Werner stellt Aspekte des kulturellen, wirtschaftlichen, politischen und sportlichen Lebens in St. Georgen einer breiten Öffentlichkeit vor. Es entstand auf Anregung und mit Unterstützung des Vereins. Dieser Verein, der „Freundeskreis Schloß St. Georgen" als Herausgeber, möchte mit dem Buch zugleich auf sich selbst aufmerksam machen und sein Anliegen ins Bewußtsein der Öffentlichkeit rücken.

Dr. Christoph Rabenstein, promovierter Historiker, der selbst enge Beziehungen zu St. Georgen pflegt, wollte keine rein wissenschaftliche Abhandlung erstellen, sondern mehr Geschichte(n) erzählen, um so einen breiten Leserkreis anzusprechen. Das ist ihm eindrucksvoll gelungen. Er zeichnet für den Text verantwortlich. Die Gestaltung und redaktionelle Seite des Buches wurde von Herrn Ronald Werner übernommen. Er forschte unermüdlich bei Zeitzeugen, Vereinen, Parteien und Privatpersonen, um durch diese mühevolle Kleinarbeit jene Vergangenheit wieder lebendig werden zu lassen, die in zahlreichen Abbildungen illustriert ist. Sein umfangreiches Bild- und Dokumentenarchiv bildete den Grundstock für das Buch. Durch seinen Elan und sein Engagement wurden alle an diesem Projekt Beteiligten motiviert und mitgezogen. Ihm sei besonders gedankt.

Um dieses Buch ohne Anzeigen herauszubringen, mußten Spenden gesammelt werden. Wir bedanken uns bei den St. Georgener Firmen, Geschäften und Banken, besonders aber auch bei den vielen Privatpersonen für Ihre Unterstützung.

Es bleibt dem Herausgeber auch im Namen der Autoren zum Schluß nur noch ein schlichtes Wort des Dankes an alle, die an der Entstehung des Buches mitgewirkt haben, die fleißig Bilder sammelten und Geschichten erzählten, die die Manuskripte lasen, das Register erstellten und wertvolle Ratschläge gegeben haben. Auch die zahlreichen wissenschaftlicher Arbeiten über die Geschichte St. Georgens verfaßt von Herrn Karl Müssel haben die Arbeit der Autoren erleichtert.

Die Drucklegung besorgte mit viel sachkundiger Hilfe das Druckhaus Bayreuth. Auch dafür herzlichen Dank.

Wir hoffen, daß dieses Buch einen breiten Leserkreis findet, und daß die Bilder und Geschichte(n) von St. Georgen alle erfreuen.

Dr. Alexander Wild
1. Vorsitzender des „Freundeskreis Schloß St. Georgen"

Widmung

Anna Fordermair und Karl Nürmberger: Für sie ist St. Georgen mehr als ein Ort zum Wohnen, für sie ist dieser Stadtteil Heimat, in der man sich wohlfühlt und geborgen ist und die sie mit keinem Ort der Welt tauschen möchten. Noch mehr: Sie sind ein Teil St. Georgens, ein Teil der lebendigen Geschichte dieses Ortes. Sie gehören dazu wie die barocken Kirchen und das historische Schloß. Sie kennen jeden Winkel und wissen über alle Häuser Bescheid, wer darin wohnt oder gewohnt hat, und sie können zahllose Geschichten über diese Menschen erzählen. Sie haben die Schattenseiten miterlebt – Krieg und Bombardierung, Hunger und Entbehrungen -, sie haben aber auch die Sonn(en)tage genossen: Feierliche Gottesdienste in der Ordenskirche, fröhliche Umzüge und Straßenfeste im geschmückten St. Georgen. Kurz: Sie sind richtige alte „Brannaburger". Ihnen beiden sei das Buch gewidmet.

Karl Nürmberger wurde im Jahre 1914 in St. Georgen in der traditionsreichen Matrosengasse geboren. Er besuchte die Knabenschule in der Brandenburger Straße und konfirmierte in der Ordenskirche. Er zählt heute zu den sogenannten Spurensuchern der St. Georgener Geschichte, die sich einmal im Monat zu einem gemütlichen Gedankenaustausch treffen. Seit vielen Jahren sammelt er Bilder und Geschichten über St. Georgen.

Anna Fordermair, geborene Lauterbach, ist Jahrgang 1909. Sie wurde im Gasthaus „Weißes Roß" in der Richard-Wagner-Straße geboren und kam zwei Jahre später mit ihren Eltern nach St. Georgen. Die Familie bezog zunächst das Haus St. Georgen Nr. 9, das war das damalige berühmte Gasthaus „Goldener Stern". Seit 1919 bewohnt Frau Fordermair das Haus St. Georgen Nr. 48, direkt neben der Ordenskirche.

Inhaltsverzeichnis

„Auf nach St. Georgen"
Brannaburger Kerwa und Bürgerfest

Im neuen Jahr, wenn der Winter vorbei ist und wir uns auf das Erwachen der Natur freuen, wenn alles grün wird und die ersten Blumen blühen, dann erschallt Ende März ein Ruf durch ganz Bayreuth: „Auf nach St. Georgen".

Die kerwalose Zeit ist vorbei, und traditionell pilgern unzählige Besucher aus nah und fern zu Verwandten und Bekannten und natürlich auch in die Wirtshäuser, wo man gut vorbereitet ist.

Beim „Ewald", in der Brauereiwirtschaft Götschel, beginnt der Reigen schon am Dienstag und endet erst am Montag, in den anderen Gasthöfen, in der „Schmiede", beim „Hirsch" und im Wirtshaus „Zum Brandenburger" wird am Donnerstag die „Brannaburger Kerwa" eingeläutet.

Alle Wirtschaften sind voll, denn niemand will sich die deftigen „Kerwaschmankerln" entgehen lassen. Am ersten Tag gibt es Kesselfleisch, das einmalig gut ist, wenn es wirklich frisch nach dem Schlachten direkt aus dem Kessel kommt – daher auch der Name. Und natürlich das so beliebte Krenfleisch, das in die Nase ziehen muß und die Köche, die den frischen Kren reiben, gleich zu Kerwabeginn tüchtig weinen läßt.

Diesen kulinarischen Leckerbissen folgen die „Blut- und Leberwerscht", auch „Siedwerscht" genannt, mit Kraut, und am Sonntag gibt es verschiedene Braten mit echten „Bareither Kleeß". Wem läuft da nicht das Wasser im Munde zusammen?

Aber nicht nur die Wirtschaften sind gut vorbereitet. Auch die Bäckereien haben sich etwas besonderes ausgedacht. Neben den bekannten „Kerwa-Kichla" gibt es als besondere Attraktion den „Brannaburger Zwieback".

Abb. 1   Urig geht's zu beim „Beckenbräu" Ewald Götschel in St. Georgen. Nicht nur zur Kirchweih, sondern während des ganzen Jahres, herrscht hier Hochbetrieb.

Abb. 2   Im zweijährigen Rhythmus verwandelt sich der historische Straßenzug in St. Georgen in einen großen Festplatz. Der Bürgerverein veranstaltet seit 1980 das mittlerweile zur Tradition gewordene Bürgerfest.

Tradition und Gastlichkeit

Nun müssen wir uns natürlich fragen, ob es nur der Zeitpunkt ist, also die „erste" Kerwa im Jahr, der so viele Menschen anlockt, oder ob dies noch andere Ursachen haben kann.

Um diese Frage beantworten zu können, müssen wir uns kurz in Gedanken auf den Weg zur Kerwa nach St. Georgen machen. Wir stellen uns vor, wir gehen von der Innenstadt aus die Brandenburger Allee hinauf und kommen an der Stiftskirche vorbei ins eigentliche Zentrum. Wir sehen rechts und links die gleichmäßig gebauten Häuser mit ihren schönen Proportionen, aufgelockert durch die Abstände voneinander und doch als Häuserfront erscheinend. Trotz der Gleichförmigkeit wirken sie nicht eintönig, auch weil in jedem Haus ein anderes Geschäft oder eine Gastwirtschaft ist. Wir blicken in den einen oder anderen Hinterhof und schauen schließlich auf die Ordenskirche, die dominant den ganzen Stadtteil überragt. In einiger Entfernung spitzt das Dach des St. Georgener Schlosses herüber.

Es gibt wohl kaum jemanden, der mit offenen Augen durch den Stadtteil geht und nicht von der historischen Atmosphäre eingefangen wird, der nicht eintaucht in die barocke Harmonie. Und dennoch ist es kein Museum, denn man spürt überall Leben und emsiges Treiben.

Es ist die Kombination aus den alten Fassaden und dem pulsierenden Leben dahinter, aus Tradition und historischer Atmosphäre gepaart mit heutiger Gastlichkeit und Gemütlichkeit, die diesen Stadtteil so reizvoll machen.

Bürgerfest

Diese herrliche Kulisse hat sicherlich auch den Ausschlag für das nun schon traditionelle Brannaburger Bürgerfest gegeben.

Traditionell, das heißt in Bayreuth, daß sich etwas mindestens zum zweiten Mal wiederholt hat, und das Bürgerfest existiert ja schon seit Anno 1980.

Wenn der Posaunenchor St. Georgen vom Turm der Ordenskirche den Eröffnungschoral geblasen hat und der offizielle Bieranstich erfolgt ist, dann beginnt an zwei Tagen ein Fest, das seinesgleichen sucht.

Es beginnt die Jagd auf die traditionellen „Brannaburger Bierseidla", die jedesmal ein neues Motiv haben, und dann wird – wie schon zur Kerwa – fröhlich gegessen und getrunken, nur diesmal im Freien, und das erhöht den Genuß noch.

Am Sonntagvormittag ist Festgottesdienst, und wir können uns keinen besseren Rahmen als die St. Georgener Ordenskirche vorstellen. Danach ist Frühkonzert mit Frühschoppen, bei dem der „Brand" vom Samstag gelöscht werden kann.

Nun ist man gut gerüstet für den Nachmittag, wo jedermann mit Kind und Kegel auf der Straße ist. Für jeden wird etwas geboten, und es gibt viel zu sehen: Flohmarkt, Wurf-, Ball- und Angelspiele und das beliebte Torwandschießen sind ebenso vorhanden wie eine Hüpfburg oder ein Karussell. Es gibt einen Losverkauf mit einer

Abb. 3 und Abb. 4 *Die Gaststätten haben Schmuck angelegt. Oben der Gasthof „Hirsch" (Bayreuther Bierbrauerei), unten das gut erhaltene Haus des Gasthofes „Zum Brandenburger" (Brauerei Gebrüder Maisel).*

Abb. 5   *Der heutige Kern St. Georgens von Süd nach Nord. Deutlich sind das Gravenreuther Stift, die Ordenskirche und das ehemalige markgräfliche Schloß zu erkennen.*

Riesentombola, bei der auch schon mal ein nagelneues Auto zu gewinnen war, oder es wird ein Hausschmuckwettbewerb veranstaltet, bei dem ein Ehrenteller oder Pokal vergeben wird.

Außerdem wird für alle Theaterliebhaber und solche, die es werden wollen, etwas Besonderes geboten: Der Brandenburger Kulturstadl inszeniert inmitten von St. Georgen unter freiem Himmel Sondervorstellungen z. B. mit Stücken von Ludwig Thoma oder Karl Valentin.

Es ist ein Fest für jung und alt. Man schlendert die St. Georgener Straße entlang, trifft Bekannte oder schließt neue Freundschaften. Man begrüßt natürlich auch den Schirmherrn, in der Regel ist das der Oberbürgermeister, und den kennt ja jeder und viele meinen, das sei umgekehrt genauso. Oder man spricht ein paar Worte mit dem Lokalpolitiker, der den Ehrenteller überreicht oder den Hauptpreis zieht und dadurch Bürgernähe zeigt.

Kurz: Es ist ein Fest, bei dem sich jeder sofort wohlfühlt, ob Einheimische aus St. Georgen oder „Zugroaste" aus der Stadt und von weiterher.

Abb. 6   *Der Posaunenchor aus St. Georgen konnte 1993 sein 70jähriges Jubiläum feiern. Der Chorleiter Alfred Oetter mit Bläserinnen und Bläsern.*

Abb. 7 (oben) *Frau Huteich aus
Bayreuth gewinnt bei der Tombola
anläßlich des Brannaburger Bürgerfestes 1982 ein Auto.
v.l.n.r. Notar Dr. Roßner, Gewin-
nerin Frau Huteich, Herr Heinz
Pittl vom Autohaus Meyer & Pittl,
die Glücksfee Stadträtin Karin
Heimler und der 1. Vorsitzende des
Bürgervereins St. Georgen, Stadtrat Ernst-Rüdiger Kettel.*

Abb. 8 *Gesangverein Concordia
vor der Ordenskirche.*

Abb. 9 (oben) *Bürgermeister-Prominenz in St. Georgen: Der „heimliche Bürgermeister" von St. Georgen, Ernst Rüdiger Kettel, überreicht dem Bayreuther Ober-bürgermeister, Dr. Dieter Mronz, die „Brannaburger Europafahne" zur 800-Jahr-Feier der Stadt. Die Zeremonie verfolgen mit großem Interesse Oberbürgermeister a. D. Hans-Walter Wild, Bürgermeister Wolfgang Kern (links) und der Creußener Bürgermeister Klaus Gendrisch (rechts).*

Abb. 10 *Am mutmaßlich läng-sten Biertisch der Welt zechten 800 Gäste zu Ehren des 800jährigen Bayreuther Stadtjubiläums. Initia-tor des Jubiläumsgelages war der Bürgerverein „Die Brannaburger".*

13

Der Bürgerverein St. Georgen „Die Brannaburger"

Die Organisation des Brannaburger Bürgerfestes hat ein rühriger Kreis von Männern und Frauen übernommen, die sich zusammengeschlossen haben im Bürgerverein „Die Brannaburger" e. V.

Wie dieser Verein entstanden ist, schildert folgender Auszug aus einem Gedicht von Wolfgang Ruckriegel anschaulich. Er ist in der Festschrift zum 1. Bürgerfest zu finden:

Siem Brannaburger und a Hund
Die senn mol ham zu späta Stund
Ins Bett wollt'n sa jetzt endlich geh'
Doch vor an Hoftor
bliem sa steh'
Sie hom nuch a weng mitnanda
g'redt
Wie's im Leb'n halt so geht
Im Brannaburger wär nix mehr los
Ma kummt net fort – ma ärbat bloß

Kana kennat mehr den andern
Ma müßt mol mehra do mitnander
Do ließ sich doch bestimmt wos
find'n
Kurz, an Verein müßt ma mol
gründ'n.
Jawohl, des wär vielleicht ganz
g'scheit
An klann Verein für G'sellichkeit.
Dera Idee folgten bald Taten:
Zum Gründungsomd wurde
geladen.
Die poor Leidla hamm alla g'sunna:
,Werd do denn wärklich ana kumma
Wenn sich dazu halt net viel find'n
Kännt ma ja an Stammtisch
gründ'n'.
Doch der Erfolg, der wor ganz doll:
Des Nebenzimmer wor ganz voll
Der Max vom Hirsch, der gute Mo,
Wor sogar scho a Wochn vorher do.
Zuerst wurde g'frogt, wos kännt ma
mach'n,

Stammtisch, Verein oder andere
Sachen;
Doch fast alle stimmten ein:
Es beste wär' doch a Verein.
Der Siggi hot fast über Nacht
Für den Verein a Satzung
g'macht.
Die hatta dann a gleich verles'n
Zu ändern is do net viel g'wes'n.
Sie wurde also angenommen,
Dann is ma zu den Wahlen
kommen.
Ma hot do net viel rumgemacht
Und hot des Werk ganz schnell
vollbracht.
Denn, liebe Leit, des wißt ihr ja,
Des sollt nur kommissarisch sa.
Dann hot ma g'schaut, daß ma nuch
find't
An Noma für des neia Kind.

Fast alla stimmten da mit ein:
Die „Brannaburger" soll'n es sein.

Abb. 11a   *Vorstandschaft des Bürgervereins – Bayreuth – St. Georgen „DIE BRANNABURGER" e. V.*
Von links nach rechts: Jürgen Döring, Fritz Zink, Margitta Schirmer, Klaus Hübner, Ernst-Rüdiger Kettel,
Herbert Kramer, Margot Hübner, Brigitte Progscha, Frieda Wagner.

Abb. 11b *Der Initiator des Brannaburger Bürgerfestes begrüßt die Festbesucher auf seine launige Art. Gar mancher Kommunalpolitiker wurde von Ernst-Rüdiger Kettel ganz kräftig aufs Korn genommen.*

Ziele

Der Verein hat folgende Zielsetzung: Förderung und Pflege der Geselligkeit, der Kameradschaft und des Frohsinns sowie die bürgerliche Interessenvertretung des Stadtteils St. Georgen im Rahmen der Nachbarschaftshilfe.

In diesem Sinne wurden in der Folgezeit Geselligkeitsabende, Wanderungen und Ausflüge veranstaltet, es wurden Weihnachtsfeiern und Kinderfaschingsveranstaltungen sowie verschiedene Vorträge organisiert. Außerdem entstanden eine Kegelgruppe und eine Bastelwerkstatt. Bauernmalerei, Hinterglasmalerei, Wachsmodeln, Makramee und andere Handarbeiten werden dort angeboten. Vor dem Bürgerfest sind die Frauen in dieser Gruppe besonders eifrig, denn es werden Gegenstände hergestellt und bemalt, die für den Verkaufsstand des Vereins zur Verfügung gestellt werden.

Natürlich überlegen sich die Mitglieder des Bürgervereins auch, wie sie St. Georgen noch at-traktiver gestalten können. Angesprochen wurde schon der Hausschmuckwettbewerb, bei dem sich viele Bewohner überlegen, wie sie ihre Hausfassade oder vielleicht auch ihren Hinterhof verbessern können.

Eine weitere Gemeinschaftsaktion ist das Schmücken eines Osterbrunnens. Dabei wird seit Anfang der 80er Jahre eine fränkische Tradition aufgegriffen und der sog. Saubrunnen am Ende der Brandenburger Allee mit Birken und buntbemalten Ostereiern geschmückt.

Auch zur 800-Jahr-Feier der Stadt Bayreuth hat sich der Verein etwas ganz Besonderes ausgedacht: Im historischen Straßenzug von St. Georgen wurde der längste überdachte Biertisch der Welt für 800 Gäste aufgebaut. Jeder Platz war durchnumeriert und jeder Teilnehmer bekam einen Bierkrug, auf dem sein Name und die Platznummer standen. Dieser einmalige Biertisch reichte von der Ordenskirche bis an den Gasthof zum Hirschen, so daß der Schirm-herr der Veranstaltung, Oberbürgermeister Dr. Dieter Mronz, sogar die Krümmung des Erdballs erkannt haben soll.

Abb. 12 *Der Osterbrunnen in St. Georgen, der alljährlich vom Brannaburger Bürgerverein geschmückt wird.*

15

Die „Neue Stadt St. Georgen am See"
Geschichtlicher Überblick[1]

1702 Nachdem ein Jahr zuvor mit dem Bau des Markgrafenschlosses begonnen wurde, versucht der Erbprinz Georg Wilhelm eine neue Ansiedlung als bauliche Ergänzung zu schaffen. Sein Vater, der Markgraf Christian Ernst, unterstützt dieses Vorhaben. Am 23. März 1702 teilt er dem Bürgermeister und dem Rat der Stadt Bayreuth mit, daß sein Sohn, der Erbprinz Georg Wilhelm, beabsichtigt, am Brandenburger Weiher verschiedene Gebäude zu errichten. Die Stadt, die in diesem Bereich den größten Teil des Grund und Bodens besitzt, wird aufgefordert, dies zur Kenntnis zu nehmen. Ersatzflächen werden in Aussicht gestellt. In den Privilegien vom 25. März 1702, dem eigentlichen Gründungsakt St. Georgens, werden in Punkt 1 diese Zusagen an die Stadt Bayreuth wiederholt. Außerdem bietet der Markgraf verschiedene Anreize für bauwillige Bürger. So verspricht er ihnen kostenloses Bauholz und 10 Jahre Steuerfreiheit; Bier und Wein sollen 6 Jahre lang „umgeldfrei" sein. Die Ansiedlung von Handwerkern wird ausdrücklich befürwortet. Für den Bau der Häuser werden genaue Vorschriften gemacht. Nach diesen Regularitäten sollen sie zweigeschossig sein, wobei zumindest das Erdgeschoß aus Stein und das Dach aus Ziegeln bestehen muß. Dem Erbprinzen wird die niedere Gerichtsbarkeit übertragen.

Die Urschrift dieser Privilegien verschwindet frühzeitig. Dies geschieht wohl mit Absicht, da der Markgraf seinen Entschädigungen gegenüber der Stadt nur unzureichend nachkommt. Es existiert aber eine amtlich beglaubigte Kopie aus dem Jahre 1718. 1724 wird erneut eine Abschrift angefertigt, und dabei werden die Privilegien erweitert. Auch in den folgenden Jahren erteilen die Markgrafen für St. Georgen immer wieder Privilegien, so z.B. zur Errichtung von Manufakturen.

1702 – 1709: In diesem Zeitraum entstehen die 24 typengleichen Häuser. Im September 1702 erfolgt die Grundsteinlegung zum ersten Haus, das die Gemahlin des Erbprinzen errichten läßt (heute Nr. 29, Schmidtbank). Daneben baut der Hofmarschall Leopold von Löwenberg ein Haus (Nr. 27, Pfarramt). Im gleichen Jahr folgen das Haus des Kammerdieners und Bauinspektors Johann Cadusch (Nr. 25, Gastwirtschaft Götschel) und das erste Gebäude auf der Ostseite, das Haus des Metzgers Rudel (Nr. 40, Feilner). Die weiteren Hausbesitzer sind:

1703: Heubach (Nr. 23), von Löwenberg (Nr. 56), Weiß (Nr. 48), Creuzer (Nr. 44) und Popp (Nr. 42)

1704: von Stein (Nr. 54), Fischer (Nr. 7), von Künßberg (Nr. 21), Strinz (Nr. 46) und Haußfeld (Nr. 46)

1705 bis 1709: Hofmann (Nr. 32), Fabricius (Nr. 17), Petersen (Nr. 28), Glimpf (Nr. 13), von Ratiborsky (Nr. 15), Hagen (Nr. 30), von Thanner (Nr. 19), Schreiber (Nr. 11), Scheib (Nr. 9), Mayer (Nr. 36/38) und Ehrenfried Seyffert (Nr. 34).

Unter den Hausbesitzern finden sich keine französischen Namen, so daß es als absolut sicher gelten kann, daß St. Georgen keine Hugenottensiedlung war.

1703 Westlich vom Schloß werden fünf Häuser für die Matrosen der markgräflichen Flotte errichtet. Das mittlere Gebäude ist ein Stockwerk höher; es wird Kapitänshaus genannt.

1705 In den Statuten des markgräflichen Ordens de la Sincérité wird das erste Mal offiziell von der Neuen S t a d t zu St. Georgen gesprochen. Eine eigentliche Stadterhebung gibt es nicht. Der spätere Markgraf Georg Wilhelm hat seine neue Siedlung nach dem von ihm verehrten Namens- und Schutzpatron, dem Ritterheiligen und Drachentöter St. Georg, benannt. Obwohl das Bayreuther Gebiet bereits evangelisch war, lebte immer noch die Georgstradition fort. Hinzu kam, daß der Erbprinz auf seiner Englandreise (1695 – 1696) mit dem Georgskult in Berührung kam. Dort galt St. Georg sogar als Nationalheiliger.

Die Grundsteinlegung der Ordenskirche erfolgt.

Der Ziegler Johann Franz Köhler erhält das Privileg zur Errichtung einer Ziegelhütte. Der Betrieb wird östlich der Ordenskirche angesiedelt.

1706 Das Opernhaus westlich des Ordensschlosses wird errichtet.

Hinter der Ordenskirche entsteht das erste St. Georgener Kommunbrauhaus; das Gebäude wird bereits 1718 erheblich erweitert.

1708 Am Südostrand der neuen Siedlung fügt man der Häuserzeile einen größeren Gebäudekomplex an, die Infantriekaserne. Sie dient bis 1769 als Unterkunft für die markgräflichen Soldaten.

1711 Einweihung der Ordenskirche. Damit ist die erste große Bauphase abgeschlossen. 1712 beginnt die Regierungszeit Georg Wilhelms, und er widmet sich nun verstärkt anderen Projekten.

1722 Beginn der zweiten größeren Bauphase mit der Grundsteinlegung zum Prinzessinnenhaus (heute Markgrafenallee 44). Dadurch sollte gemäß barocker Symmetrie eine zweite Häuserzeile entstehen. Sie wird aber nach dem Tod Georg Wilhelms (1726) nicht fortgeführt.

1724 Baubeginn des Zucht- und Arbeitshauses; der Gebäudekomplex konnte erst 1735 fertiggestellt werden.

1725 Abriß und Neuaufbau des mittleren Teils des Ordensschlosses in der heutigen Form.

1726 Tod des Markgrafen Georg Wilhelm. Damit endet die zweite größere Bauphase, da sein Nachfolger Georg Friedrich Carl (1727 – 1735) kein Interesse an einer Vergrößerung St. Georgens hat.

1741 Gegenüber der Kaserne beginnt der Bau des Gravenreuther Stifts. Im Jahre 1742 kann Richtfest gefeiert werden; die feierliche Einweihung erfolgt 1744.

1745 Markgraf Friedrich gewährt durch ein Privileg die selbständige Verwaltung der Stadt St. Georgen. Es werden ein Bürgermeister und ein Rat mit sechs Mitgliedern eingesetzt, und ihnen wird die niedere Gerichtsbarkeit übertragen. Die beiden zusammengebauten Knöllerschen Häuser (heute St. Georgen Nr. 27 und 29) werden, mit einem Dachreiter versehen und als Rathaus verwendet.

1775 Der Brandenburger Weiher wird abgelassen und die Fläche landwirtschaftlich genutzt.

1791 Der letzte Markgraf von Ansbach und Bayreuth, Alexander, tritt die beiden Fürstentümer an Preußen ab.

1811 Nach dem französischen Intermezzo kommt das Bayreuther Gebiet 1810 zu Bayern. Graf Montgelas ordnet das Gemeindewesen neu und verfügt die Eingemeindung St. Georgens in die Munizipalgemeinde Bayreuth. Die ehemals eigene Stadt wird als 13. Distrikt der Kreishauptstadt Bayreuth geführt. Nach 109 Jahren stolzer Eigenständigkeit wird St. Georgen ein Stadtteil.

Der Prinz aus der Provinz: Markgraf Georg Wilhelm[2]

Er gab St. Georgen den Namen, und ihm ist es zu verdanken, daß die Stadt überhaupt und gerade an diesem Ort erbaut wurde. Deshalb sollen seine Person und die Motive zur Anlage der Stadt genauer dargestellt werden.

Sein Vater, der Markgraf Christian Ernst, war im Jahre 1700 erst 56 Jahre alt, und er war noch recht rüstig. Es sah nicht so aus, als ob der 22 Jahre alte Prinzregent bald seine Nachfolge antreten müßte und so eigener Herr mit Hofstaat und Residenz, damals im heutigen Alten Schloß, werden würde. Aber genau das wollte der junge Prinz. Hinzu kam, daß sein Vater nach dem Tod der Mutter des Erbprinzen, Markgräfin Sophie Louise, im Jahre 1702 noch einmal geheiratet hatte, nämlich die brandenburgische Prinzessin Elisabeth Sophie. Diese resolute Dame war für damalige Verhältnisse recht eman-

zipiert und mischte sich in die Regierungsgeschäfte des Markgrafen Christian Ernst verstärkt ein. Doppelter Grund also für den Prinzen, sich einen eigenen Hofstaat zu schaffen, eben St. Georgen.

Und warum gerade an diesem Ort? Um dies zu erklären, muß man etwas weiter ausholen. Der am 16. November 1678 geborene Erbprinz war natürlich die große Hoffnung des Markgrafen, der bisher „nur" eine Tochter hatte. Es ist ja bekannt, wie wichtig damals ein männlicher Erbe für Adelsfamilien war. Zu seiner Geburt fertigte der Goldmacher Krohnemann einen Taler an, dessen Vorderseite eine von der Sonne erleuchtete Welt zeigt, über die ein geharnischter Arm ein Zepter hält. Darüber stehen die Worte: „Deo et parente". Die Umschriften auf der Vorder- und Rückseite lauten: „In

honorem et diem natal. 16. Nov. 1678 Ser. princ. D. D. Georg Wilhelm. . . optima spes patriae".

Übersetzt heißt das:
„Dank Gott und dem Vater. Zu Ehren und zum Geburtstag (16. Nov. 1678) des durchlauchtigsten fürstlichen Herrn, Herrn Georg Wilhelm . . . die beste Hoffnung des Staates."

Die großen Hoffnungen, die in ihn gesetzt wurden, konnte der junge Prinz, für den 24 Taufpaten, an der Spitze Kaiser Leopold und seine Gemahlin, ins Kirchenbuch eingetragen wurden, nicht ganz erfüllen. Obwohl er seit seinem vierten Lebensjahr von Professor Fikenscher und von anderen Professoren des Bayreuther Gymnasiums Unterricht erhielt, testierten ihm seine Lehrer nur bei Leibesübungen besonders gute Leistungen. Dies berechtigte auch damals

Abb. 13 *Die „Geburts-Münze" Georg Wilhelms.*

nicht zum Besuch einer Universität, der bei seinen Vorgängern Usus war. Lernen sollte aber der junge Prinz trotzdem noch etwas, und so schickte man ihn auf eine sogenannte „Bildungsreise".

Teure Kavalierstour

Im Jahre 1695 brach eine honorige Gesellschaft – neben vier jungen Adligen namens von Kaltenthal, von Löwenberg, von Stein und von Lüttig noch eine Schar von Dienern – gen Norden auf. Zunächst ging es nach Holland und Belgien. Wir können uns gut vorstellen, wie begeistert Georg Wilhelm von den Schlössern der Oranier war, welchen imposanten Eindruck er von den Prachtstädten Amsterdam und Brüssel hatte, wo er doch bisher nur Bayreuth und Umgebung kannte. Außerdem wurde er von Wilhelm III. von Oranien, dem Oberbefehlshaber der Alliierten und eingeheirateten König von England, schon in Brüssel mit höchsten Ehren empfangen und als Reichsfürst behandelt. Der holländische Kalvinist suchte nämlich gerade Verbündete gegen seinen vertriebenen Vorgänger Jakob II., der den englischen Thron zurückgewinnen wollte.

Das nächste Ziel war England, und die Bayreuther Landratten fuhren zum ersten Mal auf einem größeren Segelschiff.

Die Seefahrt muß sehr abenteuerlich gewesen sein, und nur mit äußerster Not wurde die Insel 100 km nördlich vom Zielort London erreicht. Georg Wilhelm beschreibt dies so: *Am dritten Tag worden wir, von einem plötzlich und hefftigen Sturm, dergestalt überfalen, daß wir an der Jacht, auf welcher ich mich befunden, die Segel zu Helffte verlohren. Hierzu kam noch dieses, daß die Jacht von einer Fregatte, im Vorbeysegeln, an der Spitze beschädigt ward. Bey sogestalten Sachen glaubte der Capitain, mit denen Matrosen, selbst nicht anders, als daß der Untergang erfolgen würde. Dem ungeachtet ließ ich den Mut nicht sincken, son-*

Abb. 14 *„Kleiner Mann, ganz groß" – Der spätere Markgraf Georg Wilhelm als dreijähriges Kind in Gala-Uniform.*

dern erwiese mich unerschrocken, und die Kleinmüthigkeit war von mir verbannet. Ich encauragirte auch alle Anwesenden, sprach, sie solten Gott vertrauen, getrost seyn, und das ihrige thun. . .[3] Das Gottvertrauen half und man erreichte England.

Die Reisegesellschaft besuchte dort u. a. die Städte Cambridge und Oxford, wo sie von dem Gouverneur *splendide tractiret und mit einer angenehmen Music entreteniret worden.*

In London traf der Prinz erneut den König Wilhelm III. von Oranien, der ihn wiederum bevorzugt empfing. Georg Wilhelm berichtet, daß er drei- bis viermal wöchentlich empfangen wurde. *Befande mich bisweilen an lever du Roy, oder bey dem Aufstehen des Königs und in dem innersten Gemach bey dessen Ankleide. Er nahm mich auch mit. . . auf die Jagd, und versahe mich mit seinen eigenen Pferden so offt als es geschahe; welche in denen Augen derer Engländischen Lords eine ganz besondere Distinction gewesen.*

Wie schon in Holland, erfuhr er auch in England viel über den Schiffbau und die Seefahrt. Georg Wilhelm war von diesen Eindrükken so begeistert, daß er nach seiner Rückkehr im Jahre 1696 sich maritimen Ersatz schaffen wollte. Dazu diente ihm das einzige größere Gewässer in der Umgebung Bayreuths, der Brandenburger Weiher, und deshalb wurde gerade hier mit dem Bau der Prinzregentenstadt begonnen. Davon aber später noch Genaueres.

Kommen wir noch einmal kurz auf die „Kavalierstour" Georg Wilhelms zurück. Sicherlich hat diese Reise den späteren Markgrafen geprägt, und er konnte gute Kontakte zu anderen Herrscherhäusern knüpfen. Auf der anderen Seite wurde dafür aber ein Vermögen ausgegeben. Insgesamt sollen dies über 60 000 fl. gewesen sein, wovon der größte Teil geborgt war.

Die schönste Prinzessin

Drei Jahre nach seiner „Bildungsreise" vermählte sich der Prinz mit der fünfzehnjährigen Prinzessin Sophie von Sachsen-Weißenfels. Sein Vater, der Markgraf Christian Ernst, war über diese Heirat recht froh, denn *Georg Wilhelm war bei einem ansehnlichen schlanken Wuchse dem weiblichen Geschlechte sehr bald hold* gewesen, wie Heinritz in seiner Biographie über den Markgrafen 1842 schreibt, und hatte wohl schon vor seiner Hochzeit regen Umgang mit dem anderen Geschlecht.

Die Ehe verlief für beide nicht besonders glücklich, obwohl Sophie „eine der schönsten Prinzessinen Deutschlands" gewesen sein soll. Der schon erwähnte Bayreuther Geschichtsschreiber Heinritz berichtet:

Er liebt sie bis zur Entzückung, sie haßte ihn.

Verschiedene Beleidigungen übersah er geduldig; aber ihre Vertraulichkeit mit einem am Bayreuther Hofe anwesenden Schwedischen Baron, die so weit ging, daß

Abb. 15 *Georg Wilhelm, hoch zu Roß; im Hintergrund die Stadt Bayreuth.*

Zwei große Leidenschaften

Georg Wilhelm hatte zwei große Leidenschaften: Einmal war das seine rege Schloßbautätigkeit und zum anderen seine Liebe zum Kriegs- und Soldatenleben. Sein Vater, der Markgraf Christian Ernst, der 1683 in Wien am Kampf gegen die Türken teilgenommen hatte – von diesen Heldentaten zeugt ja auch der Reiterbrunnen vor dem Neuen Schloß –, förderte dies selbstverständlich frühzeitig. Im Alter von 3 Jahren wurde dem Prinzen ein Harnisch angefertigt, und es wird über Kindermanöver mit hölzernen Waffen berichtet.

Im Alter von 17 Jahren veranstaltete Georg Wilhelm am Brandenburger Weiher, an dem Ort, an dem später das Schloß errichtet wurde, ein Manöver mit über 2000 Mann.[5] Es wurde eine Schanze errichtet, und Georg Wilhelm „eroberte" diese Festung. Harmlos ging es dabei aber nicht zu. Es wird berichtet, daß durch hölzerne Granaten, durch das blinde Schießen aus Kanonen und Gewehren und durch das Fechten mit hölzernen Säbeln und Degen viele „hart blessirt" wurden und „ein Paar Soldaten darüber starben". Zum Schluß marschierte man im Triumphzug mit den Gefangenen in Ketten nach Bayreuth zum Schloß, wo die Leute Geld, Essen und Trinken bekamen und wieder nach Hause entlassen wurden.

Nach diesen Vorbereitungen war Georg Wilhelm für den Ernstfall gewappnet, und noch im gleichen Jahr kam es während seiner Bildungsreise zur ersten größeren Schlacht. Beim sog. „Treffen bei Enghien" stieß in der Nähe von Brüssel die Armee Ludwig XIV. auf die alliierte Armee des Reiches sowie die des Wilhelm von Oranien. Georg Wilhelm war ein echter „Draufgängertyp" und zeigte sich äußerst mutig. Er berichtet über diese Schlacht in seiner „angeborenen Bescheidenheit" folgendermaßen: *Ich erzeigte auch eine solche Unerschrockenheit und Bravour, daß ein jedweder in der ganzen Armee Anlaß bekam, von dem jungen Erb-Prinzen von Bay-*

sie sich einstmals einander unter der Tafel mit den Füßen Zeichen gaben, öffentlich mit Brodkrummen warfen und auf arme Hahnreien recht spitzig loszogen, brachte ihn in Harnisch. Der Gesellschafts-Cavalier entwischte dem Zorne des Prinzen, dessen Ausbruch nun ganz auf die Prinzessin fiel, die schwere zeichen seiner gereizten Empfindlichkeit fühlen mußte. Kaum hatte sich indeß die heftige Gemühtsbewegung des Prinzen ein wenig gekühlt, so warf er sich seiner Gemahlin zu Füßen und bat sie in den demüthigsten Ausdrücken um Verzeihung. Sie hingegen blieb unerbittlich und betheuerte unter den größten Scheltworten, wie sehr sie ihn verabscheute. Diese noch größere Beleidigung zwang ihn endlich, sie auf die Veste Plassenburg bringen und ihr Zeit zu lassen, zu bereuen, daß sie einem sie so heftig liebenden Gemahl so vermessen begegnet hatte.[4]

Sicher hat zu dieser Zerrüttung auch beigetragen, daß dem Paar ein männlicher Erbe versagt blieb. Nach der Geburt der Tochter Christiane Sophie Wilhelmine – von ihr wird später in Zusammenhang mit dem Prinzessinnenhaus noch die Rede sein – im Jahre 1701, kamen zwar vier weitere Kinder zur Welt, die aber frühzeitig starben. Nichts Außergewöhnliches zur damaligen Zeit: die Mätresse Georg Wilhelms. So wird berichtet, daß er mit der Tochter seines Oberjägermeisters, Christiane Emilie von Gleichen, ein Verhältnis hatte. Er richtete neben dem jetzigen Opernhaus eine Wohnung ein und ließ vom Schloß aus eine hölzerne Brücke zu diesem „Liebesnest" erstellen. Das Ergebnis war ein Sohn mit dem Namen Georg Wilhelm von Blassenberg, der später in sächsische Kriegsdienste trat.

reuth zu reden ... Ein jedweder Kunte sattsam schliesse und annehmen, daß der, dem Brandenburgischen Hause angeerbte Helden- und Löwenmuth auch in mir lag.[6]

Sein Löwenmut wurde ihm allerdings beinahe zum Verhängnis. 1702 traf ihn bei der Belagerung der Festung Landau eine Musketenkugel. Obwohl er überlebte, hatte er an der Verletzung Zeit seines Lebens zu leiden. Er nahm aber trotzdem an weiteren kriegerischen Auseinandersetzungen teil und brachte es so zum dreifachen Generalfeldmarschall, und zwar beim Fränkischen Kreis, beim Polenkönig und schließlich beim Kaiser.

1712 starb sein Vater Christian Ernst, und Georg Wilhelm wurde Markgraf. Seit dieser Zeit widmete sich der Regent mehr seiner zweiten Leidenschaft, der Schloßbautätigkeit. Obwohl die Markgrafschaft hoch verschuldet war – sein Vater hinterließ ihm eine Schuldenlast von 300 000 fl – konnte die Bautätigkeit in St. Georgen fortgesetzt werden, es entstanden Bauwerke in der Eremitage, in Himmelkron und Neustädtlein, und das Jagdschloß Thiergarten wurde errichtet. Zwar versuchte Georg Wilhelm die Finanzsituation in den Griff zu bekommen, indem er Beamte des Hofstaates entließ und Gehälter kürzte. Auf der anderen Seite leistete er sich den Luxus eines stehenden Heeres, was für Territorien dieser Größenordnung außergewöhnlich war. Auch die vielen Feste und Feiern, das Theaterspielen und die Jagden verschlangen enorme Summen.

Die Hochfürstliche Leiche

Als der Markgraf im Jahre 1726 im Alter von 48 Jahren starb, hinterließ er, wie sein Vater, erhebliche Schulden. Die Beerdigungszeremonie sagt viel über Zeitgeist und Hofstaat aus und soll deshalb kurz geschildert werden.[7]

Insgesamt war die Trauergemeinde in neun Ordnungen eingruppiert, die wieder unterteilt waren in insgesamt über 60 Gruppen.

Abb. 16   *Das Bild des Markgrafen Georg Wilhelm war auch als Motiv für Schützenscheiben sehr beliebt. Hier ein Exemplar, das heute noch in den Räumen der Schießanlagen der Vereinigten Schützengilden St. Georgen zu bewundern ist.*

Am Anfang des Zuges befanden sich hohe adlige Würdenträger und Mitglieder des Hofstaates, dann folgten Fahnenträger und Träger der Kleinodien, Schwerter und der Orden des Markgrafen.

In der sechsten Ordnung befand sich die Leiche Georg Wilhelms. In der abgedruckten Trauerordnung heißt es dazu:

Hierauf kommt die Hochfürstl. Leiche auf einem Trauerwagen mit acht Pferden bespannt, welche mit schwartzen Trauer-Decken und daran gehefteten Provinz-Wappen umhänget sind. Über der Hochfürstl. Leiche wird ein Himmel getragen und auf der über den Sarg ausgebreiteten schwartzen Sammeten Decke sind die gesticketen Provintz-Wappen; Zum Kopf und Füssen aber das Hochfürstl. Haupt-Wappen gehefftet. Die Pferde vor dem Hochfürstl. Wagen führen 8 Cavalliers... (Es folgen die acht Namen).

Die 4 Zipfel des Hoch-Fürstl. Leich-Tuches tragen:

1. *Herr Baron von Stein, Königl. Pohlnisch. und Chur-Fürstl. Sächs. Oberhofmeister.*
2. *Herr Baron von Künsperg zu Thurnau, Königl. Groß-Brittanischer und Chur-Hannovischer Cammer-Herr.*
3. *Herr Baron von Künsperg zu Tannendorf, Kayserl. Rath und seines herrlichen Geschlechts Aeltester.*
4. *Herr von Rabenstein auf Rabenstein, Kayserl. Rath und des Edlen Ritter-Lehen-Gerichtsassesor.*

Den Himmel über der Leiche tragen 8 Cavalliers... (es folgen die acht Namen)

Die Schnüre an solchem Himmel halten:
1. *Herr Heinrich Graf von Reuß der XXVI. jüngere Linie zu Selbitz*
2. *Herr Graf von Schönburg*
3. *Herr Baron von Egloffstein auf Cunnreuth etc., Kayserl. Rath und Ritterhauptmann*

21

4. *Herr Karl Philipp von Redwitz, Hochfürstl. Sächsischer geheimbder Rath und Ober-Jägermeister.*

Neben der Hochfürstl. Leiche gehen 12 Cammer-Juncker, welche die Leiche auf den Wagen und in die Gruft zutragen ordiniret sind (es folgen die 12 Namen).

Zu beiden Seiten derselben gehet ein Ober-Officier mit 24 von der Garde du Corps und halten das Gewehr zur Leiche. Ferner werden neben der Hochfürstl. Leiche 16 große Wachs-Fackeln getragen, welche mit Wappen und Flöhren behänget...

Sonnenkönig

Zusammenfassend kann man über den Markgrafen Georg Wilhelm sagen:

So wie seine Beerdigung um einiges zu groß war, so verliefen auch Leben und Wirken. Vorbild war der große absolutistische Sonnenkönig Ludwig XIV. Was er auf sein Reich bezog, nämlich „Der Staat, das bin ich", das galt auch für das Fürstentum Bayreuth.

Der Markgraf versuchte, den König in verkleinertem Maßstab nachzuahmen und selbst „Hof zu halten". Zwar zehn Nummern kleiner, jedoch für die Markgrafschaft immer noch drei Nummern zu groß. Aber heute freuen wir uns über Georg Wilhelms Schlösser und Anlagen und auch über sein geliebtes St. Georgen am See.

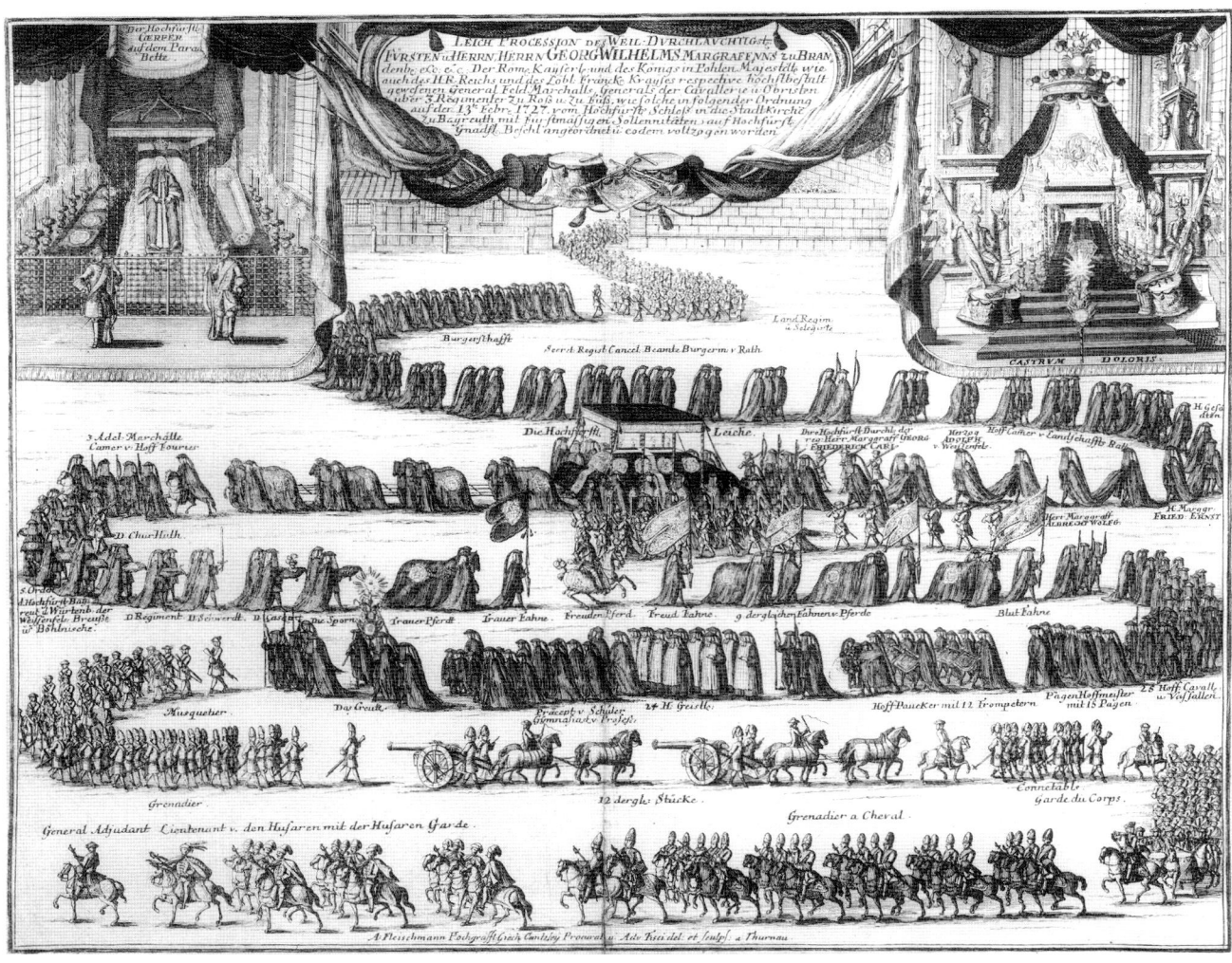

Abb. 17 *Der pompöse Leichenzug des Bayreuther Markgrafen Georg Wilhelm.*

Das Schloß St. Georgen

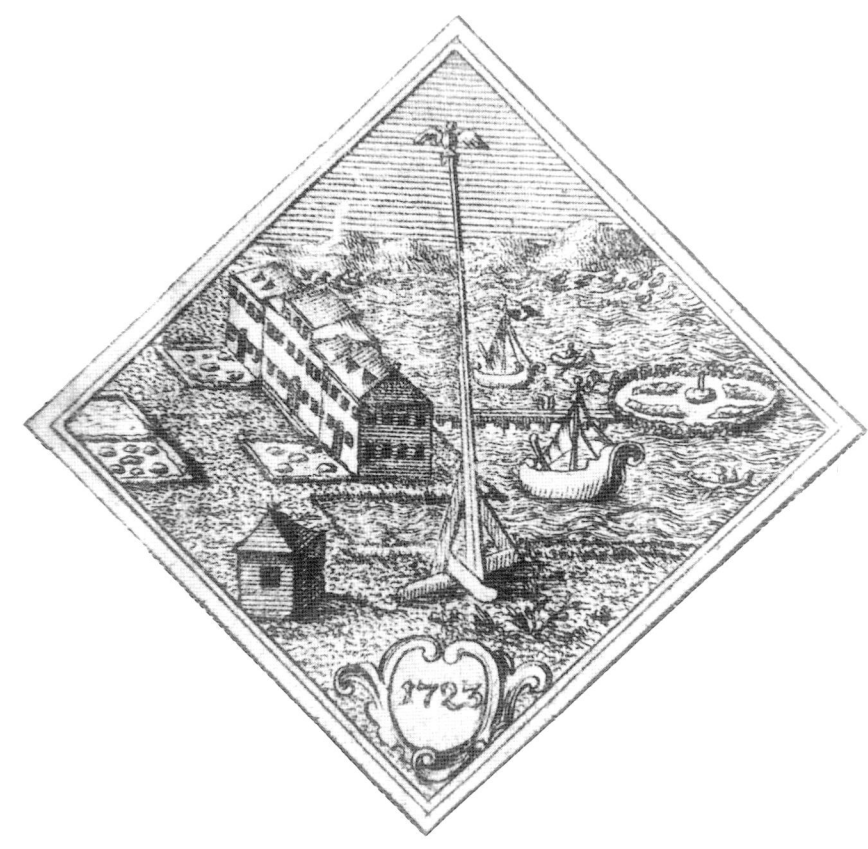

Das Zentrum im markgräflichen St. Georgen des 18. Jahrhunderts stellte eindeutig die Schloßanlage dar.[8] Hier waren die Ordensritter am Georgstag versammelt, und hier fanden die rauschenden Feste statt, angefangen unter dem Markgrafen Georg Wilhelm bis hin zum letzten Bayreuther Regenten, dem Markgrafen Alexander. Die Stadt St. Georgen mit ihren 24 gleichartigen Wohnhäusern, mit der Ordenskirche und der Kaserne ergänzte die Schloßanlage, sie war aber mehr Beiwerk. Dies geht auch aus der zeitlichen Abfolge der Entstehung hervor. Im Jahre 1701 begann man mit dem Bau des Schlosses, erst in den darauffolgenden Jahren wurde die heute noch erhaltene Häuserzeile errichtet; die Grundsteinlegung der Ordenskirche erfolgte im Jahre 1705.

Während aber die letztgenannten Gebäude heute noch das Stadtbild von St. Georgen prägen, existiert das unter Georg Wilhelm errichtete Schloß nicht mehr. Aber, so wird sich jetzt manch' einer fragen, es gibt doch das Schloß St. Georgen, das an der Bernecker Straße steht?

Zur Erklärung: Das bestehende Gebäude ist erst 1725 entstanden, nachdem das alte Schloß abgebrochen worden war. Ähnlich wie beim heutigen Bayreuther Rathaus war nämlich das erste Gebäude bereits nach 20 Jahren baufällig.

Das erste Schloß (1701–1724)

Kommen wir zunächst zur ersten Anlage, dem Erbprinzenschloß St. Georgen.

Der Brandenburger Weiher war ein Lieblingsplatz des späteren

Abb. 18 *Auf der Talerklippe aus dem Jahre 1723 ist – wenn auch vereinfacht – das erste St. Georgener Schloß abgebildet. Das Schießhaus mit Vogelstange sowie der Brandenburger See mit der Roseninsel und den Schiffen sind ebenso zu erkennen.*

Markgrafen Georg Wilhelm. Er hielt sich dort häufig auf, um Manöver zu spielen und Schifflein zu fahren.

Schon 1695 wird ein „Schloß nur aus Holz" erwähnt. Dieses Gebäude, von dem keine Abbildung existiert, war sicher nur eine einfache Baracke, die als Notunterkunft verwendet wurde. Georg Wilhelm war zu diesem Zeitpunkt ja gerade 17 Jahre alt.

Erst nach seiner sogenannten Kavalierstour begannen kurz nach der Jahrhundertwende die Bautätigkeiten südlich vom Brandenburger Weiher. Wer Architekt der Gesamtanlage und des Schlosses war, blieb lange Zeit unklar. Durch Stilvergleich gingen Experten davon aus, daß die Gesamtplanung in Händen von Antonio della Porta lag.[9] Diese Vermutung

kann heute durch Urkunden, die sich im Staatsarchiv Bamberg befinden, bestätigt werden. Porta hat viele Materialforderungen für den Schloßbau unterzeichnet und war bis zu seinem Tod im Juli 1702 ausführender Baumeister. Der italienische Architekt wurde übrigens erst 1697 im hohen Alter von 66 Jahren vom Markgrafen Christian Ernst nach Bayreuth berufen und war auch in Erlangen tätig.

Übereilte Bautätigkeit

Der Grundstein für das Schloß wurde am 7. Juli 1701 gelegt. Wie bei vielen anderen Bauwerken des späteren Markgrafen Georg Wilhelm konnten die Baumaßnahmen nicht schnell genug vorangehen. In einem Schreiben vom

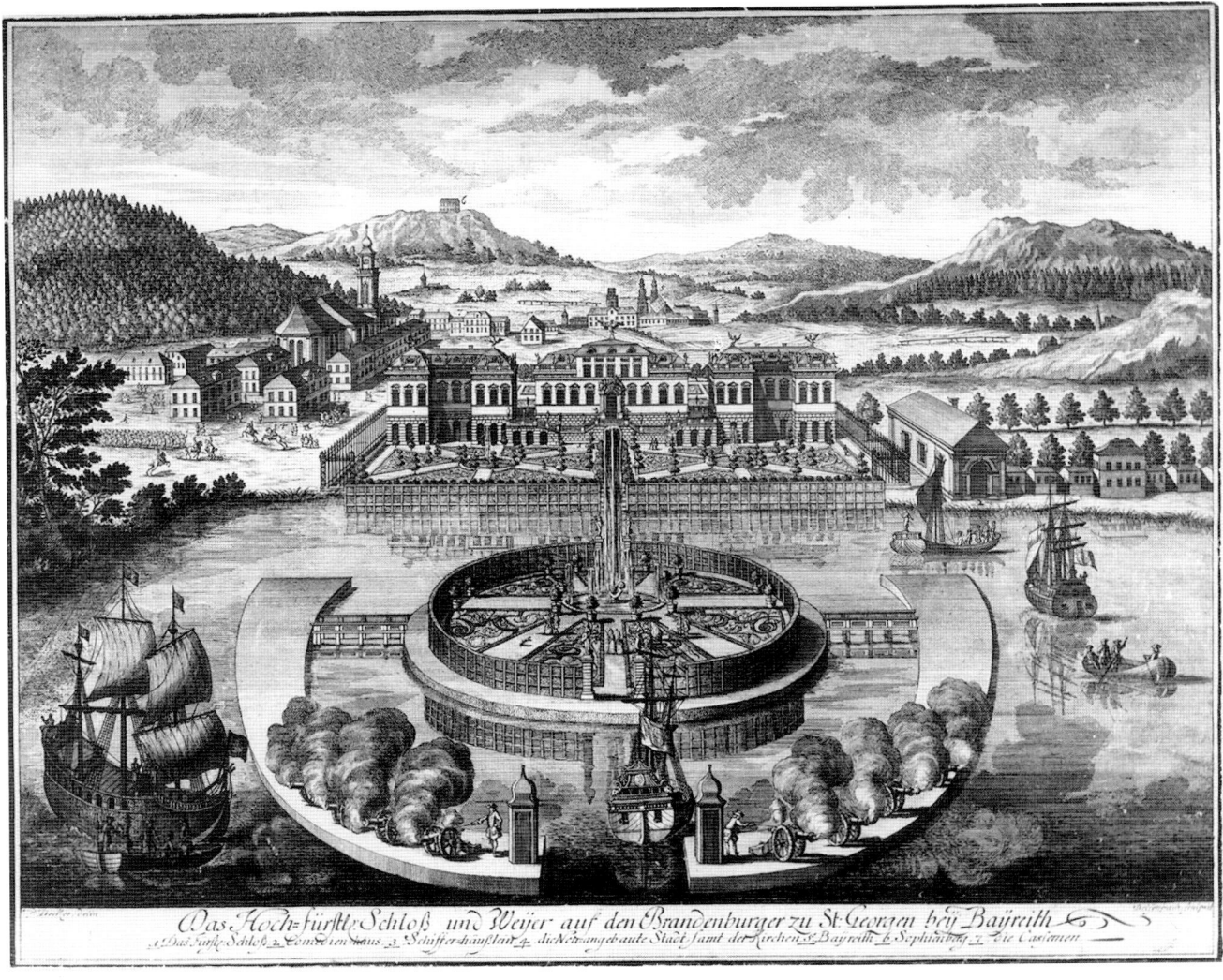

Abb. 19 *Im Germanischen Nationalmuseum Nürnberg ist dieser wunderschöne Kupferstich von J. A. Delsenbach nach einer Zeichnung von Paul Decker dem Älteren aufbewahrt. Er zeigt St. Georgen als idealtypische Barocksiedlung.*

12. September, also nur 2 Monate später, heißt es: *Nun dann S. deß Hochfürstl. Erb-Prinzens durchl. angeregten Hausbau beschläuniget, und noch vor dem winter Zur perfection gebracht wißen wollen . . .*[10]

Diese übereilte Bautätigkeit könnte auch die Ursache für die schon angesprochene schlechte Ausführung gewesen sein.

Einen weiteren Grund spricht Dieter Gassauer an, der sich intensiv mit baulichen Veränderungen Bayreuths zur Zeit Georg Wilhelms beschäftigt hat.

Er schreibt: *Auffallend bei allen Materialforderungen ist, daß die benötigten Holzforderungen im Verhältnis zu den Steinfuhren sehr groß sind. Auch die Anzahl der be-* *schäftigten Zimmerleute überwiegt bei weitem die der Steinhauer und Maurer. Daraus kann man schließen, daß die drei Häuser der Schloßanlage keine massiven Steinbauten waren. Die Lebensdauer dieser Gebäude war deshalb auch sehr gering.*[11]

Nach zwei Jahren war der mittlere Teil fertiggestellt, und es begannen die Arbeiten an den beiden Seitenflügeln. Mit dem Innenausbau wurde 1704 angefangen, wobei allein 25 Zimmerleute beschäftigt waren.

Bereits im Jahre 1706 wurde mit dem Bau des angrenzenden Opernhauses begonnen. Wir können davon ausgehen, daß zu diesem Zeitpunkt – spätestens jedoch 1707 – die Arbeiten am Schloßbau beendet waren.

Die Bauleitung hatte nach dem Tod von Antonio della Porta der sog. Commissario Johann Cadusch übernommen. Er war seit 1694 Kammerdiener des Erbprinzen Georg Wilhelm und hatte sich selbst ein Haus in St. Georgen errichtet. Außerdem wird in den Urkunden auch der Maurermeister Johann Jacob Weiß erwähnt.[12] Er stammte aus Kulmbach und war 1675 Stadtmeister in Bayreuth geworden. Ein weiterer bekannter Handwerker und Künstler sollte erwähnt werden: der Hofbildhauer Elias Räntz. Er hatte die Aufgabe übernommen, das Hauptportal des Schlosses zu ge-

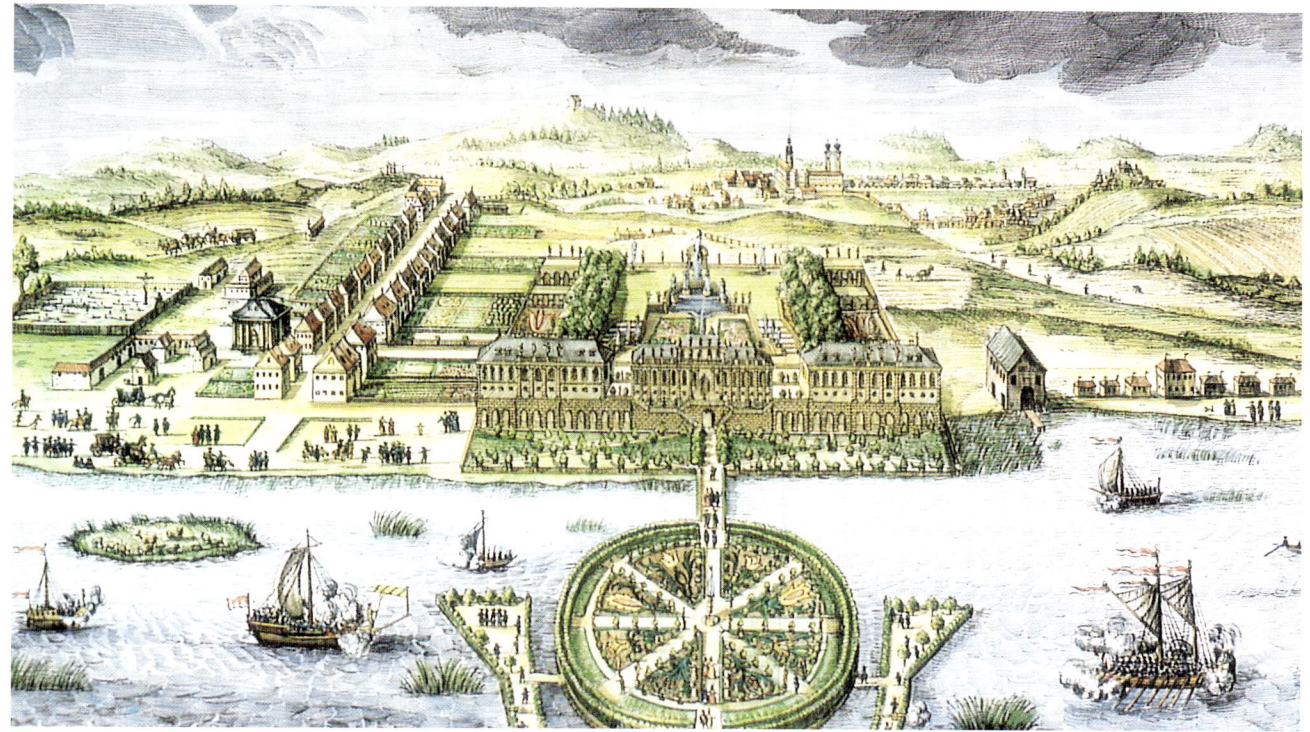

Abb. 20   *Der kolorierte Prospekt von Bayreuth und St. Georgen am See (Kupferstich um 1710). Das Original des Bildes befindet sich im Besitz von Bernd Mayer, der es freundlicherweise zur Erstveröffentlichung zur Verfügung stellte.*

stalten. Wir wissen aus den vorhandenen Urkunden, daß er dazu im März 1702 ein Modell angefertigt hatte und im darauffolgenden Jahr das Portal aus Eichenholz gebaut hat.[13]

Es versteht sich von selbst, daß bei solch gewaltigen Bauwerken Handwerker – das waren vor allem Maurer, Steinhauer und Zimmerleute – aus der ganzen Markgrafenschaft zusammengezogen wurden. So sind uns Arbeiter aus Gefrees, Berneck, Goldkronach, Münchberg, Creußen und Wunsiedel bekannt, um nur einige Orte zu nennen. Auch das Material – Holzstämme aus Fichte, Eiche und Buche sowie Sand-, Ziegel- und Kalksteine wurden aus der näheren und weiteren Umgebung angeliefert. Mit Datum vom 22. Februar 1703 heißt es beispielsweise:

Nachdem zu Fortsetzung des hochfürstl. Erb-Prinzens vorhabenden Bau zu St. Georgen am Teich man eine ziemliche quantitiert Zahl von nöthen, und von dem Ziegler zu Neustädtlein am Forst zu dre-

yen Branden erfordert werden. Zwantzig Claffter gut Waldtholz und dreysig Fuder Kalchsteine . . .[14]

Da das alte Schloß, das um 1707 fertiggestellt wurde, nicht mehr existiert, ist es schwierig, das genaue Aussehen zu rekonstruieren. Es gibt verschiedene Abbildungen, die z. T. stark variieren. Am bekanntesten sind der Prospekt von Bayreuth und St. Georgen, der um 1710 entstanden sein muß, und ein Kupferstich von J. A. Delsenbach nach einer Zeichnung von Paul Decker dem Älteren.

Beide Abbildungen haben den gleichen Blickwinkel. Im Vordergrund sind die runde Insel und der Brandenburger Weiher zu erkennen, im Zentrum der Bilder steht das Schloß. Die Häuser und die Ordenskirche von St. Georgen befinden sich links davon. Im Hintergrund sind die Stadt Bayreuth und der Sophienberg angedeutet.

Auf den ersten Blick ist zu erkennen, daß der bekannte Kupferstich von Delsenbach die wirklichen Verhältnisse ungenau wiedergibt.

Nur einige Beispiele:

– Der Grundriß und die Proportionen der Ordenskirche sind falsch (die Kirche ist gegenüber den Häusern viel zu groß).

– Der Kirchturm hat eine vollkommen andere Gestalt; er existierte bei Anfertigung des Bildes überhaupt noch nicht.

– Die St. Georgener Häuserzeile besteht nicht aus Einzelgebäuden.

– Die umgebende Landschaft, vor allem der links angedeutete bewaldete Berg, entsprechen nicht der Wirklichkeit.

– Die Form der Piers, die wir durch mehrere Karten genau kennen, ist ungenau.

Diese Darstellung zeigt eine Art Ideallandschaft, bei der St. Georgen und das Schloß als Vorlage dienten. Es ist eine künstlerische Impression und kein genaues Abbild der Wirklichkeit. Der bekannte Bayreuther Stadthistoriker Wilhelm Müller schreibt dazu:

Der Kupferstich ist daher nur ein glänzendes Beispiel barocker Graphik mit der Darstellung barocker

25

Abb. 21 *Die Hauptfront des Ordenschlosses in St. Georgen. Zeichnung von Sixtus Jarwart.*

Lebensart des Landesfürsten mit einem Seefest, Schlösser, Ziergärten und Springbrunnen, samt einer Kanonade auf einer Insel im See, aber für die richtige Topographie der Stadt ist nicht viel daraus zu gewinnen.[15]

Das Prospekt von St. Georgen

Die zweite Darstellung, das Prospekt von Bayreuth und St. Georgen, ist zwar künstlerisch weniger beeindruckend, die topographische Genauigkeit ist aber erheblich größer.

So fehlt z. B. bei der Ordenskirche der erst 1718 fertiggestellte Kirchturm, und der Straßenzug besteht aus Einzelhäusern. Die Form der Piers entspricht den Kartendarstellungen.

Wir können deshalb davon ausgehen, daß auch das Schloß wirklichkeitsnäher wiedergegeben ist.

Deutlich zu erkennen sind drei getrennte, langgestreckte Gebäudeteile mit rechteckiger Grundfläche. Diese Dreiteilung kann als sicher angesehen werden. So wird beispielsweise in einer Urkunde vom 13. Oktober 1704 von „Herrn Erb-Printzens dreyer Häuser zu St. Georgen am See" gesprochen, und in der Legende der Residenzkarte von Johann Georg Dülp, die um 1720 entstanden ist, heißt es: „Drey Fürstl. Häußer Schlößer".[16]

Diese drei Gebäude standen aber auf einem gemeinsamen Podest und waren durch ein Kellergeschoß verbunden.

Warum die Einzelteile nicht zusammengebaut worden waren, bleibt unklar. Wahrscheinlich wollte della Porta die Gesamtfront dadurch auflockern, analog zu den zwei Häuserzeilen, wo ähnliche Überlegungen zugrunde liegen. Als Vorbild mag die damalige holländische und englische Schloßarchitektur gedient haben. Dort

wurden ebenfalls mehrere Baukörper zu einer Gesamtanlage zusammengefaßt.[17]

Das gequaderte Sockelgeschoß war rechts und links durch Arkaden gegliedert. Im Mittelteil führte eine breite Treppe zum Steg, der zur vorgelagerten Insel ging. Zwischen dem Sockelgeschoß und dem ersten Stock befand sich durchgehend ein Mazzanin (Halbgeschoß).

Die Fassade wurde im Hauptteil vollständig und in den Seitenflügeln im mittleren Teil durch kolossale Pilaster gegliedert. Sie dienten als Sockel für die Skulpturen über dem Hauptgesims. Diese figurengeschmückte Attika vor dem Walmdach war besonders auffällig und stellte eine Neuerung in der Bayreuther Barockarchitektur dar.

Das Mittelgebäude überragte die Seitenflügel durch ein fünfachsiges Zwerchhaus, das ebenfalls durch Figuren geschmückt wurde.

26

Zur Seeseite hin schloß sich eine Gartenanlage an, und die vorgelagerte Insel war durch Rosenstöcke geschmückt.

Im angesprochenen Prospekt von St. Georgen ist auch südlich vom Schloß, also in Richtung Bayreuth ein großer, symmetrisch gegliederter Barockgarten eingezeichnet. Zahlreiche Bassins mit Fontänen, Kaskaden und Laubengängen sind zu erkennen. Den unteren Abschluß bildet eine massive Mauer, auf der zahlreiche Figuren postiert sind. In der Mitte ist eine Belvedere errichtet.

Ob der Garten in dieser Form je existiert hat, ist zweifelhaft. Sylvia Habermann vermutet, daß der Bau der Anlage des Südgartens mit dem Tod des Bauherrn Georg Wilhelm 1726 vorzeitig zum Stillstand gekommen war.[18] Der auf dem Riediger-Plan aus dem Jahre 1745 zu erkennende Barockgarten wurde jedenfalls später angelegt.

Das zweite Schloß

Im Jahre 1722 wurden 2000 Fuder Steine nach St. Georgen angewiesen. Die Ordenskirche war zu diesem Zeitpunkt bereits fertiggestellt. Wir können davon ausgehen, daß diese Materiallieferung für den Neubau des baufälligen Schlosses bestimmt war.

1723 wurde jedenfalls mit dem Abriß des Mittelteils begonnen, und zwei Jahre später der Grundstein für das heute noch bestehende Gebäude gelegt. Architekt und Bauleiter war Johann David Räntz d. Ä., ein Sohn von Elias Räntz. Er war zunächst als Bildhauer ausgebildet worden, bevor Paul Decker seine Fähigkeiten als Baumeister entdeckte und ihn förderte. Decker, der wiederum beeinflußt wurde vom berühmten Berliner Baumeister Andreas Schlüter, prägte so den Stil seines Schülers.

Johann David Räntz hat zahlreiche Profan- und Sakralbauten im Bayreuther Gebiet und in Erlangen entworfen und z. T. selbst ausgeführt, so Gebäude in der Friedrichstraße, das alte Rathaus

Abb. 22   *Das Ordensschloß, nun ohne Balkon.*

in Bayreuth oder Kirchen in St. Johannis und Wunsiedel (Entwürfe) oder den Kirchturm in Seidwitz.[19]

Als sein Hauptwerk gilt das Ordensschloß in St. Georgen.

Es wurde nach zweijähriger Bauzeit im Jahre 1727 weitgehend fertiggestellt. Der eigentliche Auftraggeber, Markgraf Georg Wilhelm, konnte die Vollendung des Werkes allerdings nicht mehr miterleben; er starb bereits 1726.

Er hätte seine Freude an dieser Anlage gehabt, denn sein so geliebter „Ordre de la Sincérité" ist ein bestimmendes Element dieses Neubaus. So findet sich das Ordenskreuz gleich viermal in den Kapitellen der Südfront.

Insgesamt ist das neue Schloß größer und wuchtiger geraten als der Vorgängerbau. Es ist dreigeschossig und überragt die alten Seitenflügel, mit denen es nun verbunden ist.

Abb. 23   *Über dem korbbogigen großen Mittelfenster thront ein flacher Dreiecksgiebel; darüber das reich geschmückte Allianzwappen.*

Abb. 24 *Die Rückseite des Schlosses mit der zangenförmigen Freitreppe kennen auch St. Georgener Bürger kaum, da dieser Teil der Anlage für die Öffentlichkeit nicht zugängig ist.*

Die Südfront

Kommen wir zunächst zur Südfront, also zu der Seite, die heute noch von der Bernecker Straße aus zu sehen ist.

Die dreiteilige Fassade ist so gestaltet, daß alles auf das Zentrum, das große Balkonfenster im ersten Stock und das markgräfliche Wappen darüber, ausgerichtet ist. Der absolutistische Machtanspruch des Herrschers und sein Prestigegehabe kommen hier deutlich zum Ausdruck.

Wie wurde das architektonisch erreicht?

Zum einen tritt der fünfachsige Mittelbau risalitartig nach vorn. Die beiden vierachsigen Seitenflügel sind zwar nicht schroff abgesetzt, sondern bogenförmig angebunden, treten aber deutlich in den Hintergrund. Die Fenster dieses Gebäudeteils sind kleiner und einfacher gestaltet, und es fehlt jeglicher Ornamentschmuck.

Zum anderen wurde das Erdgeschoß des Mittelrisalites bewußt bescheiden gestaltet und durch ein Gurtgesims von den Hauptgeschossen getrennt. Die Fenster sind auch hier kleiner und das Hauptportal schlicht. Die vier Pilaster beginnen eigentlich erst nach dem Erdgeschoß, der untere rustizierte Teil wird mehr als Sockel empfunden. Diese Wandpfeiler verbinden die beiden oberen Geschosse und lassen sie so als Einheit erscheinen.

Alles lenkt den Blick auf den mittleren Bereich. Dort im Zentrum steht das korbbogige große Mittelfenster, vor dem ein Balkon mit kunstgeschmiedetem Geländer angebracht war. Er fehlt heute leider. Wann dieser wichtige Gebäudeteil entfernt wurde, ist nicht genau bekannt. Denn erst durch

Abb. 25 *Die reich geschmückte Kartusche mit den Initialen des Bauherrn: GWMZB (Georg Wilhelm Markgraf zu Brandenburg).*

Abb. 26 *Auch der schönste und prächtigste Raum in St. Georgen, der renovierte Ordenssaal, kann nur auf Anfrage besichtigt werden.*

schmückt, die das Ordenskreuz als Motiv aufweisen.

Die Seitenflügel sind auf der Gartenseite nicht zurückgesetzt; die heute rechts und links vorgebauten Treppentürme wurden erst in späterer Zeit angefügt.

Innengestaltung

Kommen wir nun kurz zur Innengestaltung des Schlosses.

Der zentrale Raum, um den sich alle anderen gruppieren, ist der Kapitel- oder Ordenssaal. Er wurde so genannt, weil hier am Georgstag die Ordensritter zusammenkamen, um Kapitel (Versammlung des Ordens) zu halten. Schon im alten Schloß existierte dieser Festsaal, über dessen Ausgestaltung wir durch den Kupferstich „Rittertafel" aus dem Jahre 1722 gut informiert sind.

Der Ordenssaal im zweiten St. Georgener Schloß ist, wie im alten Gebäude, als „Breitraum", nicht als „Längsraum" zu verstehen. Die Kunsthistorikerin Stefanie Gansera-Söffing hat diesen Saal genau analysiert und stellt fest:

dieses Attribut bekommt die Fassadengestaltung ihren eigentlichen Sinn. Wir können uns gut vorstellen, wie der Markgraf von diesem Balkon aus Gäste empfing oder Militärparaden abnahm. Er stand im Zentrum, er war Mittelpunkt des Geschehens. Genau das symbolisiert auch die zentrale Stelle des Gebäudes. Über dem Markgrafen – gleich einer Krone – thronten ein flacher Dreiecksgiebel auf Volutenkonsolen und das reich geschmückte Allianzwappen des Herrschers.

Den Abschluß der Fassade bildet ein Architrav, das reich mit Rankenkonsolen und Trophäen geschmückt ist. Dieser Konsolenfries leitet zur Dachzone über.

Das Dach des Mittelteils ist nun mansardenförmig angelegt. Dadurch wird der wuchtige Gesamteindruck der Fassade aufgelockert. Delsenbach hat ja diese Idee schon in seiner Darstellung aus dem Jahre 1712 aufgegriffen; Johann David Räntz realisierte sie nun im zweiten Schloßbau.

Die Rückfront

Die Rückfront ist vom Aufbau her ähnlich gestaltet. Sie zeigte ja einst in Richtung Brandenburger Weiher und hatte eine zentrale Funktion als Ausgangspunkt für die barocken Seefeste. Vom Ordenssaal

aus betrat man durch ein bogenförmiges Portal eine Plattform. Von dort aus führte eine doppelläufige Treppe in den nördlichen Gartenbereich und auf den Steg, der zur Roseninsel führte.

An der Stelle, an der sich auf der Vorderseite das Allianzwappen befindet, ist nun eine Kartusche mit den Initialen des Bauherrn angebracht. Die Buchstaben GWMZB (= Georg Wilhelm Markgraf zu Brandenburg) bekrönen Hohenzollerische Adler und ein Fürstenhut.

Auch auf der Seeseite werden die vier Pilaster mit Kapitellen ge-

Abb. 27 *Deckenmalerei des Ordenssaales.*

Abb. 28 *Das Ordensschloß als Lazarett. Stolz zeigen sich davor die Kinder als Soldaten. Wer keine preußische Pickelhaube auftreiben konnte, hat zumindest eine, meist zu große, Schirmmütze aufgesetzt. Der Drogist Wilhelm-Karl Kolb hielt diese Szene im Bild fest.*

Das Berliner Stadtschloß war auch für die Deckenmalerei des Ordensaales in St. Georgen vorbildlich. Dargestellt ist in St. Georgen eine allegorische Szene. In der Mitte thront die Aufrichtigkeit auf einer Wolke, während über ihr der Adler mit dem Orden „de la Sincérité" schwebt. Ihr wird auf der einen Seite durch Apoll gehuldigt und auf der gegenüberliegenden Seite durch den Kriegsgott Mars Beistand geleistet . . .

Um Apoll haben sich weiterhin die Neun Musen, die Personifikation der Weisheit sowie eine nicht näher bezeichnete, kniende Frauenfigur versammelt, während gegenüber die Personifikation der Gerechtigkeit sowie die über allem schwebende Ruhmesgöttin Fama Platz gefunden haben.[20]

Dem Ordenssaal schlossen sich rechts und links kleinere Nebenräume an, die beispielsweise als Empfangs- und Audienzzimmer oder als „fürstlich Schlafgemach" genutzt wurden.

„Voll Fehler und unbequem"

So imposant das mittlere, neuerrichtete Schloß auch gelungen war, das Gesamtgebäude machte sicher nach 1727 keinen harmonischen Eindruck. Die Seitenflügel des ersten Schlosses, die Markgraf Georg Wilhelm ebenfalls erneuern wollte, sind ja stehen geblieben. Sie paßten in Geschoßhöhe und Gesamtgliederung nicht mehr zum Neubau.

Die Gesamtfront war jetzt nicht mehr durch Gebäudeteilung aufgelockert, die nicht massiv gebauten Seitenflügel waren baufällig. Es verwundert deshalb nicht, wenn die Markgräfin Wilhelmine, die von der Lage des Schlosses beeindruckt war, in ihren Memoiren über die architektonische Gestaltung folgendes äußerte: *Das Hauptgebäude ist von Stein . . . Das Äußere dieses Gebäudes ist voll Fehler, beide Flügel sind nicht massiv . . .*[21]

Auch die Räumlichkeiten des Schlosses, so wie sie Mitte des 18. Jahrhunderts ausgesehen haben,

Der Ordenssaal ist als einziger Raum der Anlage nahezu unversehrt erhalten geblieben. Der fünfachsige, zweigeschossige Raum besitzt eine reiche ornamentale Stuckausstattung, deren Motivschatz sich weitgehend auf den Außenbau bezieht. Die wichtigste Gemeinsamkeit besteht in den Pilasterkapitellen, die das Zeichen des Ordens „de la Sincérité" als Hauptmotiv tragen. Sie dienen jeweils als Sockel für muschelverzierte, vorkragende Gebälkstücke, denen wiederum Rüstungen und Trophäen aufsitzen . . .

In der darüberliegenden Attikazone deutet ein baldachingeschmückter Sockel, auf dem ursprünglich vermutlich die Büste Georg Wilhelms stand, auf ein speziell auf den Markgrafen zugeschnittenes Programm hin.

Dieses wird durch die bei den jüngsten Restaurierungsarbeiten zu Tage getretenen Wappen in den Kartuschen der Attikazone auf den Orden „de la Sincérité" (Orden der Aufrichtigkeit) sowie Mitglieder des Ordens, wie die Familie Gravenreuth, erweitert.

Abb. 29 *Vor der Renovierung des Ordenssaals war dort ein Kirchenraum eingerichtet. An ihn erinnern sich viele St. Georgener Bürger.*

beschreibt sie: *Das Innere besteht aus einem großen, sehr wohl verzierten, wohl proportionierten Saale (das ist der Kapitelsaal, d. V.), der an jeder Seite acht Zimmer hat, die eines in das andere führen, wodurch dieser Bau ein Ansehen von Größe erhält, aber im Grunde sehr unbequem ist. Alle diese Zimmer waren im Geschmack des Bayreuther Schlosses, d. h. sehr schlecht möbliert . . .*

Als Wilhelmine diese Zeilen schrieb, erlebte das St. Georgener Schloß noch einmal eine kurze Blütezeit.

Zu Beginn der 1740er Jahre wurde der Südgarten angelegt und 1744/45 ein Orangeriegebäude in der Nähe der heutigen Kellerstraße errichtet.

Die Gesamtanlage diente der Markgrafenfamilie als Lustschloß und wurde vor allem in den Sommermonaten als Kulisse für große Feste und Feiern benutzt. Dabei spielten weniger die Räumlichkeiten – vielleicht einmal abgesehen vom Ordenssaal – eine Rolle, sondern die großartige Lage am Brandenburger Weiher mit der Möglichkeit zur abwechslungsreichen Schiffahrt.

Als die Markgrafenzeit zu Ende ging und die höfischen Feste verschwanden, verlor das Schloß in St. Georgen die eigentliche Funktion.

Das letzte große Seefest wurde vom liebestollen Markgrafen Karl Alexander im Jahre 1771 veranstaltet. Es endete mit einem großen Gewitter und Hagel. Im Schloß sollen alle Lichter ausgegangen sein, nur im Ordenssaal brannten noch die Kerzen.

Dieser „Schwanengesang der Markgrafenzeit" (Müssel) symbo-

Abb. 30 *Die Luftaufnahme zeigt deutlich, daß das ehemalige markgräfliche Schloß heute nur einen kleinen Teil der Gesamtanlage darstellt. Nach und nach wurde immer mehr Platz für die Gefangenen benötigt und deshalb profane Flügelbauten errichtet.*

lisierte auch das Ende der Anlage als Lustschloß. 1775 wurde schließlich der Brandenburger Weiher aufgelöst und damit auch die herrliche Lage des Schlosses entwertet.

Kornspeicher und Remise

Eigentlich wußten alle Besitzer, die den Markgrafen als Schloßherren folgten, mit dem riesigen Gebäude nichts mehr anzufangen. Die Anlage wurde nicht mehr gepflegt und war z. T. dem Verfall preisgegeben.

Erst in heutiger Zeit wird wieder der Versuch unternommen, das Schloß als historisches Barockgebäude zu würdigen und umzugestalten.

Aber der Reihe nach:

Als der letzte Bayreuther Markgraf im Jahre 1791 abgedankt hatte, wurde unser Gebiet preußisch. Als Art Verwalter fungierte Hardenberg, der später wegen seiner Reformversuche zu historischer Bedeutung gelangte. Er ließ das ehemalige Schloß als Remise (Geräteschuppen) und Warenlager einrichten. Es wurde an mehrere Besitzer verteilt, das Hauptgebäude als Kornspeicher benutzt.

Als in der nachnapoleonischen Zeit im Jahre 1810 Bayreuth zum Königreich Bayern kam, diente das Schloß als Garnisonslazarett. In den prächtigen Ordenssaal zog man eine Zwischendecke ein und schlug den Stuck im unteren Teil ab.

Diese Barbarei wurde erst 1901 korrigiert und der ursprüngliche Zustand wieder angestrebt. Zu dieser Zeit beherbergte das Schloß schon die Verwaltung des Arbeitshauses St. Georgen. Sie war im Jahre 1897 eingezogen.

In einem Stadtführer Bayreuths vor dem Ersten Weltkrieg ist zu lesen, daß im Schloß das Verwaltungsgebäude des Zucht- und Arbeitshauses untergebracht sei. Außerdem beherberge es das Militärspital und das Arbeitshaus selbst. Dort seien „Personen weiblichen Geschlechtes jeglicher Confession aus den diesrheinischen Kreisen Bayerns verwahrt."[22]

Abb. 31 „Wasserspiele" am Infostand beim Brannaburger Bürgerfest. Der Verein „Freundeskreis Schloß St. Georgen" will damit auch an den ehemaligen Brandenburger See erinnern und an Zeiten, in denen das Markgräfliche Ordensschloß noch nicht zweckentfremdet war. Links (mit Pfeife) ist der Schatzmeister Jürgen Schindler zu erkennen, in der Mitte Dr. Dieter Mronz, im Gespräch mit dem Vorsitzenden Dr. Alexander Wild.

Abb. 32 Zu den Aktivitäten beim Bürgerfest gehören auch Rundfahrten mit einer Schmalspureisenbahn durch das historische St. Georgen.
Unser Bild zeigt den Vorsitzenden des Freundeskreises, Dr. Alexander Wild (zweiter von rechts), bei der Übergabe eines Schecks der Stadtsparkasse durch den Zweigstellenleiter Zinnecker, flankiert von Freundeskreis-Schriftführerin Christine Schindler und Schatzmeister Jürgen Schindler.

„Das Schloß aus der Hand der Justiz befreien"
Der Freundeskreis Schloß St. Georgen

Seit 1991 gibt es diesen Verein, und er hat inzwischen über die Grenzen Bayreuths hinaus für Schlagzeilen gesorgt:

„Aus dem Gefängnis soll wieder Schloß werden", „Im Lustschloß wohnt der Frust", „Das triste Schicksal des fürstlichen Barockbaus", konnte man in den Zeitungen lesen.

Bayreuth habe zwar schöne Barockbauten, die der Öffentlichkeit zugänglich seien. Die Vereinsmitglieder sehen es aber nicht ein, warum gerade das prächtigste Bauwerk in St. Georgen als Gefängnis mißbraucht werde. Es wird vor allem darauf hingewiesen, daß der mit Millionenaufwand renovierte Ordenssaal für Touristen verschlossen bleibt.

Gründungsversammlung

Zumindest für die Gründungsmitglieder des Vereins öffnete sich die Tür dieses traditionsreichen Barocksaals. So konnte an dem Ort, an dem Markgraf Georg Wilhelm mit seinen Ordensrittern zusammensaß, die Gründungsversammlung abgehalten werden. Sie stand unter dem Motto „Das Schloß den Bürgern".

28 engagierte Männer und Frauen aus dem Stadtteil St. Georgen und der näheren Umgebung, unter ihnen der beste Kenner der St. Georgener Geschichte, Karl Müssel, unterstützten diese Absicht nachhaltig. Zum Vorsitzenden wurde Dr. Alexander Wild gewählt.

Schon bald waren eine Satzung ausgearbeitet und detaillierte Ziele formuliert, die unter anderem vorsahen:
– Erhalt der Seitenflügel des Schlosses für eine spätere Nutzung, auch wenn sie keine historische Bausubstanz darstellen.
– Abriß der Rückgebäude zur Schaffung einer Gartenanlage in Anlehnung an das historische Vorbild.
– Integration des Leersschen Waisenhaus-Geländes in die Anlage.
– Aufwertung der Matrosengasse durch Einbeziehung in das Gesamtareal.

Auch über die künftige Nutzung hat der „Freundeskreis" Konzepte entwickelt und vorgestellt.

Abb. 33 _ So soll die Gesamtanlage einmal aussehen: Östlich vom Schloß lädt ein Barockgarten zum Verweilen ein. Die einstige Insel ist wieder vom Wasser umgeben. Das Leerssche Waisenhaus ist in den Komplex einbezogen.

Vielfältige Aktivitäten

Natürlich waren sich die Mitglieder von Anfang an im Klaren, daß es nicht allein genügt, Forderungen aufzustellen und Pläne zu schmieden. Es wurde deshalb auch die Öffentlichkeit mobilisiert und man versuchte, das Thema im Bewußtsein der Leute zu verankern.

Aus den vielfältigen Aktivitäten seien nur wenige hervorgehoben:

Bei den Brannaburger Bürgerfesten wurden Infostände errichtet und für den Verein geworben. Auch der Stadtrat und die lokale Politprominenz versorgte man mit Informationsmaterial. Außerdem versuchte Dr. Wild mit der bayerischen Staatsregierung ins Gespräch zu kommen. Der Verein organisierte darüber hinaus Besichtigungstouren, um die Schönheiten des Schlosses zu zeigen.

Die örtliche Justizverwaltung hat bisher das Vorhaben des „Freundeskreises" wohlwollend unterstützt. Das hat auch seinen Grund: Die Schwierigkeiten, zwei räumlich getrennte Anstalten zu betreuen, liegen auf der Hand. So kam es auch in letzter Zeit immer wieder zu Ausbrüchen aus dem Schloßtrakt.

Trotzdem kann es noch lange dauern, bis das Ziel des Vereins erreicht ist. Durch die veränderte Lage nach der Grenzöffnung ist ein enormer Anstieg der Gefangenenzahlen eingetreten und die Gelder für Gefängnisneubauten fehlen.

Eines Tages, so hofft der Freundeskreis jedoch, wird der schönste Gefängnistrakt der Republik wieder „rekultiviert" und zum Besucherjuwel St. Georgens.

Abb. 34 oben *Leider nur eine Trickaufnahme der Rückfront des Ordensschlosses.*

Abb. 35 *So stellt sich der Landschaftsarchitekt Heinz Wunde die Neugestaltung der Schloßanlage vor.*

Karpfenzucht und maritime Scherze
Der Brandenburger Weiher[23]

Bei einem Rundgang um das Schloß St. Georgen kommt man durch Straßen, über deren Namen sich manch einer wundert:

Insel-, See- und Weiherstraße sowie Matrosengasse steht auf den Straßenschildern. Und dabei ist weit und breit weder ein Weiher und schon gar kein See zu entdecken.

Und doch muß einmal ein größeres Gewässer in der Nähe des Schlosses existiert haben; in der Erzählung über Markgraf Georg Wilhelm und seinem Schloß wurde ja bereits darüber berichtet.

Wir wollen nun einmal der Frage nachgehen, wann der Weiher entstanden ist, warum er angelegt bzw. wieder aufgelöst wurde und was sich auf ihm alles abgespielt hat.

Zunächst zur Entstehungsgeschichte. Die Ursprünge reichen weit zurück. Schon vor dem Jahre 1500 mag es kleinere Teiche gegeben haben. 1508 wurden sie unter dem Markgrafen Friedrich IV. zu einem großen Weiher zusammengefaßt und erweitert, der dann rund 500 Tagwerk umfaßte und der ungefähr das Gebiet des heutigen Industriegebietes einnahm. Dieses Gewässer wurde durch Quellen vor Ort gespeist. Da das Wasser nicht ausreichte, wurde die Steinach in der Nähe von Döhlau aufgestaut und ein mit Holz ausgefütterter Kanal gebaut. Dieses interessante Bauwerk ist gut im Riediger-Plan von 1745 zu erkennen – es existierte also noch zu dieser Zeit –, und wir können deshalb den genauen Verlauf feststellen. Der „Delauer Graben", wie ihn Riediger in seiner Karte bezeichnet hat, führte mitten durch das alte Laineck zunächst in westlicher Richtung. Dort, wo heute die Steinachstraße in die Warmen-

steinacher Straße mündet, bog der Kanal scharf nach Norden ab. Er erreichte den Brandenburger Weiher am Ostufer in der Nähe des sogenannten Entenfangs, kurz nachdem er den Bindlacher Weg gekreuzt hat.

Der Weiher konnte auch abgelassen werden. In Richtung Bindlach und am Ostufer befanden sich

eine große bzw. kleine Docke (Schleuse), durch die das Wasser innerhalb von rund vier Wochen abfloß, was während der fast 300jährigen Geschichte mehrmals geschah.

Kurz noch etwas zum Namen. Zunächst ist man schnell geneigt, den „Brandenburger Weiher" auf das Haus Brandenburg, aus dem

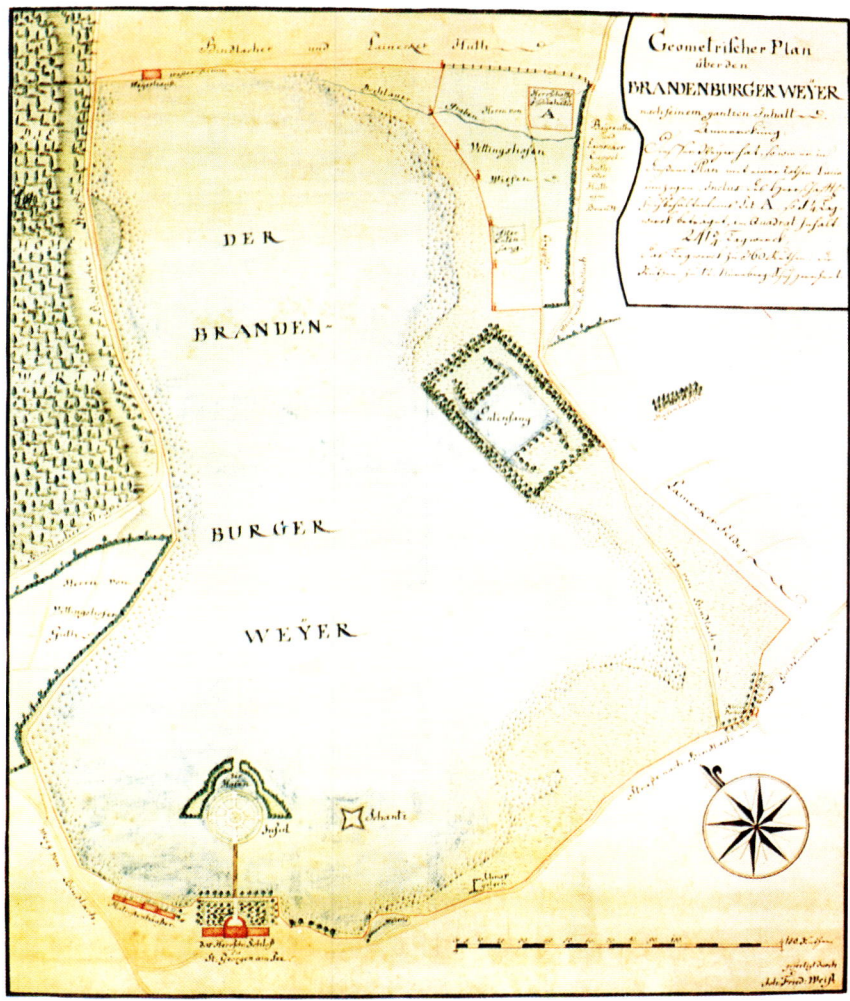

Abb. 36 *Die Karte von Johann Friedrich Weiß zeigt den Brandenburger Weiher in allen Einzelheiten: Unten links das Schloß und die Matrosenhäuser, davor die Insel und der Hafen. Auch der Entenfang und das Weiherhaus (oben links) sind deutlich zu erkennen.*

die Markgrafen ja stammten, zurückzuführen. Es sind aber ältere Namen bekannt, die mit dem Gebiet in Zusammenhang stehen: Brannberger Weiher, Brandberg, Brandhut, Brandwiesen usw., und diese Bezeichnungen weisen eher darauf hin, daß es sich um Rodungsgebiet handelte oder daß die Bayreuther ihr Brennholz dort geholt haben könnten. Auch eine slawische Ableitung ist denkbar. „Brannibor" oder „Brennabor" heißt dort soviel wie Waldburg.[24]

Wie dem auch sei: Sicher hängt die Umwandlung Bran(d)berger Weiher in Brandenburger Weiher auch mit dem Markgrafengeschlecht zusammen. Es waren ja schließlich die Markgrafen, die den Weiher angelegt und erweitert haben und die ihn auch nutzten.

300 Zentner Fische

Der Hauptzweck war nämlich zunächst die Fischzucht, die recht intensiv betrieben wurde. So wird berichtet, daß alle zwei Jahre rund 300 Zentner beste Fische herausgeholt werden konnten, wozu man

zwei bis drei Tage benötigte. Dieses Abfischen war aber eher ein Vergnügen als Pflicht, denn die Teilnehmer wurden von der herrschaftlichen Küche und dem herrschaftlichen Koch in dieser Zeit mit einem Fischessen versorgt. Auch die Zuschauer dieses Spektakels sollen mit je einem Fisch beschenkt worden sein.

Ohne Erlaubnis Fische zu fangen, also schwarz zu fischen, war natürlich verboten und wurde bestraft. Pfarrer Hirsch schreibt dazu im Jahre 1854: *Wer sich beim Fischstehlen erwischen ließ, dem wurde der sogenannte Fischschnabel aufgesetzt. Dies war eine blecherne Haube mit einem langen, spitzigen Schnabel, an dem manchmal ein toter Fisch gehängt wurde; und dieser Schnabel war innen so konstruiert, daß er bei einem starken Atemzuge einen Laut von sich gab, der wie ‚Fischdieb' klang.*[25]

Um welche Fische handelte es sich? Aus einer Fischereistatistik aus dem Jahre 1653 geht hervor, daß im März desselben Jahres 40 Stock Setzhechtlein, 80 Stock Karpfensetzlinge, ein halbes Fäßlein Weißfische und Karauschen

Abb. 37 *So könnte der „Döhlauer Graben" ausgesehen haben. Durch ihn wurde Wasser der „Steinach" in den See geleitet.*

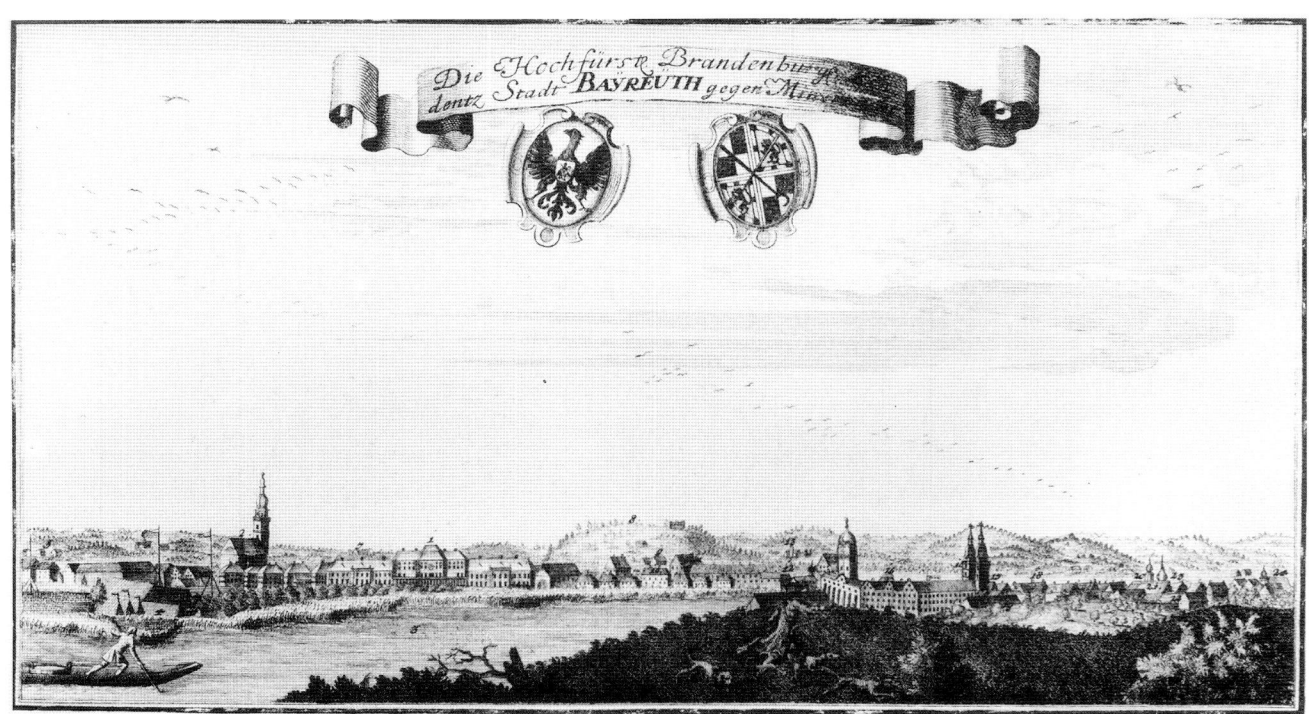

Abb. 38 *Eine Panoramaansicht von St. Georgen und Bayreuth, die topographisch ungenau ist. Der See, der hier bis zur Innenstadt reicht, ist am Ufer stark mit Schilf bewachsen.*

und 88 Schock Karpfensetzlinge aus der Winterstallung eingesetzt wurden. Im Oktober kamen je 14 Schock Setzhechte und Brassen hinzu.[26]

Schiffe statt Karpfen

Anfang des 18. Jahrhunderts änderte sich die Nutzung des Brandenburger Weihers grundlegend. Wie schon ausgeführt, war der Gründer St. Georgens, Georg Wilhelm, von der Seefahrt so begeistert, daß er nun seine Armada anstelle der Karpfen schwimmen ließ. Dazu wurde das Gewässer vertieft und aus dem „Weiher" ein „See". Außerdem wurde ein vorgelagerter Hafen geschaffen, da die großen Schiffe, von denen wir gleich mehr erfahren werden, nicht bis ans flache Seeufer fahren konnten. So wurde eine runde Insel angelegt, die durch einen knapp 100 m langen hölzernen Steg mit dem Schloßgelände verbunden war. Rechts und links der Insel befanden sich zwei halbkreisförmige Piers. Durch die vordere Öffnung konnten die Schiffe ein- und ausfahren. Sie bildeten den eigentlichen Hafen. Die kreisrunde Insel war als Barockgarten angelegt. Vom Mittelpunkt aus führten acht Wege sternförmig nach außen in einen Ringweg. Sie wurde auch Roseninsel genannt, da die Wege mit Rosenbüschen umsäumt waren.

Erwähnt werden sollte noch der sogenannte Entenfang, der sich, abgetrennt vom eigentlichen See, am Ostufer befand. Er war doppelreihig mit Bäumen umpflanzt und diente zur Jagd. Es kann angenommen werden, daß man dort hölzerne Lockenten schwimmen ließ und dann aus Unterständen auf die angeflogenen Enten schoß.

Neptun, Löwe, Bacchus und Seehund

Der Hauptzweck des Sees war allerdings nicht die Jagd, sondern die Schiffahrt. Insgesamt wurden im Zeitraum von 1695 bis 1722 sechs größere Segelschiffe gebaut. Sie sind z. T. auf dem Delsenbach-Stich aus dem Jahre 1712 gut zu erkennen. Das Hauptschiff wurde Neptun genannt, die anderen hießen Löwe, Bacchus und Seehund; dazu kam eine große türkische Brigantine. Das größte Schiff wurde erst 1722 gebaut und auf den Namen „Ritter St. Georgen" getauft. Es hatte eine Länge von 100 Schuh und eine Breite von 20 Schuh; der Mastbaum war 20 Schuh hoch (ein Schuh entspricht rund 30 cm, so daß das Schiff über 30 m lang, 6 m breit und der Mast 6 m hoch war). Es war mit 12 kleinen Kanonen bestückt, die sich noch heute auf der Burg Zwernitz bei Sanspareil befinden.

Über die Ausstattung der Schiffe sind wir recht gut informiert, da im Staatsarchiv Bamberg eine Bestandsliste aus dem Jahre 1727 zu finden ist.[27] Die Schiffe hatten ja nicht den Zweck, Nutzlasten zu befördern, sondern es sollten Seespiele veranstaltet werden. Deshalb waren die Schiffe mit Figuren, Fahnen und Bändern geschmückt. Auch das Innere war recht wohnlich eingerichtet. Sessel, Tische, Bänke und Spiegel durften ebensowenig fehlen wie Stofftapeten, die nach der Seereise abgenommen werden konnten. Und auch farblich war alles abgestimmt. So heißt es z. B. im Inventarverzeichnis: *Überzogene Sessel, nach Couleur der Tapeten.* Selbst an die Trinkgläser hatte man gedacht. So wurde „auf hohe See" mitgenommen: *Ein großer Gläßener Willkommen, zwei dicke Sturz Gläßer, ein Kelch Glaß, ein Bier Glaß von* $^{1}/_{2}$ *Maas mit Deckel, ein Gesundheits Glaß ohne Fuß.* Zur Erklärung: Ein „Willkommen" wurde einem neuen Gast gereicht, und dieser mußte ihn in einem Zug austrinken. Ähnlich war es beim Gesundheitsglas, das aus diesem Grund ohne Fuß angefertigt war.

Die Schiffe wurden von Schreinern gebaut, die nicht aus großen Hafenstädten stammten. So werden die Gebrüder Sauer aus Wertheim und ein Schreiner Ruckdäschel aus Münchberg genannt. Die Schiffsmodelle, die heute noch im Stadtmuseum zu bewundern sind, scheinen nicht Nachbauten zu

Abb. 39 *Die Schiffsmodelle, die heute im Bayreuther Stadtmuseum aufbewahrt werden, waren sicherlich keine Nachbauten der St. Georgener Schiffe, sondern dienten vielmehr als Vorlage. Hier das Vorbild der „Neptunus".*

sein, sondern werden als Vorlagen gedient haben. Sicher waren auch niederländische Pläne vorhanden. Ob die Schiffe besonders seetauglich waren, läßt sich nicht mehr feststellen. Der Chronist Busch berichtet uns jedenfalls, daß im Jahre 1717 der Markgraf Georg Wilhelm bei einer Lustfahrt beinahe ertrunken wäre, als das Schiff, auf dem er sich befand, umstürzte.[28]

Über die Schiffsbesatzung hat Karl Müssel in einem Aufsatz in der Festschrift zum 4. Brannaburger Bürgerfest festgestellt, daß sie sich überwiegend aus einheimischen Bediensteten des Hofstaates zusammensetzten. Zwischen 1710 und 1737 konnten 40 Matrosennamen nachgewiesen werden, wobei 30 in die Zeit des Markgrafen Georg Wilhelm fallen. Sicherlich waren davon einige „hauptberuflich" Seemänner – so etwa Johann Christoph Seitz, der Schiffskapitän war oder der Kapitänsleutnant Detlof Hans von Bassewitz -, viele der Bayreuther Matrosen hatten aber noch eine andere Beschäftigung als Handwerker oder in herrschaftlichen Diensten.

Die Seefahrt hatte ihre Blüte unter Markgraf Georg Wilhelm. Nach seiner Regierungszeit war unter Markgraf Georg Friedrich Carl das Interesse geringer. Sein Sohn, Markgraf Friedrich, der ja Prunk und höfische Feste liebte, belebte die maritimen Scherze wieder, bis sie schließlich unter seinem Nachfolger endgültig beendet wurden.

1775 wurde der Brandenburger Weiher abgelassen und die Fläche landwirtschaftlich genutzt. Ob allerdings diese Verwendung den Ausschlag für das Ende des Weihers gab, mag bezweifelt werden. Zunächst wurde nämlich – mit mäßigem Erfolg – auf der von David Seckel gepachteten Fläche Tabak angebaut. Erst nach 1780 teilte man das Land in kleine Parzellen und legte Wiesen und Äcker an. Pfarrer Hirsch schreibt, daß die „monotone Wasserfläche nun keine ungesunden Dämpfe mehr aushauche", ein Hinweis, daß die Uferfläche versumpft war und der Geruch und die Mückenplage

überhandgenommen hatten. Auch Busch spricht davon, daß der „für die Gesundheit der Einwohner sehr nachteilig gewesene Weiher" ausgetrocknet und in fruchtbare Felder umgewandelt wurde.[29]

Die Schiffe verwandelte man sicher zu Kleinholz, soweit sie überhaupt noch existierten. So ist bekannt, daß im Jahre 1747 nach einem großen Seefest um vier Uhr morgens eines der großen Schiffe – es könnte sich um die Neptun gehandelt haben – in Brand geriet und, da die Kanonen explodierten, unter fürchterlichem Krach sank.

Abb. 40   *Beim Bau des Nordrings wurde sie entdeckt: eine deutlich sichtbare, horizontal verlaufende dunkle Schicht im braunen Erdreich. Es handelt sich um Reste des trockengelegten Brandenburger Sees.*

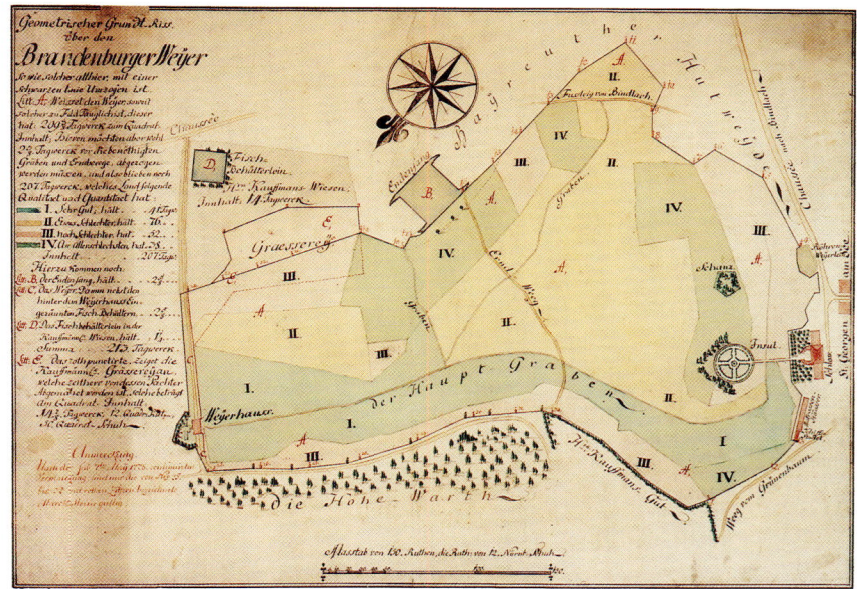

Abb. 41   *Im Jahre 1775 wurde der See abgelassen und die Fläche landwirtschaftlich genutzt. Dazu wurde sie in verschiedene Güteklassen eingestuft, die in obiger Karte von Johann Friedrich Weiß vermerkt sind.*

Der Brandenburger See und das Schloß St. Georgen
Die ideale Kulisse für Seeschlachten und barocke Feste

Das Schloß St. Georgen und der Brandenburger Weiher waren Kulisse für unzählige barocke Feiern der Bayreuther Markgrafen. Es fanden pompöse Seeschlachten statt, es wurden großartige Feste gefeiert und Theater gespielt.[30]

Es würde allein ein Buch füllen, wollte man all die Ereignisse aufzählen. Hier mögen vier Beispiele genügen, verteilt auf die aufeinanderfolgenden Markgrafen Georg Wilhelm, Georg Friedrich Carl und dessen Sohn Markgraf Friedrich.

Eine große Leidenschaft des Gründers von St. Georgen, Georg Wilhelm, war die Seefahrt. Deshalb ließ er ja auch den Weiher vertiefen und stattliche Schiffe bauen.

Drei dieser Segelschiffe waren mit Kanonen bestückt und zwar enthielt das Hauptschiff Neptun 8 davon, das „Ritter St. Georgen Schiff" 12 und die türkische Brigantine 4. Außerdem waren auf der Schanze und an den Anlagestellen vor der Insel Geschütze aufgebaut. Man kann sich gut vorstellen, daß echte Schlachtenstimmung aufkam, wenn aus allen Kanonen gefeuert wurde, auch wenn es sich nur um Böllerschüsse gehandelt hat.

Türken gegen Christen

Während heute die Kinder „Räuber und Gendarm" spielen, hieß damals die Partie „Türken gegen Christen".

Erinnerungen an die Kreuzritterzeit oder an die Türkengefahr des 17. Jahrhunderts werden wach.

In den Inventarlisten des Schlosses findet sich neben türkischen Fahnen und Wimpeln auch der Eintrag:

17 Janitscharen-Kleider und -Kappen, 17 Sklavenketten und -schuh.[31] Janitscharen, das waren zum Islam übergetretene Kriegsgefangene, die im 14. Jahrhundert von den Sultanen zu türkischen Soldaten ausgebildet wurden. Diese Kerntruppe des türkischen Heeres fiel durch ihre hohen weißen Filzmützen auf. Wir können uns lebhaft vorstellen, wie die verkleideten „Horden" auf der türkischen Brigantine das Schiff „Ritter St. Georgen" angriffen, wie es zur wilden Schlacht kam und wobei natürlich die christlichen Ritter als Sieger hervorgingen. Die Janitscharen wurden dann unter dem Beifall des Publikums als Sklaven abgeführt.

Beim zweiten Beispiel steht nicht der Kampf im Mittelpunkt, sondern es geht um das Feiern eines riesigen Festes.

Im Jahre 1728 erhielt Markgraf Georg Friedrich Carl hohen Besuch. Der Kronprinz Christian von Dänemark und seine Gemahlin Sophie Magdalene, eine Schwester des Markgrafen, und Fürst Georg Albrecht, der mit der anderen Schwester Sophie Karoline verheiratet war, hatten sich angesagt. Sie waren zur Kur nach Karlsbad gefahren und wollten ihre lieben Verwandten in Bayreuth mit einem Besuch beglükken.

Ihnen zu Ehren veranstaltete der sonst eher knauserige Bayreuther Herrscher ein großes Fest, dessen Höhepunkt die sogenannten Illuminationen waren. Es gab dazu keine bessere Kulisse als das Schloß St. Georgen und den Brandenburger Weiher.[32]

Als die Nacht hereinbrach, überraschte der Markgraf seine Gäste mit einem Zauber aus Feuerwerk, Raketen und Staffagen. Insgesamt wurden bei diesem nächtlichen Spektakel 84 (!) Ein-

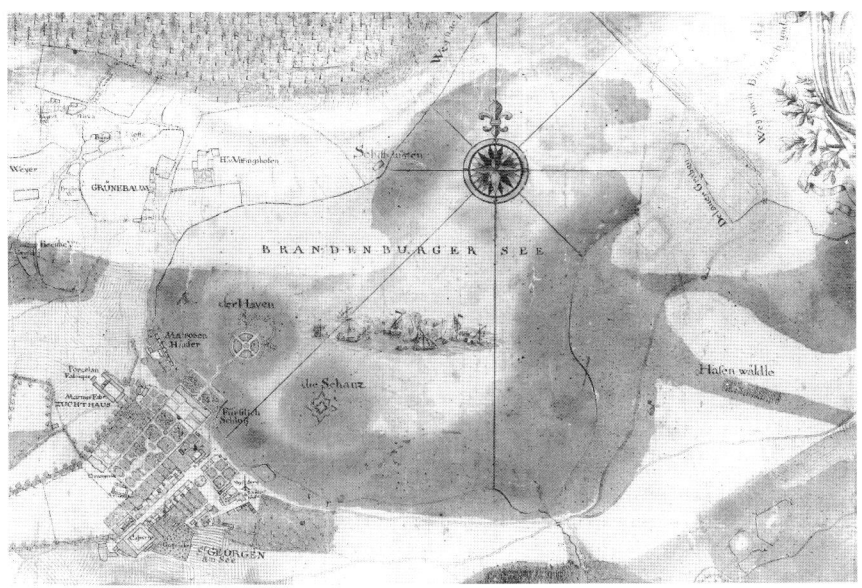

Abb. 42 *Ein Ausschnitt aus dem Riediger-Plan, der 1745 angefertigt wurde, zeigt die ideale Lage St. Georgens am Brandenburger See.*

Abb. 43 *Werner Hering aus Bayreuth läßt die Kulisse für die rauschenden Feste wieder aufleben. Sein Diorama lehnt sich an den Delsenbach-Stich an und zeigt das Ordensschloß mit der vorgelagerten Roseninsel.*

zelnummern vorgeführt, so steht es jedenfalls im überlieferten gedruckten Programmheft. Die originellsten Teile lohnen eine eingehende Betrachtung. Was sich dabei im einzelnen wirklich abgespielt hat, das bleibt unserer Phantasie überlassen.

Im Programmheft wird jeweils ein Bild beschrieben und eine zweizeilige Devise angefügt.

Bild 1: Die Göttin des Glückes aus den Wolcken, mit der Beyschrifft:
Das Glücke will von fernen Enden
Die hohen Gäste zu uns senden.

Bild 4: Eine Hand flieget über St. Georgen am See, mit der Beyschrifft:
Dein Glück, O wehrtes Land!
Wird jedermann bekandt.

Bild 6: Helm, nebst einem Schwerdt und Scepter, auf einem offenen Buch, mit der Devise:
Wir pflegen allesamt zu zieren
Den, der die Dänen wird regieren.

Bild 13: Eine Hand aus den Wolcken, welche Löwen und Adler an einen blauen Band zusammen gebunden hält, mit der Devise:
Die Einigkeit soll niemand trennen,
So lang man wird die Menschen kennen.

Bild 21: Der Prospect von St. Georgen am See, über welchem trübe Wolcken stehen, hinter solchen einige Sterne am blauen Himmel, mit der Devise:
Nun kann Georgen-Stadt nicht länger traurig seyn,
Es zeigt sich in der Nacht der helle Norden-Schein.

Bild 31: Eine Pyramide, um welche sich Lorbeer-Zweige geschlungen, an dem Postement praesentiret sich der Nahme Georgius Albertus und Sophia Carolina verzogen, die Pyramide bedecket ein Fürsten-Hut, mit der Devise:
Ost-Frießlands Fürsten-Haupt nebst seiner Carolinen,
Soll in die spate Zeit der Welt zum Wunder grünen.

Bild 38: Ein grosses Schiff mit Flaggen, worauf der Norwegische

Löwe stehet, wie die Wellen und Winde auf dasselbige zuschlagen, mit der Beyschrifft:
Der Wind und Wellen starcke Macht
Wird gleichwohl nur von mir verlacht.

Bild 46: Ein Schiff mit vollen Seegeln, auf dem Mast sitzet ein Adler, mit der Devise:
Ich stehe fest, und laß es gehen,
Wohin mich Wind und Wellen drehen.

Wilhelmines Geburtstag

Das dritte Beispiel führt uns in die wilhelminische Zeit Bayreuths. Die Markgräfin hatte am 3. Juli Geburtstag, und die Feierlichkeiten fanden weder in der Stadt Bayreuth noch in der Eremitage statt, sondern in St. Georgen, über das Wilhelmine in ihren Memoiren einmal schrieb: „Nie habe ich, was Lage betrifft, etwas Schöneres gesehen".[33]

Der bekannte Chronist Johann Georg Heinritz beschreibt diese Geburtstagsfeier aus dem Jahre 1745 recht anschaulich:

Alle zu diesem Feste eingeladenen Personen waren als Schiffer verkleidet. Den Hauptschauplatz bildete die Insel in dem Brandenburger Weiher. Auf der Brücke dahin standen zu beiden Seiten verbundene, mit bunten Lampen verzierte Pyramiden, 2 größere auf Säulen ruhende bei dem Eingang zur Insel, 2 am Ende derselben. Mitten in der Insel befand sich ein großer Salon von 16 freistehenden Säulen, deren Kuppel oben eine Krone zierte, innen eine Tafel von 70 Gedecken. Den Fußboden erleuchteten bunte Glaskugeln, den ganzen Rand aber Pyramiden mit Lampen. Auch der Rand des Seehafens war illuminiert und mit 26 großen Bildern umgeben, zwischen welchen Delphine eine große Menge Feuer in das Wasser auswarfen. Bei der Ausfahrt des Hafens befand sich ein auf Schiffen errichtetes Theater, 76 Schuh (rund 23 Meter) lang und 46 Schuh (14 Meter) breit von zwölf Coulissen, die sechs vorderen waren mit Cascaden versehen, aus welchen rothe und schwarze Adler das Wasser herabgossen. Unter dreimaliger Abfeuerung von Kanonen schiffte sich die Herrschaft ein, ihnen nahete sich die verkleidete Hof-Kapelle; am Theater stieg man aus, die französische Comedie begann. Bei der Rückfahrt nach der Insel erfolgte ein Auswurf aller Seeungeheuer, dabei stieg aus der Mitte des Theaters der Name der Fürstin hinter einem Felsen in einem Feuer von bunten Strahlen auf, hinter solchen wälzten sich Feuerräder, Luftkugeln und Raqueten. Das Abendessen an drei Tafeln half ein Tanz bis Morgens früh um 4 Uhr verdauen.[34]

Feuerwerk nach „Feuerchen"

Das vierte Beispiel ist besonders vom Datum her bemerkenswert. Es handelt sich wieder um ein Fest des Markgrafen Friedrich und es fand am 20. Juni 1753 statt.

Man stelle sich vor: Fünf Monate waren erst vergangen, als die Residenz des Bayreuther Herrschers, das heutige Alte Schloß, niederbrannte. Der Markgraf selbst stand in Verdacht, durch Unachtsamkeit das Feuer im erst renovierten Gebäude verursacht zu haben.

Die Adligen ließen sich aber durch so ein „Feuerchen" die Stimmung nicht verderben und machten ihrerseits ein Feuerwerk in St. Georgen.

Betrachtet man das Schloß in Richtung Brandenburger See mit der vorgelagerten Insel, so wie wir es von zahlreichen Abbildungen her kennen, dann wird die folgende Schilderung, deren Verfasser wieder Johann Georg Heinritz ist, plastisch und wir sind mitten drin in einem barocken Fest:

Der gesamte Hof erschien abends ganz im türkischen Kostüm verkleidet. Als Sultan der Markgraf, die Markgräfin von Schleswig als Sultanin, die Baireuth'sche Fürstin trat als Favoritin auf, der Markgraf von Schleswig stellte den Großwesir. Nach beendeter Mahlzeit trat man auf die Altane (= Balkone, d. V.) gegen den Brandenburger großen Weiher, neben der Tür hing ein kleiner Cupido (= röm. Liebesgott, d. V.) mit einer Fackel in der Hand, welche die Sultanin mit einem ihr gereichten Lichte anzündete. Blitzschnell fuhr der kleine Gott über die Altane hinab, bis zu dem Anfang der Brücke, wo er in einen bereitstehenden Wagen zu sitzen kam, welcher nun über die Brücke zur Insel hinrollte, wobei jener mit seiner Fackel rechts und links Wasserkegel und andere Kunstfeuer anzündete.

Auf der Insel entzündete sich mit einem Male ein sehr großes Gebäude, durch bunte Lampen erleuchtet von selbst, dabei brannte man eines der größten und brillantesten Feuerwerke ab, das Baireuth je gesehen. Während dieser Belustigung wurde die Landesmutter in einem kleinen, niedrigen mit Blumenkräntzen behängten Wagen und einer Zitter in der Hand durch verkleidete Sclaven herumgezogen. – Ein Tanz beendete das Fest.[35]

Das Weiherhaus

Sehr viel älter als St. Georgen ist das Weiherhaus.[36] Es stand schon Anfang des 16. Jahrhunderts, als Markgraf Friedrich IV. den Weiher erweitern ließ. Das zweigeschossige Gebäude war aus Stein gebaut und befand sich am nördlichen Ufer, also Richtung Bindlach. Im Erdgeschoß waren Küche, einige Kammern und die Wohnung des Hausmeisters untergebracht. Ein Saal nahm den größten Teil des ersten Stockes ein, dahinter befanden sich einige kleinere Zimmer. Von diesem Saal aus konnte das Abfischen des Brandenburger Weihers, das alle zwei Jahre stattfand, gut beobachtet werden. Es fanden darin auch die anschließenden Fischessen statt.

Recht beliebt waren Fahrten mit dem Schiff vom Hafen „Schloß St. Georgen" zum Weiherhaus. Das war auch gleichzeitig die größte schiffbare Strecke, die den „Landratten" angeboten werden konnte. So ist bekannt, daß z. B. im Jahre 1728 Markgraf Georg Friedrich Carl seinen dänischen Verwandtschaftsbesuch zum Weiherhaus mit dem Schiff bringen ließ und daß dort eine Abendtafel gereicht wurde.

Aber nicht nur Adelige nutzten das Ausflugsziel. Der Chronist König berichtet, daß bei der Brandenburger Kirchweih die Besucher von Matrosen zu Tanzveranstaltungen im großen Saal des Weiherhauses gebracht wurden.

Friedrich der Große

In den Blickpunkt der großen Geschichte gerät das Weiherhaus im Jahre 1734. An diesem Ort sollen sich nämlich heimlich die Markgräfin Wilhelmine und ihr Bruder

Friedrich der Große, damals allerdings noch Kronprinz, getroffen haben. Heimlich deshalb, weil der Vater von beiden, Friedrich I., seinem Sohn einen Besuch in Bayreuth untersagt hatte.

Wie Karl Müssel eindrucksvoll anhand eines Stichs von Melchior Rein und vor allem durch einen Brief Friedrich des Großen belegt, fand dieses Treffen am 3. Juli 1734, also am 25. Geburtstag der Markgräfin, unter äußerst dramatischen Umständen statt. Wilhelmine selbst nennt zwar das Weiherhaus nicht, schreibt aber in ihren Memoiren:

Mein Bruder schrieb mir, er würde seinen Weg über Bayreuth nehmen, da ihm der König aber ausdrücklich verboten hatte, sich daselbst aufzuhalten, bäte er, mich am 2. Juli in Berneck einzustellen . . . Um 10 Uhr kamen wir in Berneck an, die Hitze war fürchterlich, und ich schon von dem zurückgelegten Wege sehr ermüdet . . . Indes kam ein ungeheures Gewitter; ich habe nie so etwas fürchterliches gesehen! Der Donner widerhallte in den Felsen, die Berneck umgaben, die Welt schien unterzugehen, und die Wasserflut folgte dem Gewitter nach . . .

Als ihr Bruder nicht eintraf, fuhr Wilhelmine zunächst nach Himmelkron. Sie erzählt, daß sie dabei fast ertrunken wäre. . . *Die Wasser waren so angeschwollen, daß die Pferde nur schwimmend hindurchkommen konnten.*

Am nächsten Tag kam es dann endlich zum geplanten Treffen.

Mein Bruder überhäufte mich mit Liebkosungen, fand mich aber in einem so erbärmlichen Zustande, daß er seine Tränen um mich nicht zurückhalten konnte. Ich konnte mich nicht auf meinen Füßen halten, und war so schwach, daß ich einmal um das andere ohnmächtig ward. Er sagte mir, der König sei sehr aufgebracht gegen den Markgrafen, weil er seinem Sohne nicht erlaubt habe, den Feldzug mitzuma-

Abb. 44 und Abb. 45 *Friedrich der Große besuchte im Jahre 1734 seine Lieblingsschwester, die Bayreuther Markgräfin Wilhelmine, und traf dabei im Weiherhaus auch seinen Schwager, den Markgrafen Friedrich (links). Beim rechten Bild ist im Hintergrund der See, die Insel und das St. Georgener Schloß zu erkennen. Die Anlage sah aber damals ganz anders aus. Wahrscheinlich hat Melchior Rein den Delsenbach-Stich kopiert und die Markgräfin davorgesetzt.*

chen. Ich legte ihm alle Gründe des Markgrafen dar und setzte hinzu, daß er nicht Unrecht habe . . . Während dieses Gesprächs trat der Erbprinz ein und bat meinen Bruder um Gottes willen, ihm von Bayreuth fortzuhelfen. Sie zogen sich zusammen an ein Fenster zurück, wo sie lange sprachen. Endlich sagte mir mein Bruder, er würde dem Markgrafen einen sehr höflichen Brief schreiben und ihm wegen des Feldzugs so gute Gründe angeben, daß er nicht an ihrer Wirksamkeit zweifelte. ,Wir wollen beieinander bleiben,' setzte er, sich gegen den Erbprinzen wendend, hinzu, ,es wird mich innig freuen, immer um meinen lieben Bruder zu sein.' Er schrieb den Brief und gab ihn dem Baron Stein, der ihn dem Markgrafen zustellen sollte, darauf nahmen wir, nicht ohne Tränen, einen zärtlichen Abschied voneinander, wobei er mir noch versprach, sich von dem Könige die Erlaubnis auszuwirken, bei seiner Rückkehr mich in Bayreuth zu besuchen. Das war das letztemal, daß ich ihn auf dem alten Fuß mit mir sah; seitdem veränderte er sich sehr.[37]

Als der Brandenburger Weiher 1775/76 aufgelöst wurde, verlor natürlich auch das Weiherhaus an Bedeutung. Pfarrer Hirsch schreibt dazu: *Das Weiherhaus wurde von den Bindlachern erkauft und von ihnen wieder die Hälfte dem Hofkammerrat Vogel abgetreten. Dieser ließ es abtragen und ein anderes Haus an der Bindlacher Straße gegen den sonstigen Schnellgalgen (das heutige Weiherhaus) daran erbauen.[38]*

Tugendhafte Ritterrunde oder elitärer Männerzirkel?

Ordre de la Sincérité – Der Orden der Aufrichtigkeit[39]

Betritt ein Besucher heute die Ordenskirche, dann ist er zunächst von der barocken Pracht beeindruckt, die man von der äußerlich grauen Kirche in der Form nicht erwartet. Beim näheren Hinsehen entdeckt man dann allerdings in der St. Georgener Kirche noch etwas ganz Besonderes, etwas Einmaliges: Es sind die vielen Wappenschilder, die überall im Gotteshaus hängen. Insgesamt zählen wir 83 verschiedene; es sind schlichte, einfache dabei, aber die meisten sind reich gestaltete bunte Wappenbilder. Sie tragen alle eine Jahreszahl und die Namen der Besitzer. So lesen wir beispielsweise:

Christian Martin von Gravenreuth – 1709 oder

Carl Gottfried Graf von Giech – 1717.

Die Frage stellt sich, welche Bewandtnis es mit diesen Wappen hat, warum hängen sie dort?

Die Jahreszahl der ältesten Wappen, nämlich 1705, gibt einen wichtigen Hinweis. Das war die Zeit, in der der spätere Markgraf Georg Wilhelm in St. Georgen das Sagen hatte. Die Gründung der Stadt geht auf ihn zurück, und er muß auch etwas mit den Wappen zu tun haben.

Ein Dokument, das sich heute im Pfarramt St. Georgen befindet, löst das Rätsel. Es handelt sich um die Statuten des „Ordre de la Sincérité" (Orden der Aufrichtigkeit).[40] Dort heißt es unter Punkt XV, daß jeder Ordensritter sein „angestammtes und angeborenes Wappen mit alten Farben und Zierrathen" zur Verfügung stellen soll und daß das Wappenschild dann in der Kirche in St. Georgen aufgehängt wird.

In den Statuten wird auch der Hauptzweck des Ordens genannt: Es soll „die wahre Aufrichtigkeit

Abb. 46, 47, 48   *Alle Ordensritter waren laut Statut verpflichtet, ihre Wappenschilder in der Ordenskirche aufzuhängen. Nur gut ein Viertel hielt sich an diese Vorschrift, das waren aber immer noch 83 Würdenträger.*

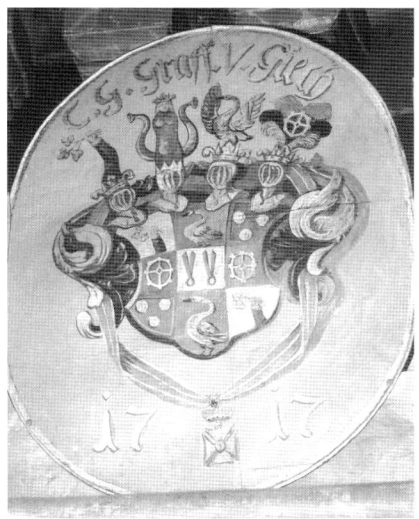

und Redlichkeit wieder hergestellt" werden. Jeder Ordensritter soll „ein christliches, gottgefälliges Leben und tugendhaften Wandel führen" und sich armer notleidender Leuten annehmen.

Jetzt muß man sich natürlich fragen, warum gerade Georg Wil-

helm so einen Orden ins Leben rief. An seinem Hof herrschte ja wahrhaft kein so tugendhafter Wandel, eher war das Gegenteil der Fall.

Es könnte sein, daß der spätere Markgraf den Orden mehr als Idealzustand ansah, den es anzustreben galt. Er war eine Antwort auf das lockere, lasterhafte Leben, bei dem man doch ein schlechtes Gewissen hatte.

In dieser Richtung interpretiert auch Holle die Ordensgründung, wenn er schreibt, daß sie eine Antwort auf die Hofhaltung seines Vaters, die Georg Wilhelm mißfiel, und auf die Ränke der Hofleute war.[41]

Auch Heinritz meint, daß der Erbprinz den Orden gestiftet hat, „um die alte deutsche Redlichkeit wieder in Ansehen zu bringen".[42]

Prestigegehabe

Wenn man Leben und Wirken des Markgrafen aus der Retrospektive einschätzt, dann gewinnt man den Eindruck, daß Georg Wilhelm den Orden eher aus einem anderen Grund stiftete. Es scheint so, als ob er sich einen Bewundererkreis schaffen wollte. Als Ordenspatron war er Mittelpunkt dieses Männerzirkels, dem vor allem hohe Offiziere des fränkischen Kreises und des Kaisers sowie Kleinadlige aus der Umgebung angehörten. Markgraf Georg Wilhelm war exzentrisch und litt unter Selbstüberschätzung. Sein Ritterorden bot ihm Gelegenheit, sich darzustellen und den großen Fürsten inmitten ehrbarer Ritter zu spielen. Er konnte so sein Prestigegehabe voll ausleben.

Wir können uns gut vorstellen, wie Georg Wilhelm aufblühte, wenn an seinem Namenstag alle Ordensritter in seine Stadt St. Georgen kamen – sie waren dazu nach den Statuten verpflichtet –, um sich zunächst in der Ordenskirche zum Festgottesdienst und anschließend im Kapitelsaal des Ordensschlosses zur Rittertafel zu treffen. Der „Tag Georgii", das war der 23. April, stellte sicher einen Höhepunkt im auch ansonsten nicht tristen Jahresablauf des Markgrafen dar.

Georgs-Tag

Eine Beschreibung dieser Zeremonie durch Markgräfin Wilhelmine ist recht anschaulich. Ihr Schwiegervater, Georg Friedrich Carl wird dabei charakterisiert, aber die beschriebene Szene hätte sich auch unter Georg Wilhelm in ähnlicher Form ereignen können:

Am frühen Morgen löste man alle Kanonen des Hafens, denen die

Abb. 49 *Die einzige Darstellung des großen Ordenssaals im ersten St. Georgener Schloß: Die „Rittertafel" aus dem Jahre 1722.*

44

auf den Schiffen antworteten. Darauf stieß man dreimal in die Trompeten und rührte die Pauken. Bei dem dritten Trompetenstoß begab sich der Erbprinz mit allen Rittern in die Kirche zur Predigt. Nach der Kirche kam er zu mir, und wir begaben uns, von dem ganzen Hofe und allen Damen der Stadt begleitet, zum Markgrafen, um ihm Glück zu wünschen und der Kreierung der Ritter beizuwohnen. Der Markgraf, reich gekleidet, stand auf einen Tisch gestützt, der ausdrücklich dazu hingestellt war, und bildete sich ein, wenigstens Kaiser zu sein; er nahm auch an diesen Tagen ein ganz kaiserliches Wesen an, sein ernstes, majestätisches Gesicht sollte Ehrfurcht gebieten, es machte ihn aber nur höchst lächerlich, denn mir kam er völlig wie Hanswurst als Kaiser im Monde vor. Wie er sich mit allen ihm aufgetischten Komplimenten hinlänglich gesättigt hatte, ließ er zwei oder drei Herren hereintreten, denen er den Orden erteilte, wobei er an jeden eine besondere, ziemlich schlecht gesetzte und schlecht gesprochene Rede richtete. Dann ertönte der Lärm der Kanonen, Trompeten und Pauken von neuem; man setzte sich zur Tafel, und jede dabei ausgebrachte Gesundheit ward mit drei Kanonenschüssen begleitet... Man betrank sich den ganzen Nachmittag und abends war Ball...[43]

Der Hauptzweck des Ordens also war die Selbstdarstellung des Markgrafen.

Daneben mögen auch finanzielle Interessen die Ordensgründung initiiert haben. Schon beim Eintritt in die Gemeinschaft waren die Würdenträger „gehalten, ein freiwilliges Geschenk bis 20 Ducaten für die Kirche und Unterhaltung der Armen" zu leisten, ebenso sollte jedes Mitglied am Kapiteltag einen Geldbetrag spenden.

Die Ordensritter waren verpflichtet, ständig ihr Ordenskreuz zu tragen. Wurde jemand erwischt, der dieses Gebot mißachtet hatte, erhielt er das erste Mal eine Strafe von 10 Ducaten, beim dritten Mal bestrafte man ihn sogar mit fünfzig Ducaten (was beim zweiten

Abb. 50 *Das Ordenskreuz zeigt den Brandenburger Adler und die Initialen des Markgrafen.*

Mal gezahlt werden mußte, steht nicht in den Statuten).

Darüber hinaus legte der Markgraf fest, daß ein Ordensritter, der eine Bürgerliche ehelichte, nicht ausgeschlossen wurde, aber 20 Ducaten Strafe zahlen mußte.

Wie viele Gelder durch diese Regel tatsächlich in die notorisch leeren Kassen des Markgrafen eingegangen sind, läßt sich nur schwer belegen. Sicher wurden die Vorschriften nicht allzu restriktiv ausgelegt, denn der Ordensmeister hatte mehr Interesse daran, „tugendhafte Ritter" an sich zu binden, als sie zu verärgern und auszuschließen.

Lebendiges Spielzeug

Zusammenfassend läßt sich feststellen, daß der Ritterorden weder seinen umfangreichen Statuten gerecht wurde, noch eine echte Ordensgemeinschaft war. Sylvia Habermann hat wohl recht, wenn sie meint, daß der Orden „eine elitäre Vereinigung war, deren Mitglieder keine weiteren Ziele verfolgten, außer dem einen, ‚dabei zu sein',"

wobei ergänzt werden müßte, „dabei zu sein, um den Markgrafen zu verehren".[44] Der Orden paßt so recht zum Bild des Markgrafen Georg Wilhelm, des „homo ludens" (Müssel); die ausgewählten Ritter waren das lebendige Spielzeug eines barocken Prinzenkindes.

Von Christian Ernst zu Manfred Stolpe

Zum Schluß noch einige Informationen zur allgemeinen Ordensgeschichte in Bayreuth. Schon unter Christian Ernst existierte der „Orden der Eintracht", auch Konkordinenorden genannt.

Markgraf Georg Wilhelm hatte während seiner Englandreise im Jahre 1695 den bekannten Hosenbandorden kennengelernt. Er war sicher begeistert von der großen Verehrung seines Namenspatrons, der in England als Nationalheiliger galt. Deshalb nannte er ja auch seine neugegründete Siedlung St. Georgen und gründete im Jahre 1705, angelehnt an den Georgskult, die Ordensgemeinschaft.

Von den 350 Ordensrittern haben 83 ihre Wappentafeln in der Ordenskirche aufgehängt; es haben sich also nur gut ein Viertel der Ausgezeichneten an die Vorschrift in den Ordensstatuten gehalten.[45] Unter den Ordensrittern gab es übrigens auch Frauen. So werden die Herzogin von Württemberg, Frau Maria Augusta, und die Markgräfin Wilhelmine genannt.

Der „Rote Adler Orden" wurde 1792 auf Anregung Hardenbergs als zweithöchster preußischer Orden übernommen und bestand bis zum Ende des Ersten Weltkrieges fort. Heutzutage gibt es Bestrebungen, den Orden erneut aufleben zu lassen.[46] So hat nach der Wiedervereinigung der brandenburgische Ministerpräsident Stolpe erklärt, er sei „wild entschlossen", den „Roten Adler Orden" wieder einzuführen, um das Wirgefühl der Brandenburger zu fördern. Ob er dabei auch an den Ursprung des Ordens, der eine Verbindung der alten und neuen Bundesländer herstellen könnte, gedacht hat, bleibt dahingestellt.

Abb. 51 *Die strengen Statuten des Ordens „de la sincérite" schrieben vor, daß jeder Ritter ständig das Ordenskreuz tragen mußte. In § 16 wurde jedoch eine Ausnahme genehmigt. Auf Postreisen und auf Jagden wurde erlaubt statt des Kreuzes „ an dem Knopfloch eine Medaille, worauf das Ordenskreuz geschmelzet, zu mehrer Bequemlichkeit" zu tragen.*

Der „Ordre de la Sincérité" hatte seinen Höhepunkt unter Markgraf Georg Wilhelm. Sein Nachfolger Georg Friedrich Carl, der an großen Auftritten geringeres Interesse hatte, ließ den Orden einschlafen, und erst 1734 wurde er unter dem Namen „Roter Adler Orden" wiederbelebt.

Insgesamt lassen sich in der Zeit von 1705 – 1769 über 350 Ordensritter feststellen. Karl Müssel zählt zu den bekanntesten Adeligen Victor Graf von Philippi, der Kommandeur des Dragonerregiments Bayreuth war, den Generalfeldmarschall Hermann Friedrich Graf von Hohenzollern, der auch bekannt wurde durch die Wiederbegründung der katholischen Kirchengemeinde in Bayreuth, Raymund Anton Leupold von Löwenberg, den ersten Ordenskanzler des Ordre de la sinéreté, und den Weimarer Hofmarschall Johann Christian Wilhelm von Schardt, den Vater von Charlotte von Stein.

Abb. 52 *Die Sophien- oder Ordenskirche zu St. Georgen. Zeichnung: Sixtus Jarwart.*

Barocker Glanz und Wappenzier
Die Ordenskirche

Die Ordenskirche stellt heute noch wie vordem den Kern des Stadtbildes dar. Ganz gleich von wo aus wir uns ihr nähern, von der Eremitage oder von der Hammerstatt, vom Festspielhaus oder von Bindlach her, immer wieder steht sie neu in der Mitte unseres Blickfeldes, und ihre Turmhaube, die in ein, zwei, drei, vier Absätzen über die niedrigen Dächer zur Spitze wächst, kündet weithin dem kundigen Auge: Hier baute Barock.[47]

Das stellte der Bayreuther Geschichtsschreiber Rothemund schon 1931 fest, und ihm ist beizupflichten. Die Ordenskirche ist neben dem Schloß das bedeutendste Bauwerk in St. Georgen, und deshalb soll etwas genauer auf die Baugeschichte und -beschreibung eingegangen werden.

Schon kurz nach der Gründung der Vorstadt St. Georgen im Jahre 1702 wurde diese Kirche geplant, was nicht verwundert, da zu jeder Stadt – und eine solche wollte der Erbprinz ja errichten – eine ordentliche Kirche gehört.

Leere Staatskassen

Natürlich war das größte Problem die Finanzierung, denn bekanntlich waren die Staatskassen leer. Zwei Geldquellen konnten aufgetan werden: Zum einen entschloß sich die Mutter des Erbprinzen, die Markgräfin Sophie Luise, einen größeren Geldbetrag für den Bau der Kirche zu stiften. Sie starb zwar schon im Jahre 1702, aber die von ihr gegebene zweckgebundene Summe (es mögen rund 6000 Gulden gewesen sein, denn diesen Betrag brachte Georg Wilhelm ein) stellte den Grundstock dar.

Zum anderen wurde ein Stiftungsfond gegründet, in den überwiegend Adelige namhafte Beträge einzahlten. So steuerten beispielsweise der in Nemmersdorf geborene Reichsfreiherr von Tanner 320 Gulden oder die Königin von Sachsen 240 Gulden bei. Dazu kamen noch Gelder aus verschiedenen Kirchenkollekten.

1705 – Grundsteinlegung

Im April 1705 konnte die Grundsteinlegung erfolgen. Der Erbprinz Georg Wilhelm erschien dazu selbst. Es wurden in den Grundstein zwei Gläser, gefüllt mit rotem und weißem Wein und den Initialen G.W. gestellt und mit einer Metallplatte mit längerer Inschrift abgedeckt.

Die Kirche wurde vom Bayreuther Hofbaumeister Gottfried von Gedeler, einem Schüler von Andreas Schlüter, geplant. Er ist ja besonders durch seine Erlanger Bauten bekannt. Schon sein Vater, Elias Gedeler, der aus Österreich kam, war Hofbaumeister in Bayreuth. Auf Gottfried von Gedeler geht auch die Grundrißplanung in Form eines griechischen Kreuzes zurück.

Anhand der Baurechnungen hat Dr. Karl Sitzmann ermittelt, daß allein im Jahre der Grundsteinlegung 13 753 Quadersteine aus 20 Steinbrüchen der näheren und weiteren Umgebung geliefert wurden.[48] Genannt seien der Geigenreuther Bruch, aus dem über 4000 Steine kamen, der Steinbruch in Oberwaiz, der Künleitenbruch, der Fürstenleiten- und der Pensener Bruch mit jeweils über 1000 Quadern. Kleinere Mengen kamen aus dem Bühlholzer Bruch, dem Dülpner Steinbruch, dem Dürnhöfter Bruch, dem Daustohler Bruch und aus Tröbersdorf.

Die Bauaufsicht hatte der „Kriegskommissar und Bauinspektor" Johann Cadusch übernommen, die Bauleitung der Maurermeister Johann Jakob Weiß und nach dessen Tod im Jahre 1709 sein Sohn Johann Hermann Weiß.

Interessant ist es auch, einmal zu erfahren, was damals die Arbeiter verdienten. Ein Maurergeselle erhielt 21 Kreuzer, ein Lehrjunge 15 Kreuzer pro Tag. Die Zimmerleute erhielten etwas weniger, nämlich 18 und 15 Kreuzer.

Im Jahre 1709 war der Rohbau fertig und die Innenarbeiten begannen. Für die Säulen und Kapitelle verwendete man Sandsteine, die im Pensen, einem Bergzug südöstlich von Bayreuth gebrochen wurden.

Wettlauf mit der Zeit

1710 begann der Wettlauf mit der Zeit. In der ersten Hälfte des Jahres 1710 wurde der Innenputz aufgetragen. Danach begannen die Stuck- und Malerarbeiten.

Die vielen Künstler und Handwerker wurden mit der Tatsache überrascht, daß die Kirche schon im April 1711 eingeweiht werden sollte. Fieberhaft beginnt man zu arbeiten. Innerhalb von einer Woche wird der ganze Kirchenraum mit einem riesigen Holzgerüst von den Zimmerleuten eingerüstet. Der berühmte Stukkateur Bernardini de Quadri beginnt mit seiner Mannschaft zu arbeiten. Allein 53 500 Schiefernägel sind zum Anschlagen der Rohrmatten notwendig. Innerhalb einer Rekordzeit von nur 2 Monaten sind die Stuckarbeiten zum größten Teil fertiggestellt. Zeitgleich dazu haben die Freskenmaler ihre Arbeit aufgenommen. Dem Kemnather Maler Johann Martin Will und Gabriel Schreyer aus Erlangen gelingt es, bis Ende November ihre Arbeiten abzuschließen. Es herrscht ein ungeheures Treiben auf der Baustelle, denn auch die mit Zinn und Blei verglasten Fenster und die eisernen Fensterrahmen (sie wogen allein 30 Zentner) werden eingebaut.

1711 – Einweihung

Trotz all dieser ungeheuren Anstrengungen waren die Arbeiten an der Kirche noch nicht beendet, als am 23. April 1711 die Einweihung erfolgte. Der Altar war nur im Ansatz zu erkennen und die Kanzel provisorisch mit Holz verschalt. Ebenso waren die Emporen noch im Bau.

Warum wurde dann trotzdem die Einweihung vollzogen? Wie wir wissen, war der spätere Markgraf Georg Wilhelm ein fanatischer Verehrer des Heiligen St. Georg. Der 23. April ist bekanntlich der Georgstag, und der ungeduldige Prinz wollte mit der Zeremonie nicht noch ein Jahr warten.

Bei der Einweihungsfeier wurde, wie Busch berichtet, Communion gefeiert, „woran die 6 ersten Bürger der Stadt und 4 Frauen teilnahmen". Danach wurde ein Kind getauft und zwei Ehepaare getraut. *Den Schluß dieser Feierlichkeit machte eine Gewehrsalve der vor der Kirche aufgestellten Soldaten und das Abfeuern von 12 Kanonen.*[49]

Die Kirche erhielt den Namen Sophienkirche, was schon bei der Grundsteinlegung 1705 beabsichtigt war. Georg Wilhelm wollte damit an seine geliebte Mutter, die ja die Kirche angeregt und finanziell unterstützt hatte, erinnern. Noch dazu hießen ja auch seine Frau und seine Tochter Sophie, so daß auch hier eine „Dreieinigkeit" hergestellt werden konnte.

Die Kirche ist heute allerdings unter dem Namen Ordenskirche bekannt, da sie im Zusammenhang mit dem von Georg Wilhelm gestifteten Ritterorden stand. Zwischenzeitlich wurden auch beide Namen verwendet. So heißt es z. B. in einem Stich von Georg Christoph Kilian aus dem Jahre 1735: „Die Sophien- und Ordenskirch de la Sincérité".

Nach der Einweihung wurde die Kirche dann nach und nach weitergebaut. Im Jahre 1712 wurden die Emporen aus Espenholz fertiggestellt und ein Jahr später der berühmte Altar geweiht. 1714 konnte das erste Mal auf der Orgel gespielt werden. Sie wurde vom Orgelmacher Daniel Felix Streit aus Kulmbach gebaut, das Gehäuse stammte vom berühmten Hofbildhauer Elias Räntz. Er schuf auch den zwei Jahre später vollendeten marmornen Taufstein mit einem geschnitzten Deckel, der die Taufe Christi darstellt.

Um den marmornen Sockel sind die Initialen des Markgrafen in goldenen Buchstaben, die von Kronen und Herzen umrahmt sind, abgebildet. „G W M Z B 1716" können wir lesen, und das ist die Abkürzung von: „Georg Wilhelm Markgraf zu Brandenburg" und das Entstehungsjahr.

1718 – Der Kirchturm

Zum Schluß wurde dann 1718, also erst 7 Jahre nach der Einweihung der Kirche, der imposante

Abb. 53 *Diese barocke Pracht vermutet man hinter der eher schlichten Fassade kaum: Das Kirchenschiff der Ordenskirche.*

Ordenskirche – Grundrißgestaltung

Die Ordenskirche ist Teil der barocken Gesamtplanung der Stadt St. Georgen, so wie sie von Antonio della Porta zu Beginn des 18. Jahrhunderts entworfen wurde. Die Kirche ist deshalb nicht geostet, sondern dem Straßenverlauf angepaßt. Sie ist in der östlichen Häuserzeile etwas zurückgesetzt. Geplant war der Bau eines Rathausgebäudes gegenüber der Kirche, wodurch ein großzügiger Platz entstanden wäre.

Erst in der Grundrißskizze erkennt man die Form eines griechischen Kreuzes deutlich. Sie entspricht damit dem Ordenskreuz, das ja am Hofe des Markgrafen Georg Wilhelm eine wichtige Rolle gespielt hat.

Der dadurch entstandene Kirchenraum, die Stellung des Kanzelaltars, des Taufsteins und des Gestühls spiegeln aber auch die Ideologie eines aufgeklärten Protestantismus wider.

Diese Grundrißgestaltung ist für den Bayreuther Raum neuartig und einmalig und verdient deshalb besondere Beachtung.

Helmuth Meißner aus Himmelkron schreibt dazu in seinem Grundlagenwerk „Kirchen mit Kanzelaltären in Bayern" folgendes:

Ein neues Raumkonzept in einer großen Gemeindekirche erhielt die Ordenskirche von Bayreuth/St. Georgen. Das Parkett mit den vier Gestühlsblöcken umschreibt in der Mittelfläche ein Quadrat innerhalb des Gesamtgrundrisses eines griechischen Kreuzes. Der Chorraum scheint aufgehoben zu sein; der Kanzelaltar ist weit vorgerückt zu den sich gegenüber lagernden

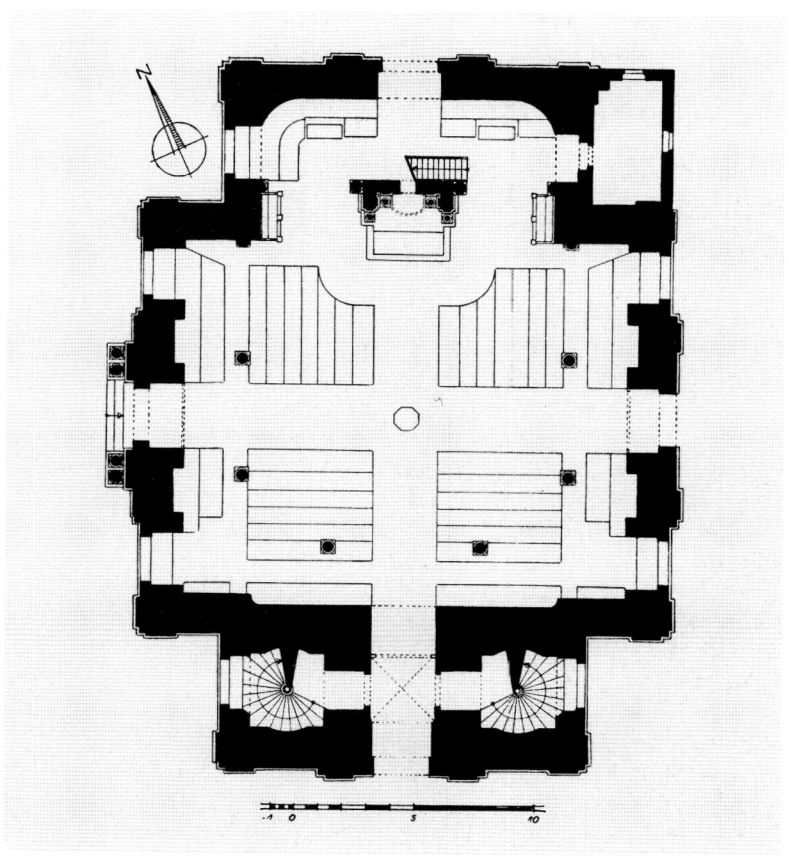

Abb. 54   *Der Grundriß der Ordenskirche. Deutlich ist die Form eines griechischen Kreuzes zu erkennen, womit auch ein Bezug zum Ordenskreuz hergestellt wurde.*

vorderen Gestühlsblöcken. Der eingezogene Kreuzesarm, die korbbogige Wölbung des Armstutzens, die von den seitlichen Emporen abgesetzte doppelte Frontempore lassen immer noch eine Vorstellung von einem Chorbereich zu. Dennoch besteht nicht mehr ein abgesetztes Gegenüber von traditionellem Chorbezirk und dem Raum der Gemeinde. Der Geistliche am Altar oder auf der Kanzel steht nun mitten in seiner Gemeinde.[50]

Dieser Gemeindebezirk ähnelt dem einer Querhauskirche, weshalb Ilse-Käthe Dött von einem „Gegensatz zwischen Bau- und Raumform" bei dieser Kirche spricht, bei dem „der Hauptraum" auf sein gottesdienstliches Zentrum hin gerichtet und dadurch zentralisiert wird. Raumform und Baukörper der St. Georgenkirche nähern sich dann in echt barocker Verwandlung letztlich einander doch wieder an.[51]

Abb. 55   *Der Kanzelaltar, der den gesamten Innenraum prägt, stammt aus der Werkstatt des berühmtesten Bay-*
reuther Bildhauers Elias Räntz. Als Material wurde hauptsächlich Marmor aus dem Frankenwald verwendet.

Turm fertiggestellt. Wieder führte
Johann Hermann Weiß als Maurermeister Regie, Zimmermeister
war Joh. Christoph Feulner, die
Planung hatte Johann David
Räntz übernommen. Die Schiefer-
arbeiten wurden übrigens von keinem Einheimischen ausgeführt,
sondern von einem Hofer Schie-
ferdecker namens Johann Reinhard.

Am 9. August konnte endlich
auf die Spitze der große vergoldete
Turmknopf gesetzt werden.

Beim Richtfest für den neuen
Turm soll es zum sog. Weinglas-
Wunder gekommen sein. So er-
zählt man sich, daß der Baumei-
ster zunächst, wie üblich, einen
Richtspruch verlas und dann ein
Glas Wein trank. Als er das leere
Glas vom Turm warf, warteten die
Zuschauer vergeblich auf das Klir-
ren. Das Glas war nicht zersprun-
gen – ein „Wunder" war gesche-
hen. Der Markgraf soll danach an-
geordnet haben, daß folgender
Spruch in das Glas graviert wird:

Den siebenten Juli im 1718ten
Christjahr
stand ich in der größten Gefahr,
da ich zu St. Georgen am See vom
Turm geworfen war.

Drei Glocken waren schon vorhanden. Vor der Fertigstellung des
Kirchturmes hatte wohl an der
Stelle ein hölzernes Provisorium
gestanden, denn die Glocken wurden bereits 1714 gekauft. Sie
stammten aus der Glockengießer-
werkstatt Johann Conrad Roth

aus Forchheim und wogen 8, 6 und 3 Zentner. Eine weitere Glocke, die mit 22 Zentner am größten war, wurde erst 1722 angeschafft. Sie fertigte der Hofer Glockengießer Christoph Salomon Graulich an und wurde die „Ritterglocke" genannt, da sie die Ordensritter gestiftet hatten. Sie kostete immerhin rund 800 Gulden.

In der Folgezeit mußte man die Kirche innen und außen immer wieder renovieren. So wurde beispielsweise die Orgel schon im Jahre 1765 und noch einmal 1851 ausgebessert und dann 1934 vollständig erneuert. Auch der Turmknopf wurde des öfteren ersetzt und mit aktuellen Inschriften versehen. Das letzte Mal geschah das im Jahre 1954, wo dann vermerkt wurde, daß die Kirche den Zweiten Weltkrieg gut überstanden hat.

Zu dieser Zeit wurde auch der Turm vollkommen eingerüstet und unter Leitung des Landbauamtes das Schieferdach erneuert. Im Jahre 1975 erhielt die Kirche eine neue Turmuhr, die nun nicht mehr mit der Hand aufgezogen werden muß, und bei dieser Gelegenheit wurde auch gleich das Zifferblatt renoviert.

Recht interessant ist auch die Geschichte der Kirchenglocken.[52] Wie schon erwähnt, läuteten im 18. Jahrhundert vier Glocken. Im Zweiten Weltkrieg wurden die drei kleineren Glocken abgenommen und ins sog. Glockenlager nach Hamburg geschafft, um eingeschmolzen zu werden. Die größte Glocke, die Ritterglocke, wurde als historisch besonders wertvoll eingestuft und blieb in Bayreuth. Die nach Hamburg gebrachten Glocken wurden jedoch nicht mehr zu Munition weiterverarbeitet, sondern nur eine davon durch einen Bombentreffer zerstört. Die anderen beiden kamen zurück, wobei die kleinste einen Riß hatte, der geschweißt werden konnte. Für die verlorengegangene Glocke wurden nach dem Krieg zwei weitere angeschafft, so daß dann die Tonfolge es – ges – h – des – es vorhanden war, ein „besonders schönes Geläut" wie Pfarrer Dr. Grä-

Abb. 56   *Der Taufstein aus rotem Marmor und dem hölzernen Deckel mit Schnitzarbeiten ist ein Meisterwerk Elias Räntz. Die herzförmig gerahmten und mit einem Fürstenhut bekrönten Initialen Georg Wilhelms und die Jahreszahl der Entstehung, 1716, schmücken das Kleinod.*

der aus St. Georgen bemerken konnte.

Ein Ton dieses Fünfklangs verstummte am 26. Juni 1986 endgültig. Die 22 Zentner schwere Ritterglocke brach während des Läutens und stürzte hinab. Nur durch starke Bohlen konnte sie gebremst und so vor völliger Beschädigung verschont werden. Wie beim ersten Läuten im Jahre 1722 hatte auch der letzte „Dienst" 1986 einen traurigen Anlaß: Die Ritterglocke hatte zu einer Beerdigung gerufen.

Nachdem Experten davon abrieten, sie zu reparieren, wurde in Karlsruhe ein Ersatz in Auftrag gegeben. 37 neugierige Bayreuther wollten bei der Entstehung dabeisein und fuhren mit dem Bus zur Glockengießerei. Günter Zeilinger berichtet darüber:

Alle wollten – zum erstenmal in ihrem Leben – einem Glockenguß beiwohnen. Die Form ,aus Lehm gebrannt' war natürlich schon vorbereitet. Sie sollte 1235 kg flüssiges Erz aufnehmen und der Glocke den

Ton es-8 geben. Gleichzeitig mit der St. Georgener Glocke wurden drei weitere gegossen.

Vor dem Guß wies Pfarrer Laß-mann auf die in der Inschrift vorgegebenen Bezüge zur Ewigkeit hin. Er wünschte der Glocke Gottes Segen und bat um Gottes Beistand für den Glockenguß. Die Anwesenden – es waren auch einige Karlsruher gekommen – sprachen ein gemeinsames „Vaterunser", und der Guß konnte beginnen:

Die Öffnung im Vorratsbehälter für das flüssige Metall wurde „angestochen" und heruntergedreht – und dann ergoß sich die 1050 Grad heiße Metallflüssigkeit auf die Laufrinne. Ein heller Lavastrom floß in die Glockenform, zwischendurch züngelten grüne Flammen von verbrennendem Kupfer in die Höhe. Nach einer Viertelstunde war der Guß vollendet, die Einfluß-öffnung wurde mit Holzkohle abgedeckt, um die Wärme besser zu erhalten. Nach kurzem Verlegen der

Einflußrinne wiederholte sich der Vorgang noch dreimal.

Eine halbe Stunde später stand bereits fest: der Guß aller vier Glokken ist gelungen. Nach den nötigen Feinarbeiten können die St. Georgener ihre Glocke heimholen und, wenn der Glockenstuhl gerichtet ist, auch aufhängen und zu ihrem Dienst in der Gemeinde weihen.[53]

Bleibt nachzutragen, daß versteckt auf der Innenseite der Glocke als weitere Inschrift der Hinweis angebracht ist, daß diese Glocke „In Nachfolge der 1722 gegossenen Ritterglocke" steht.

Die neue Glocke wurde anläßlich des 5. Brannaburger Bürgerfestes von Karlsruhe nach St. Georgen überführt und dort am 30. Mai 1987 feierlich der Kirchengemeinde übergeben und geweiht. Die alte Ritterglocke wurde wieder zusammengesetzt und kann heute bewundert werden. Sie befindet sich in der Ordenskirche links vom Kanzelaltar.

Abb. 57 (oben links) und Abb. 58   Nachdem die wunderschöne alte Ritterglocke 1986 ihren Dienst quittierte, mußte sich die Kirchengemeinde nach Ersatz umschauen. Schon ein Jahr später konnte die in Karlsruhe gegossene neue Glocke beim 5. Brannaburger Bürgerfest durch Pfarrer Laßmann und dem Kirchenvorstand in Empfang genommen werden. Spontan schlossen sich die Besucher dem Festzug an.

Die Markgrafenloge

Kurze Zeit vor der Fertigstellung des Innenraums der Ordenskirche wurde im Jahre 1711 die Herrschaftsempore vollendet.

Die Schreinerarbeiten besorgte Zimmermeister Feulner, für den Stuck war Bernardo Quadri aus Lugano verantwortlich, und die Bilder schuf Gabriel Schreyer.

Die Empore liegt im südlichen Teil der Ordenskirche und somit direkt gegenüber dem Kanzelaltar. Diese Anordnung hat man bewußt gewählt. Es wurde dadurch die herrschaftliche Macht dargestellt, denn der Markgraf ordnete sich in seiner Stellung auch dem Geistlichen und der Kirche nicht unter. Der absolutistische Herrscher war allein Gott verantwortlich.

Insgesamt wirkt die Herrschaftsempore wie ein abgeschlossener eigenständiger Raum. Die meisten Kirchenbesucher konnten den Markgrafen selbst nicht sehen, sondern nur den Samtbehang mit den Initialen des Regenten. Vielleicht war das für Georg Wilhelm auch ganz gut, denn er wird während der Predigt oft Blicke zur Logendecke geworfen haben, wo Erinnerungen und Träume des Markgrafen in vier allegorischen Bildern dargestellt sind.

Da ist ein Motiv zu finden, das den Markgrafen sicher an seine aufregenden Seefahrten erinnert hat: Ein Schiff in vollen Segeln auf unruhiger See, darüber die lateinische Inschrift „Ultra Nubila" (Über den Wolken).

Der über der Erdkugel fliegende Adler, der allerdings eher wie ein Pleitegeier aussieht, stellt einen Bezug zum Ritterorden dar. Der rote Brandenburger Adler war ja das Wappentier dieser Männervereinigung. Darüber steht die Inschrift „Altiora quaero" (Ich strebe nach Höherem).

Eine Winterlandschaft mit dem Spruchband „Gaudium meum Spes est" (Meine Freude ist die Hoffnung) und eine Hand, die aus einer Wolke ragt, mit der Inschrift „Servatur in astris" (In den Sternen wird es behütet) sind Motive der beiden anderen Bilder.

Abb. 59   *Deckengemälde in der Markgrafenloge*

Abb. 60   *Markgrafenloge in der Ordenskirche*

Johannes der Täufer im Abfall

Donnerstag, 25. Oktober 1990. Pfarrer Schulz setzt sich, wie jeden Morgen, an den Frühstückstisch und freut sich auf seinen Kaffee. Er hat heute viel vor und ist etwas in Eile. Streß gehört zum Alltag eines Gemeindepfarrers in St. Georgen. Schnell noch ein Blick in die Tageszeitung. So interessant sind die Schlagzeilen heute ja nicht. Auf Seite 1 steht zum Beispiel: „Streibl wieder vereidigt" oder – Pfarrer Schulz schmunzelt etwas – „80jähriger Jäger erlegte trächtige Stute".

Er blättert schnell weiter zum Lokalteil: „Bayreuth bewirbt sich um das Mozartfest", „Stadtrat Reinhold Glaser geehrt".

Bei Seite 12 – Pfarrer Schulz will noch einen Schluck Kaffee trinken – fällt ihm die Tasse beinahe aus der Hand, als er nebenstehenden Artikel sieht.

Pfarrer Schulz braucht nicht lange zu überlegen. Das muß sein Johannes der Täufer sein. Es kann sich nur um einen Teil des Taufsteins in der Ordenskirche gleich gegenüber handeln.

„Ich muß mir sofort Gewißheit verschaffen", denkt er. Er läßt alles liegen und stehen, ruft seinen Mesner an, und gemeinsam eilen sie in die Ordenskirche. Sie öffnen hastig die große Kirchentür und schauen in die Mitte der Kirche; dort steht der Taufstein.

Und tatsächlich: Der kunstvoll gestaltete hölzerne Deckel des marmornen Taufsteins ist beschädigt. Rechts von der Christusfigur, dort wo Johannes der Täufer gestanden hat

und seine Hand über Jesus ausstreckte, sieht man die schadhafte Stelle.

Jetzt heißt es Ruhe bewahren und handeln. Schnell läuft Pfarrer Schulz ins Pfarramt zurück und ruft bei der Polizei an. „Die Johannes-Figur, die heute in der Zeitung abgebildet ist, gehört in die Ordenskirche. Sie ist Teil unseres Taufsteins."

Schon am nächsten Tag kann die Figur abgeholt werden, und nach kurzer Zeit hält Johannes der Täufer wieder segnend seine Hand über Jesus.

Die St. Georgener Kirchgänger, die in der Zeitung die Geschichte mitverfolgt haben, betrachten bei ihrem nächsten Gottesdienstbesuch den Taufstein mit besonderer Aufmerksamkeit. Sie gehen um ihn herum und lesen die kunstvoll umrahmten Initialen auf dem fleischfarbenen Marmor, der aus Hof stammen soll. „G W M Z B – 1716". Das heißt: Georg Wilhelm Mark-

graf zu Brandenburg, und die Jahreszahl ist das Entstehungsjahr dieses Werkes.

Die kunstvoll geschnitzte hölzerne Abdeckung des Taufsteins, ein Meisterwerk barokker Schnitzkunst durch Elias Räntz, ist wieder vollständig. Wer aber genau hinsieht, der kann die Bruchstelle noch erkennen. Aufgrund einer Personenbeschreibung konnte der Dieb kurze Zeit später überführt werden.

Abb. 61   *Johannes der Täufer*

Es war ein Schreiner auf Wanderschaft, der Geld gebraucht hat. Er hatte versucht, die Figur in verschiedenen Bayreuther Geschäften zu verkaufen. Als allerdings der Name Elias Räntz und die Summe von 10 000 Mark ins Gespräch kam, wurde ihm die gestohlene Figur zu heiß. Er stellte sie deshalb auf einen Abfallkorb in der Brautgasse, ganz in der Nähe der Polizeihauptwache.

Auf der Kirchweih fing alles an

Georg Christoph von Gravenreuth und seine Stiftskirche[54]

So stellt man sich eigentlich keine Kirche vor. Auf der einen Seite des Gebäudes befindet sich die Kirchenverwaltung, auf der anderen ist eine Apotheke untergebracht, und in der Mitte entdecken wir die von außen unscheinbare Kirche.

Ein prägnanter Kirchturm fehlt ebenfalls. Auf dem Mansardendach mit Gauben befindet sich lediglich ein Dachreiter, so wie wir es auch von profanen Bauwerken wie Schulen oder Rathäusern her kennen.

Genauso eigenartig wie das Bauwerk selbst ist auch die Entstehungsgeschichte. Es ist eine Stiftskirche, d. h. sie wurde durch großzügige Unterstützung eines Gönners finanziert.

Wenn wir vor der Kirche stehen, dann erfahren wir den Namen des edlen Herrn. Im Dreiecksgiebel über dem Portal ist zu lesen:

*Bei Gottes Vaterhuld und Friedrichs Gnadenblicken
ist dieser Stiftungsbau zu solchem Stand gebracht,
wann nun des Höchsten Aug darob mit Aufsicht wacht,
wird dieses Stift sofort des Segens Los beglücken.
Was Herr von Gravenreuth aus Lieb zum Nächsten tat,
erwirbt ihm einen Ruhm, der wohl kein Ende hat.*

Wer war nun dieser Herr von Gravenreuth, und warum hat er die Kirche gerade in St. Georgen gestiftet?

Karl Müssel hat diese Person biographisch gewürdigt und Hintergründe aufgedeckt.[55]

Die weitverzweigte Familie der Herrn von Gravenreuth stand unter der Oberhoheit der Markgrafen von Brandenburg–Bayreuth. Sie hatte ihre Besitzungen vor allem im Raum nördlich von Marktredwitz, wo sich auch ein Ort mit dem Namen Grafenreuth befindet.

Der Vater des Stifters, Wolf Heinrich von Gravenreuth, dessen Bild heute noch in der Stiftskirche zu finden ist, besaß das stattliche Gut Oberredwitz (heute ein Stadtteil von Marktredwitz). Höchstwahrscheinlich ist dort auch Georg Christoph von Gravenreuth im Jahre 1667 geboren. Über seine Kinder- und Jugendzeit ist wenig bekannt. Was in der Zeit danach in Erfahrung gebracht werden

Abb. 62   *Heute ist im rechten Teil des einstigen Gravenreuther Stifts eine Apotheke untergebracht. In der Mitte befindet sich das Gotteshaus und links sind Räume der Evangelischen Kirchengemeinde.*

Abb. 63 *Das Gemälde zeigt den Junker Wolf Heinrich von Gravenreuth, den Vater des Stifters Georg Christoph von Gravenreuth, von dem es leider in der Kirche kein Bild gibt. Es hängt heute in der Stiftskirche an der Wand unter der rechten Empore und ist beschriftet mit: „Wolf Heinrich von Gravenreuth, ao 1649."*

konnte, das läßt Rückschlüsse auf ein recht unglücklich verlaufendes Leben zu.

Als er 25 Jahre alt war, verkaufte sein Vater Oberredwitz an Hans Achaz von Lindenfels für 16 000 Gulden. Die Gründe für diesen Verkauf, der sich später als sehr nachteilig herausstellte, liegen im Dunkeln. Obwohl Georg Christoph und sein älterer Bruder Hans Wolf Adam von Gravenreuth den Vertrag mit unterschrieben hatten, fühlten sie sich hintergangen und betrogen. Sie wollten den Kauf rückgängig machen und fochten den Vertrag an. Beide hatten den Eindruck, daß sie von ihrem Vater „auf die Gassen verkauft" worden waren. Aber der Vertrag war geschlossen, und von Lindenfels machte keine Zugeständnisse. So mußte Wolf Heinrich von Gravenreuth mit seiner Familie in ein recht bescheidenes Haus in Arzberg ziehen.

Das nächste Unglück ließ nicht lange auf sich warten. Bei einem schweren Einbruch wurden alle Barschaften und viele Wertgegenstände gestohlen. Im gleichen Jahr, 1695, starb Georg Christophs Vater; sein Bruder, Hans Wolf Adam, folgte ihm 1703 in den Tod.

Und wieder fühlte sich Georg Christoph als Betrogener. Er wurde im, wie er es nannte, „gewissenlos gemachten Testament" seines Bruders übergangen und führte das auf eine Intrige einer Verwandten aus der 1. Ehe seiner Mutter zurück.

Im Jahre 1703 erwarb Georg Christoph von Gravenreuth eine Hofmark in der Ortschaft Kalmreuth in der Nähe von Neustadt a. d. Waldnaab. Dieses Anwesen war eher ein größerer Bauernhof als ein Gut; für einen Edelmann eine recht ärmliche Besitzung und nicht zu vergleichen mit dem Rittergut Oberredwitz.

Auch mit seinen Ehefrauen hatte von Gravenreuth wenig Glück. Seine erste Frau starb bereits im Jahre 1722, obwohl sie acht Jahre jünger war als er. Die zweite Ehe mit Maria Magdalena von Juncker aus Eger ging nach kurzer Zeit in die Brüche. „Sie hat mich in Kreuz und Drangsalen verlassen", schreibt er in seinem Testament. Beide Ehen blieben kinderlos.

Karl Müssel meint zusammenfassend, daß Gravenreuth viele bittere Enttäuschungen unverschuldet hinnehmen hat müssen und daß sein Leben ohne besondere Höhepunkte verlief.

Wir sehen einen Landedelmann, der dem einfachen Bauern näherstand, als dem Kavalier in der Residenz.[56]

Was hat dies nun alles mit der Stiftung zu tun? Zunächst eine Anekdote, die der Chronist König erzählt:

Brandenburger Kirchweih

Georg Christoph von Gravenreuth war einstmals auf der Brandenburger Kirchweih, wo ihm von dem leutseligen Fürsten, der seinen Namenstag dahier feierte, sehr viele Ehre bezeugt wurde. Dieses und der Ort gefielen ihm so wohl, daß er dem Commissarius Kadusch versicherte, er wolle die neue Stadt wohl bedenken und vielleicht gar zu seinem Erben einsetzen. Sobald dieses bekannt wurde, verdoppelte man die Höflichkeiten gegen ihn und er reiste mit dem Vorsatz ab, an dem Ort ein Spital zu stiften.[57]

Ob sich das genauso zugetragen hat, bleibt dahingestellt. Wir können uns aber gut vorstellen, daß unser Landedelmann in St. Georgen aufgeblüht ist. Er wurde vom Markgrafen und vom Hofstaat respektiert, denn allein der Name Gravenreuth galt in Bayreuth etwas. So waren seine Vetter dritten Grades, die Brüder Christian Martin und Johann Christoph Karl Ernst von Gravenreuth Träger des brandenburg-bayreuthischen Ordens de la Sincérité und gehörten somit zum engeren Kreis des Markgrafen Georg Wilhelm.

Sicher kamen noch zwei andere Umstände hinzu. Zum einen fand das Kirchweihfest ja auch an Georg Christophs Namenstag statt, es war auch sein Fest. Er fühlte sich irgendwie geehrt und sei es nur, weil sein Namenspatron gefeiert wurde. Ebenso konnte er sich mit dem Ortsnamen St. Georgen gut identifizieren.

All dies hängt also mit dem Georgskult zusammen, der ja auch in der Biographie des Markgrafen eine wichtige Rolle spielte. Nicht umsonst wollte Georg Christoph von Gravenreuth seinem Spital den Namen Georgii geben.

Zum zweiten weisen einige Fakten darauf hin, daß bei dem Stifter das Bestreben vorhanden war, etwas Bleibendes zu schaffen, quasi als Kompensation für sein trauriges Erdendasein.

Müssel meint dazu: Der Stifter entspricht eher der Person eines *mehr passiven, geplagten, enttäuschten, gequälten und verängstigten Menschen, der in seinem Leben mit manchen Dingen nicht recht fertig wird, aber trotz aller Hindernisse etwas Gutes aus seinem Dasein machen möchte.*[58]

Offensichtlich wollte er sich ein bleibendes Denkmal schaffen und hat es letztlich auch erreicht.

Testament

In seinem Testament, das er mit Datum vom 30. Juli 1735 verfaßt hatte, legte er fest:

Meine ganze Verlassenschaft und Vermögen ... solle zusammengenommen werden ... alles Zinn und Kupfer, samt allen meinen Mobilien ..., sowohl an Betten, Bettstätten, Schränken, Kisten und Laden, auch all Hausrath und Kleider, Getraidt, Pferd, Rind und Schafen, Vieh und Anderes, auch Chaisen und Rennschlitten, danebst dazugehörigen Geschirren, Sätteln und Zeuch, dann meiner Gewehre, was da ist, und andere Sachen mehr. Dieses Alles solle nach meinem seeligen Tode zu Geld gemacht werden ... und Alles auf Nürnberg in die Banko hingeliehen werden ... Von Solchem Geld solle ... mir zu meinem Andenken ein Haus zu einem Spital danebst einer kleinen Capelle bei St. Georgen – Stadt im Bayreuthischen, bei dem Brandenburger Weiher gelegen, erbaut werden.[59]

Am 6. März 1736 starb Georg Christoph von Gravenreuth im Alter von fast 70 Jahren. Seine enterbte Witwe machte Ansprüche geltend, doch im Testament hieß es ausdrücklich: ... *Daher habe (ich) auch nicht Ursach, ihr das Allergeringste von dem Meinigen zu verschaffen, weil sie mir auch von dem Ihrigen nicht das Allergeringste vergunnet noch hereingewendet hat.*

Trotzdem kam es drei Jahre später in Bayreuth zu einem Vergleich, und seine zweite Frau erhielt 3100 Gulden.

Grundsteinlegung

Am 10. November wurde der Grundstein für das Stift gelegt und zwar gegenüber der St. Georgener Kaserne in Verlängerung der westlichen Häuserzeile. Der Markgraf Friedrich ließ sich durch seinen Minister Ulrich Heinrich von Lauterbach vertreten und der Ordensprediger Hölzel hielt die Einsegnungsrede.

Ein Jahr später konnte bereits Richtfest gefeiert werden, und im August 1744 fand die feierliche Einweihung statt. Darüber schreibt der Chronist Pfarrer Hirsch:

Früh um 6 Uhr wurde von dem Thurme der Ordenskirche die Melodie des Liedes: ‚Nun danket alle Gott' geblasen; um 9 Uhr das erste Mal mit allen Glocken genannter Kirche, auch denen des neuen Stifts geläutet. Nach dem Anderläuten zog die Geistlichkeit der Stadt Bayreuth, dann die Herrn Bürgermeister nebst den Abgeordneten des Bayreuther Stadtrats, dann die Bürgerschaft zu St. Georgen und die Eingepfarrten des Neuenweges in die Ordenskirche ... Inzwischen waren die herrschaftlichen Deputirten von Bayreuth aus dem Schloße zu St. Georgen angelangt, wohin sich dann die Stiftsvorsteher begaben, um sie von dem Rittersaal aus zu Prozession abzuholen ...[60]

Es folgt dann die Aufzählung von 16 verschiedenen Gruppen, die am Umzug teilnahmen. Dabei werden auch die ersten vier Stiftsbrüder oder Pfründner genannt. Es handelte sich um J. Heinrich Hertel, 74 Jahre alt, Heinrich Gerhardt Rammig, 51 Jahre alt, Johann Baumann, 63 Jahre alt und um J. Andreas Reithelhuber, 59 Jahre alt. Für sie war das Stift eine Art Altersheim, in das sie nach Zahlung einer Aufnahmegebühr eintreten konnten. Für besonders arme Stiftsbrüder entfiel dieser Geldbetrag.

Die Bürger von St. Georgen trugen bei dieser Prozession schwarze Mäntel, die Handwerker und Künstler blaue Mäntel. Es ist etwas verwunderlich, daß die Markgrafenfamilie selbst nicht an dieser Einweihung teilnahm. Der Markgraf wurde vertreten durch Christoph Heinrich von Reitzenstein, die Markgräfin durch Friedrich Sigmar von Heßberg. Beide fuhren in einem sechsspännigen Wagen vor und nahmen am anschließenden Festgottesdienst teil.

Abb. 64 *Klein, aber vom Feinsten: Der Innenraum der Stiftskirche.*

Abb. 65 *Das Deckengemälde von Friedrich Marian Herold zeigt die Geburt Jesu. Der feine Rokoko-Stuck stammt von Jeronimo Francesco Andrioli.*

Das Gebäude

Was für ein Gebäude war entstanden? Hofbauinspektor Johann Georg Weiß hat ein zweigeschossiges Bauwerk errichtet, das eine symmetrische Frontpartie aufweist. Das dreiachsige Mittelteil, das durch vier Pilaster gegliedert ist, springt risalitartig hervor. Das Hauptportal wird rechts und links von zwei Hochfenstern umrahmt, darüber befindet sich das Stifterwappen im Dreieckgiebel. Dem Mittelteil schließen sich an beiden Seiten siebenachsige Flügel an, die jeweils eine etwas kleinere Eingangstür aufweisen.

Der Kirchenraum selbst ist ein einfacher barocker Saalbau mit einem Kanzelaltar und umlaufenden Doppelemporen. Der Stuck stammt von Jeronimo Francesco Andrioli, die Gemälde fertigte Friedrich Marian Herold an. Die Schnitzfiguren kommen aus der Werkstatt von Johann Jeremias Martini.

Kurz noch etwas zur Finanzierung des Gebäudes und des Stifts.

Die Baukosten selbst sind nicht genau bekannt; sie werden von Pfarrer Hirsch auf 12 bis 13 000 Gulden geschätzt. Aus der Gravenreuther Hinterlassenschaft blieb zunächst die Summe von 6000 Gulden übrig, die den Grundstock der Stiftung darstellte. Im Laufe der Zeit erhöhte sich dieser Betrag durch weitere Schenkungen, etwa durch den Goldschmied Fabricius oder

durch Christoph Friedrich Leers, auf rund 33 000 Gulden. Darin enthalten ist auch die Rückzahlung eines von Gravenreuth gewährten Kredits in Höhe von 16 000 Gulden sowie ein Betrag von 2000 Gulden, der auf recht eigenartige Weise im Nachlaß des Stifters gefunden wurde. Pfarrer Hirsch berichtet darüber:

Unter den Möbeln war ein Tisch, der in der obern Stube stand und mit einem bunten, wollenen Teppich belegt war. Diesen verkaufte der Gotteshaus-Verwalter Fränkel als ein altes, unbequemes Stück an den Gerichtsknecht in Floß. Als man ihn aber abräumen und an den Käufer abgeben wollte, verriet seine Schwere, daß etwas in ihm verborgen sei. Man untersuchte ihn und fand unter dem hohlen Fuß desselben eine Schublade und darin 2000 Reichstaler in Scharmützel und Säcklein gepackt. Dieses Geld wurde, weil es schon spät Abends war, in einem Sack versiegelt bei dem Amte hinterlegt. Den andern Tag verlangte man das Geld wieder, der Richter aber machte Schwierigkeit und wollte erst Befehl von seiner Regierung einholen. Da man sich aber diesseits auf den klaren Inhalt des Sulzbachischen Regierungs-Befehles bezog, so wurde endlich dem Fränkel auch dieses Geld zugezählt und nun die ganze Erbschaft nach Bayreuth gebracht.[61]

Die Zinsen aus dem Gesamtkapital reichten aus, um zunächst die schon erwähnten 4 Pfründner zu versorgen. Bis zum Jahre 1828 hatte sich die Zahl auf 12 erhöht, 1844, also zum hundertjährigen Jubiläum, werden neun Stiftsbrüder genannt.

Hinzu kamen die Kosten für eine eigene Predikatur, die im Jahre 1748 geschaffen wurde. Der erste Stiftsprediger war Johann Ulrich Sponsel, ein spätberufener Pfarrer aus Muggendorf in der Fränkischen Schweiz.

Die Pfründner hatten laut Testament des Herrn von Gravenreuth die Pflicht, zweimal täglich in der Kapelle zu beten und Gott für die Wohltaten zu danken. Dabei sollte reihum ein Kapitel aus

Altar der Gravenreuther Stiftskirche[62]

Wie in der Ordenskirche, wird auch in der Stiftskirche der Gottesraum durch einen Kanzelaltar geprägt.

Auf dem marmorierten Truhenaltar aus Holz steht ein Kruzifix, das aus dem Nachlaß des Stifters stammt und auch im Testament erwähnt wird.

Darüber befindet sich die Kanzel mit einem gewulsteten Sockel und der Kartusche an der Vorderseite mit der Inschrift:

„Ruffe getrost Schone
nicht erhebe deine stimme
wie eine Posaune, und
verkündige meinem
Volck ihr übertreten und dem
Hause Jacob ihr
Sünde Jesaja   58, V. 1."

Die Kanzel wird oben durch ein vorkragendes verkröpftes Handlaufgesims abgeschlossen; in der Mitte ist ein Engelskopf am Pultaufsatz zu erkennen.

Der Schalldeckel entspricht der Grundform der Kanzel. Er war früher durch das Gravenreuther Wappen geprägt, das nach der Renovierung 1971 entfernt wurde. Die vier vergoldeten Schnitzfiguren stammen von dem zu seiner Zeit namhaften Bildhauer Johann Jeremias Martini. Die unteren beiden, die rechts und links vom Altar zwischen den Säulen und Pilastern stehen, stellen die Evangelisten Markus und Johannis dar. Auf den oberen profilierten Giebelschenkeln sitzen Matthäus und Lukas, zwischen ihnen das Lamm Gottes in Strahlenglorie.

Abb. 66   *Der Kanzelaltar der Stiftskirche prägt den Gottesraum*

der Bibel verlesen werden. Am Namenstag des Stifters, also am Georgstag, wünschte er in der Kirche eine Predigt zu seinem Gedenken.

Inwieweit diese Forderungen eingehalten wurden, läßt sich nicht mehr nachweisen.

Das Ende des Stifts

Der 100. Geburtstag wurde im Jahre 1844 noch feierlich begangen; das zweihundertjährige Jubiläum erlebte das Stift als eigenständige Organisation jedoch nicht mehr.

Nach dem Ersten Weltkrieg kam es 1922/23 zur Geldentwertung. Das Stiftskapital wurde dadurch nahezu wertlos und das Ende dieser Institution eingeleitet. Zunächst wurde das Gravenreuther Stift an die Hospitalstiftung, die die Inflation dank reichem Waldbesitz besser überstanden hatte, angegliedert. Die St. Georgener Einrichtung unterstand damit der städtischen Stiftsverwaltung.

Ende 1961 kam es dann zu einem erneuten Wechsel und damit zum Ende der Gravenreuther Stiftung. Gegen einen einmaligen Ablösungsbetrag von 25 000 Mark ging sie in den Besitz der Kirchengemeinde St. Georgen, des bisherigen Mieters, über. Das Bayerische Staatsministerium des Inneren mußte dieser Vereinbarung zustimmen.[63]

Es sollte noch erwähnt werden, daß der rechte Gebäudekomplex schon vor dem Ende des 18. Jahrhunderts in Privatbesitz übergegangen ist. Darin befindet sich heute eine Apotheke. Im anderen Teil war die St. Georgener Hauptpolizeiwache untergebracht, bis sich die Evangelische Kirchengemeinde einquartierte.

Im Jahre 1971 wurde eine aufwendige Renovierung durchgeführt. Wenn auch das Stift nicht mehr existiert, so ist doch der Name von Gravenreuth eng mit dem Gebäude und der Kirche verbunden. Damit wird dem Wunsch des Stifters zum Teil weiterhin entsprochen, wenn er äußerte: „Von meinem Geld soll Gott dem Allmächtigen zu Ehren und mir zum Andenken ein Haus . . . bei Georgenstadt im Bayreuthischen . . . errichtet werden."

Öffnung der Gruft

Georg Christoph von Gravenreuth begegnet uns noch einmal im Jahre 1970, wenn auch auf makabre Art und Weise. In diesem Jahr wurde nämlich seine Gruft in der Kirche vor den oben erwähnten Baumaßnahmen geöffnet. Der ehemalige Stadtarchivar Dr. Wilhelm Müller hat die Aktion geleitet und schreibt dazu:[64]

Am 4. März 1970 wurde ich durch Herrn Kirchenrat Hans Seifert in die Gravenreuther Stiftskirche gerufen . . . Nachdem die Falltür zur Gruft geöffnet worden war und wir die zehn Stufen abwärts gestiegen waren, standen wir vor dem vermauerten Eingang zu der einzigen Gruft in der Kirche. Es handelte sich um eine mit Backsteinen und ziemlich grobem Mörtel aufgeführte Mauer von ca. 20 cm Dicke. Sie machte zwar einen un-

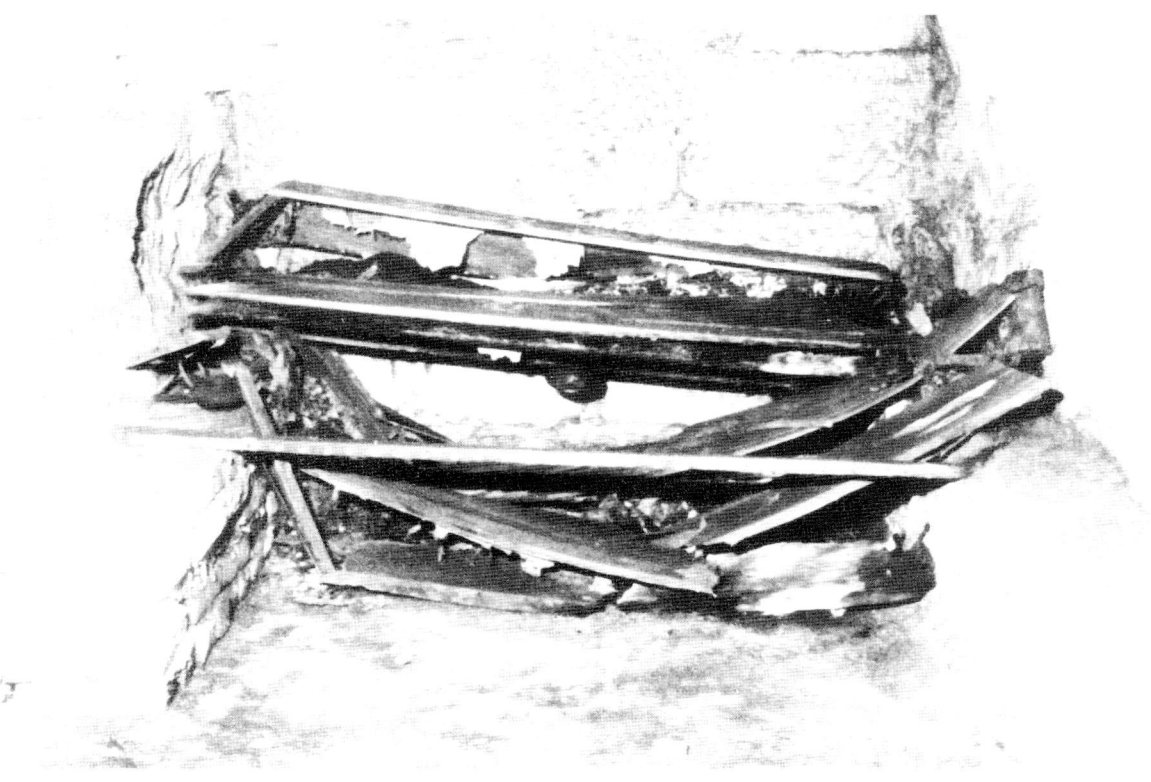

Abb. 67   *Viel fand man nicht mehr, als 1970 die Gruft von Georg Christoph von Gravenreuth geöffnet wurde.*

versehrten, aber auch recht mürben Eindruck. Die an der Öffnung und Untersuchung der Gruft teilnehmenden Maurer hatten jedenfalls keine große Mühe, einen Durchgang zu schaffen.

Es öffnete sich eine in den dort anstehenden Oberen Burgsandstein gehauene Gruft von 5,60 m Länge, 2,05 m Breite und 2,05 m Scheitelhöhe . . .

Am Gruft-Ende waren die Reste von zwei Bestattungen in fast völlig zerfallenen Holzsärgen festzustellen. Die Särge standen quer ca. 30 cm über dem Fußboden, die Sockel an der linken und rechten Längswand je mit dem Kopf- und Fußende als Auflage benutzend. Die Identifizierung von Einzelheiten war sehr erschwert, in mancher Hinsicht sogar unmöglich. Mehr als ein Vier-teljahrtausend hatte hier seine Wirkung getan und nur kümmerliche Reste hinterlassen.

Vor allem waren auch die Skelette von beiden Bestattungen so sehr zerfallen, daß keine genauen Messungen möglich waren. Die Schädel waren in beiden Fällen fast total zerstört . . .

Sonst waren – außer einigen Halswirbeln und Rippen – nur Reste von den Extremitäten vorhanden: Oberschenkel-Knochen ca. 42 cm. Unterschenkel ca. 33 cm. Von der vorderen Bestattung waren auch keine Wirbelsäulen- oder Bekkenknochenreste übrig. Kopf und Brust lagen ursprünglich offenbar auf Graspolstern, während Rumpf und Extremitäten auf Hobelspäne gebettet waren. Die Späne stammten offenbar von stark harzigem Holz und blieben daher verhältnismäßig gut erhalten. Die Graspolster an Kopf und Brust konnten in ähnlicher Art bereits bei anderen Bestattungen festgestellt werden.

Die Mitgabe von Erde und Gras im Sarg des Verstorbenen entsprach altem Brauchtum: Der Tote sollte sich damit von seinem irdischen Besitz lösen. Schon nach frühgermanischer Auffassung gelten Erde, Gras und Kraut als rein und heilig . . .

Obwohl es bisher keinen Hinweis auf eine Überführung vom Gravenreuthischen Erbbegräbnis in Floß nach St. Georgen in die Gruft der Stiftskirche gibt, kann es sich bei den zwei Bestattungen nur um den Stifter Gravenreuth und seine erste Frau Erdmuthe Sophie, geborene von Thüna, handeln.

Abb. 68   Das Wappen der Familie von Gravenreuth stellt ein rechtsgerichtetes Einhorn dar, ein Fabeltier, das als Symbol für ungeheure Stärke galt. Das abgebildete Wappen hat folgendene Inschrift: „Diese Kirche und Spithal Hauß hat gestiftet Herr Georg Christoph von Gravenreuth auf Calmreuth im Sulzbachischen 1744". Es befand sich vor der Renovierung im Jahre 1971 über der Kanzel. Heute ist es über der Türe zum Hofausgang angebracht.

Das Prinzessinnenhaus in der Markgrafenallee

Herrschaftlicher Sitz, Irrenanstalt und Zuckerwarenfabrik

Am 27. April 1722 legte die Markgräfin Sophie, die Frau Georg Wilhelms, den Grundstein zum Prinzessinnenhaus, auch Prinzessenhaus genannt. Dieses Gebäude, das südwestlich vom Markgrafenschloß, auf das „propreste" (Kripner), also dauerhaft und massiv, errichtet wurde, sollte den Anfang einer zweiten Häuserzeile bilden, die entlang der heutigen Markgrafenallee geplant war. Die im Barock so beliebte symmetrische Grundrißgestaltung konnte aber in St. Georgen nicht vollendet werden, da Markgraf Georg Wilhelm bereits 1726 starb. Das Prinzessinnenhaus blieb deshalb lange Zeit neben dem etwas später errichteten Zucht- und Arbeitshaus das einzige Bauwerk in diesem Teil St. Georgens.

Heute sieht das Haus von außen grau und heruntergekommen aus. Man wundert sich, daß es „Prinzessinnenhaus" genannt wird, denn es hat wenig Herrschaftliches an sich.

Woher kommt diese Bezeichnung? Wer war die Prinzessin, die dem Gebäude den Namen gegeben hat?

Es handelt sich um Christiane Sophie Wilhelmine, die im Jahre 1701 geborene Tochter des Markgrafen Georg Wilhelm. Sie hat aber das Haus kaum bewohnt, was mit ihrem traurigen Schicksal zusammenhängt.[65]

Schuld war nur die Liebe

Am Bayreuther Hof, an dem zu dieser Zeit ein lebenslustiges, ausschweifendes Treiben herrschte, war sie eine unglückliche Person und schuld daran war ... natürlich die Liebe, und zwar in doppelter Hinsicht.

Zunächst einmal die Liebe, die sie als Kind nicht bekam. Ihre flotte Mutter, die Markgräfin Sophie, eine gefeierte Schönheit mit Eheproblemen, zeigte wenig Interesse an ihrer Tochter. Schon bald verließ Christiane Sophie Wilhelmine das markgräfliche Bayreuth und kam zur Schwester Georg Wilhelms, der Königin Christine Eberhardine von Polen. Die Erziehung, die sie dort genoß, war streng und puritanisch. Ihre Tante lebte nämlich getrennt von ihrem genußsüchtigen Gemahl, dem legendären August dem Starken, und war eine fromme, auf Ehrbarkeit bedachte Frau.

Als Georg Wilhelm im Jahre 1712 an die Regierung kam, kehrte seine 11jährige Tochter zurück. Sie wurde nun mit den lockeren Sitten am Hof konfrontiert.

Diesen Gegensatz verkraftete das Kind nur schlecht, und so verlief das weitere Leben unstet und krisenhaft.

Der Markgraf hatte vorgesehen, seine Tochter mit Georg Friedrich Carl, dem späteren Nachfolger, zu vermählen. Die Markgräfin war aber strikt dagegen. Auch die Prinzessin zeigte wenig Interesse, denn sie liebte bereits einen anderen.

Die Wobeser-Affäre

Leider war aber ihr auserwählter Schwarm, der österreichische Adlige Ernst Boguslaw von Wobeser, nicht von gleichem Rang. So nahm das Schicksal seinen Lauf, und die sogenannte „Wobeser-Affäre" entstand. Liebesgeschichten wie diese, aufregend und traurig,

Abb. 69 *Das Prinzessinnenhaus steht im Mittelpunkt dieser Schießscheibe. Links davon sehen wir das Schloß, rechts das Zucht- und Arbeitshaus, dazwischen im Hintergrund die Gravenreuther Stiftskirche.*

Abb. 70   *Das Prinzessinnenhaus.*

meist aber für die Betroffenen mit tragischem Ausgang, hat es im Ständestaat viele gegeben. Sie waren beliebter Klatsch, wurden weitererzählt und ausgeschmückt. Auch die Bayreuther Variante gibt es in vielen Ausführungen und Versionen.

So schreibt beispielsweise der Hauptmann a. D. Bilabel im Jahre 1884 darüber folgendes:

Wie überhaupt an den meisten Höfen jener Zeit herrschte auch an dem Bayreuther unter Georg Wilhelm eine Ungebundenheit, wie sich solche kaum stärker gedacht werden kann . . . Mitten in dieser Verderbnis stand nun die junge, unerfahrene Prinzessin allein, sich selbst überlassen und entbehrend der so notwendigen Stütze einer sorgsamen liebenden Mutter. Eine beliebte und in den gesellschaftlichen Kreisen gerne gesehene Persönlichkeit war ein gewisser Ernst Boguslaw von Wobeser, den der Markgraf zum Hauptmann und Kam-

merjunker ernannt hatte. Bei gefälligem Äußeren und gewandtem Auftreten wußte er sich die Zuneigung des weiblichen Geschlechtes ganz besonders zu erringen, und auch bei Christiane Wilhelmine hatte er sich nach und nach in Gunst gesetzt. Es schmeichelte ihm nicht wenig, daß die hübsche, umschwärmte Prinzessin seine Huldigungen entgegennahm und er benutzte dieses so geschickt, daß sich zwischen beiden ein intimes Liebesverhältnis knüpfte . . .

Der Markgraf hatte von diesem Gebahren seiner Tochter keine Ahnung, dagegen war es der Mutter nicht entgangen, wenn sie auch die volle Tragweite nicht wohl kennen konnte. Sie ließ aber der Sache unbehindert ihren Lauf, so daß es den Liebenden nicht schwer wurde, sich öfter unter vier Augen zu sehen. Bei solchen Zusammenkünften, die mit der Zeit immer häufiger und zärtlicher wurden, konnte es kaum ausbleiben, daß die Prinzessin nicht

auch einmal ihre schwache Stunde hatte und bereits im Sommer 1725 die Folgen davon verspürte . . . Die arme Prinzessin versuchte ihren Zustand so lange als möglich geheim zu halten, stellte sich später krank und tat als fürchte sie eine Wassersucht. Als ihre Entbindung nahe war, befand sie sich mit ihrer Mutter auf der Eremitage, wo sie unter vielen Schmerzen mit toten Zwillingsknaben niederkam. Es ist ebenso begreiflich, daß dieses ihrer Mutter nicht verborgen bleiben konnte, wie auch außer Zweifel, daß dieselbe in ihren Vorwürfen gegen die unglückliche Tochter hart und maßlos war.

Die Denkwürdigkeiten der Markgräfin Friederike Wilhelmine gehen auf dieses Vorkommnis näher ein und berichten uns, daß die Kinder lebend zur Welt gekommen wären, mit Gesichtern schwarz wie Tinte, daß die Markgräfin Sophie ungeachtet der Bitten und Vorstellungen der Umgebung dieselben überall herum gezeigt, mit dem Geschrei, daß ihre Tochter eine unverschämte Person und eben entbunden worden sei. Schließlich hätte sie mit den Kindern so gescherzt, daß sie beide starben ...

Dem von der Jagd heimgekehrten Markgrafen wurde das unglückliche Ereignis sogleich mitgeteilt; er war wie vom Donner gerührt und seine Entrüstung kannte keine Grenzen. Wobeser verlor keinen Augenblick, sich durch die Flucht dem Zorne des Fürsten zu entziehen.

Wenige Tage nachher wurde die Prinzessin nach der Plassenburg verbracht, wo sie anfangs in strenger gefänglicher Haft blieb. Allmählich milderte jedoch die Zeit die erste Entrüstung und sie durfte zuerst das Schloß in Selb und dann das in Hohenberg beziehen, zwar immer noch in Gewahrsam aber doch weniger strenge gehalten.

Wobeser, der sich auf Bamberger Gebiet ganz in der Nähe verborgen hatte, gab sich unterdessen alle Mühe, die Hand der Prinzessin, mit der er einen geheimen Briefwechsel unterhielt, bewilligt zu erhalten. Als alle seine Bemühungen zu nichts führten, suchte er seinen Zweck auf eine andere Art zu erreichen. Er wußte, jedenfalls durch große Geldversprechungen, die Geheimen Räte von Nauendorf und von Gellhorn, sowie den Geheimen Sekretär Wild dahin zu bringen, daß sie eine Schrift abfaßten, worin der Markgraf seine Einwilligung zur Heirat gab und einige Ländereien in den sechs Ämtern zur Mitgabe bestimmte. Dieses verräterische Dokument wußten sie dem Fürsten so geschickt zu unterbreiten, daß er es ungelesen unterschrieb. Aber ein treuer Diener entdeckte dem Markgrafen den Betrug, der sich dann die Schrift heimlich wiedergeben ließ und mit Bestürzung las, was er unwissentlich unterschrieben hatte.

Er lud sofort die beiden Räte zur Tafel und bestellte nach Aufhebung derselben zuerst den Nauendorf auf sein Zimmer, wo er ihm seinen Verrat vorhielt, ihn mit einem Stocke bis zur Ermüdung durchprügelte und dann der Wache übergab. Die ganz gleiche Prozedur fand mit Gellhorn statt, während der Sekretär Wild in seiner Wohnung verhaftet wurde. Der Markgraf ordnete die strengste Untersuchung wider die Verräter an, aber keine 8 Tage darnach in der Nacht des 17. Dezember 1726 erkrankte er heftig und bereits des anderen Morgens war er eine Leiche.[66]

Diese letzte Episode war, wie dann später nachgewiesen werden konnte, reine Dichtung.[67] Nur der Bericht über den frühen Tod Georg Wilhelms – er starb im Alter von 48 Jahren – stimmt dabei.

Kurz noch einige Sätze zum weiteren Leben der Prinzessin. Nach dem Ableben ihres Vaters änderte sich vieles grundlegend. Sie war nun nicht mehr abhängig vom Familienoberhaupt. Zwar kam Christiane Sophie nicht in den Genuß des Allodialerbes (sie sollte laut Testament $^1/_3$ davon erhalten), konnte aber nun in Freiheit und mit einigem Wohlstand in Kulmbach leben. Die Prinzessin sorgte noch einmal für Gesprächsstoff, als sie 1729 zum katholischen Glauben übertrat. Nach vier Jahren konvertierte sie allerdings erneut.

Die Tochter Georg Wilhelms kehrte nur noch ein einziges Mal nach Bayreuth zurück, ehe sie 1749 im Alter von 48 Jahren starb.

Ob sie bei diesem Besuch auch das nach ihr benannte Prinzessinnenhaus in St. Georgen besucht hat, ist nicht bekannt. Es gehörte ihr seit dem Jahre 1735 auch nicht mehr, denn sie verkaufte es für 1200 Gulden an den Markgrafen Friedrich.

Danach lebte wieder eine Prinzessin in dem Gebäude und zwar die Tochter des Markgrafen, Elisabeth Friederike Sophie. Auch diese Prinzessin war nicht vom Glück verfolgt. Sie vermählte sich 1748 mit dem Herzog Karl Eugen von Württemberg, ließ sich aber 1758 wieder scheiden und kehrte nach Bayreuth zurück. Im Jahre 1763, nach dem Tod ihres Vaters Markgraf Friedrich, zog sie nach Donndorf in das Schloß Fantaisie. Danach stand das Wohnhaus in St. Georgen einige Zeit leer, bis es 1784 einen ganz anderen Verwendungszweck bekam: Es wurde Irrenanstalt.

Abb. 71   Die massiven Holztüren mit ihren Durchreichen, auch Kostklappen genannt, sind heute noch vorhanden und erinnern an die Zeiten, in denen das Gebäude als Irrenhaus gedient hat.

Irrenanstalt

Bis zu dieser Zeit waren ja geisteskranke Menschen zusammen mit Häftlingen im gegenüberliegenden Zucht- und Arbeitshaus untergebracht. Im Zeitalter der Aufklärung sah man von verantwortlicher Seite ein, daß diese Zusammenfassung von unschuldigen Geisteskranken und Verbrechern für die erste Gruppe unzumutbar war. Deshalb wurde nun eine eigene Anstalt gegründet, in der die Behinderten besser betreut werden konnten.

Über die Zustände in der St. Georgener Irrenanstalt gibt es unterschiedliche Aussagen. Der bekannte Chronist Reiche beschrieb im Jahre 1795, also gut 10 Jahre nach dem Umzug, die Situation folgendermaßen:

Die innere Einrichtung des Irrhauses ist ganz vortrefflich. Es herrscht eine Reinlichkeit und Ordnung darinnen, die einen in Erstaunen setzt, und vorzüglich denen Verstandlosen, deren Anzahl sich gegenwärtig auf 27 Personen beiderlei Geschlechts beläuft, sehr zuträglich ist. Unten sind die Behältnisse für die Weibs- und oben die für die Mannspersonen. Wenn es die Umstände erlauben so wohnen zwei zusammen, haben aber doch ihre besonderen Betten; sonst wohnet ein jeder allein. Unten und oben sind verschlossene lange Gänge, damit sie sich gehörige Leibesbewegung machen können. Der Herr Doktor Saher, welcher die Verstandlosen versieht, hat seit einer nicht gar langen Zeit 8 Personen völlig wieder hergestellt; ein Beweis, welch eine treue Sorgfalt man für diese Unglücklichen hegt.[68]

Diese Beschreibung steht in Widerspruch zu einem Untersuchungsbericht aus der gleichen Zeit, in dem von miserablem Essen, Korruption der Bediensteten und anderen Mängeln die Rede ist.[69] Auch der bei Reiche erwähnte so vorbildliche Anstaltsleiter, Dr. Saher, wurde von seinem Nachfolger Johann Gottfried Langermann, scharf kritisiert. So schreibt Langermann, daß Dr. Saher als Arzt nichts tut als „Tartarus tartarifatus" (= Brechwurz) anzuwenden und daß ihm die medizinische Besorgung des Hauses nicht länger überlassen werden kann. Wie dem auch sei, Tatsache ist, daß die Räumlichkeiten im Prinzessinnenhaus bald nicht mehr ausreichten. Zunächst errichtete man deshalb in den Jahren 1789 bis 1791 einen großen Seitenanbau; 1806/07 kam ein neuer Flügelbau hinzu. Es wurden eine Badstube und ein Sturzbad (Dusche) eingebaut, eine für damalige Verhältnisse besonders fortschrittliche Modernisierung.

Kurz zuvor, im Jahre 1805, war ein Wechsel in der Leitung der Anstalt erfolgt, der sich als überaus vorteilhaft erweisen sollte. Auf Vermittlung Hardenbergs – Bayreuth war ja inzwischen preußisch geworden – kam der oben erwähnte Mediziner Langermann nach St. Georgen. Er war ein hervorragender Wissenschaftler – seine Dissertation trug den Titel „Über die Methoden der Diagnose und Behandlung chronischer Geisteskrankheiten" – und leistete in Bayreuth auf dem Gebiet der Psychotherapie Pionierarbeit. Unter ihm wurde das einstmalige Tollhaus zu einer Heilanstalt für Geisteskranke.

Im Jahre 1810, als Bayreuth zu Bayern kam, kehrte der berühmte Mediziner nach Berlin zurück, wo er Staatsrat und schließlich Chef des gesamten preußischen Medizinalwesens wurde.

Nach dem Ausscheiden Langermanns verschlechterten sich die Zustände in der St. Georgener Anstalt wieder. Peter Schubert, der sich mit der Geschichte der Anstaltspsychiatrie in Bayreuth beschäftigt hat, schreibt dazu: *Eine unbewegliche Bürokratie und fehlende Persönlichkeiten an der Spitze der Anstalt ließen die Bayreuther Psychiatrie stagnieren. Das Haus wurde regelrecht dem Verfall preisgegeben. Die Kranken vegetierten dahin, bis der Tod sie erlöste. Sie waren der Willkür und den Launen der Wärter schutzlos ausgesetzt.*

Die Verhältnisse verbesserten sich erst, als 1853 Dr. Friedrich Karl Stahl nach St. Georgen kam und dort 7 Jahre lang wirkte. Schon zu dieser Zeit waren wieder Raumprobleme vorhanden, da die Zahl der Patienten enorm stieg und an die medizinische Versorgung höhere Ansprüche gestellt wurden. Deshalb entwickelte man in den 60er Jahren Neubaupläne. Schließlich konnte 1870 an anderem Ort eine Kreisirrenanstalt eröffnet werden. Aus ihr entwickelte sich das heutige Nervenkrankenhaus in Wendelhöfen.

Zuckerwarenfabrik

Nach dem Umzug war das Prinzessinnenhaus wieder für andere Verwendungszwecke frei. Die großen Räume in den Seitenflügeln eigneten sich nur schlecht für Wohnungen. Deshalb kam man auf die Idee, das Gebäude gewerblich zu nutzen. Der aus Plauen stammende Kaufmann Oskar (Oscar) Wilhelm Teuscher ergriff die Initiative, erwarb den Komplex der ehemaligen Irrenanstalt und richtete eine Fabrik für Lebkuchen und Zuckerwaren ein.[70]

Neben Backwaren und verschiedenen Bonbonsorten wurden vor allem die bekannten Elisenlebkuchen hergestellt. Das Absatzgebiet erstreckte sich nicht nur auf Bayreuth und die Umgebung, sondern reichte bis nach Thüringen und Sachsen.

Die Firma entwickelte sich überaus erfolgreich, und so wurden neue Fabrikationsstätten östlich des alten Komplexes errichtet. Ein großer Schornstein, aus dem dunkle Rußwolken über St. Georgen aufstiegen, war das Zeichen für einen prosperierenden Betrieb.

Das Vorderhaus, also das 1722 errichtete Prinzessinnenhaus, wurde gründlich renoviert und als repräsentative Wohnung eingerichtet. Nun kamen die vermutlich von Andrea Domenico Cadenazzi stammenden Stuckornamente, das kräftige Muschel-, Band- und Rankenwerk, wieder zur vollen Geltung.

Auch das Deckengemälde mit allegorischem Inhalt, das aus dem

Abb. 72 *Wilhelm Koch, der erfolgreiche Zuckerwarenfabrikant und Kammerpräsident, heiratete im August 1902 Gertrud Teuscher, die einzige Tochter OskarTeuschers aus erster Ehe. (Bild oben)*

2. Viertel des 18. Jahrhunderts stammte und sich im Obergeschoß-Mittelsaal befindet, konnte wieder bewundert werden.

Berühmte Gäste

Das Prinzessinnenhaus erlebte so noch einmal glanzvolle Zeiten: Die Nähe zum Festspielhaus und die besondere Rolle, die Oskar Teuscher in der Bayreuther Gesellschaft spielte, führten dazu, daß berühmte Besucher der Wagner-Aufführungen im Prinzessinnenhaus logierten. So waren die Prinzen von Reuss mit ihren Familien regelmäßig Gäste des Süßwarenfabrikanten Oskar Teuscher.[71]

Auch der weltberühmte geniale französische Bildhauer und Maler Auguste Rodin hielt sich während der Festspielzeit im Prinzessinnenhaus auf. Um die Jahrhundertwende konnte Teuscher sogar mehrmals königlichen Besuch beherbergen. König Albert Edward VII. und seine Frau, Prinzessin Alexandra von Dänemark, übernachteten in den Jahren 1899, 1905 und 1906 während der Festspielzeit in St. Georgen.

Diese Gäste waren sicher auch alle begeistert von den süßen Köstlichkeiten, die im Rückgebäude hergestellt wurden. Speziell wegen der Wagner-Festspiele wurden die sog. Parsifal-Kekse kreiert, die ein geprägtes Notenmotiv aus Schokolade aufwiesen.

Inzwischen hatte Wilhelm Ernst Koch, der Schwiegersohn Oskar Teuschers, die Firma übernommen. Der aus Passau stammende Sohn eines Vieh- und Metzgermeisters war in Bayreuth bald eine an-

Abb. 73 *Eine Aufnahme aus glücklichen Tagen im Jahre 1910 der Familie Koch. Die Kinder Arno, Wilhelm und Charlotte haben sich fein herausgeputzt für den Fotografen. Arno trägt die damals so beliebte Matrosenkleidung. Lotte Koch, rechts im Bild, heiratete Dr. Josef Kauper, der nach dem 2. Weltkrieg kurze Zeit als Bayreuther Bürgermeister eingesetzt war.*

ZUCKERWAREN - BISCUIT -
& LEBKUCHEN-FABRIK

SPECIALITÄTEN
*
ENGLISCHE - BONBONS
HUSTEN-BONBONS
HONIGKUCHEN
UND
CHOCOLADE

Telephon N?154.

Oscar Teuscher

BAYREUTH,

SPECIALITÄTEN:
PARSIFAL CAKES, BISCUITS
WEIHNACHTSARTIKEL
BISCUIT - ZWIEBACK, KINDER BISCUIT
LEBKUCHEN

Rechnung für

den 18 Septemb 1903.

gütigst beorderte und heute für Ihre werte Rechnung und Gefahr durch gesandte

Zeichen | Erfüllungsort: Bayreuth.

Abb. 74 *Der Briefkopf einer Rechnung aus dem Jahre 1903, der verrät, was bei Oskar Teuscher alles hergestellt wurde. Links ist das Prinzessinnenhaus zu sehen, dahinter die Produktionsräume der Zuckerwarenfabrik. Der Schlot qualmt, Ausdruck einer prosperierenden Fabrik. Im Hintergrund dampft die Eisenbahn in Richtung Weidenberg. Deutlich ist auch die Bindlacher Allee zu erkennen.*

Abb. 75 *Wilhelm Koch, über 10 Jahre lang Präsident der Industrie- und Handelskammer, hoch zu Roß in seiner parkähnlichen Gartenanlage in St. Georgen.*

gesehene Persönlichkeit, was auch mit seiner Funktion als Präsident der Industrie- und Handelskammer zu tun hatte.[72]

Trotz schwieriger wirtschaftlicher Situation konnte Wilhelm Koch diese Institution stärken, nicht zuletzt durch den Aufbau eines neuen Sitzes der IHK in der Bahnhofstraße. Bei der Machtübernahme 1933, als auch die Handelskammer weitgehend gleichgeschaltet wurde, löste man den überzeugten Demokraten Wilhelm Koch aus „Altersgründen (!)" ab. Zu dieser Zeit führte er bereits den Titel eines Geheimen Kommerzienrats, der ihm für seine besonderen Verdienste verliehen worden war.

Das Ehepaar Koch hatte drei Kinder, Arno, Charlotte (Lotte) und Wilhelm. Nach dem Tod des Kommerzienrats Koch wurde seine Frau Gertrud alleinige Inhaberin der Firma. Arno und Wilhelm Koch übernahmen die Geschäftsführung.

Gegen Ende des Zweiten Weltkrieges mußte die Familie Koch schwere Schicksalsschläge hinnehmen. Im Jahre 1944 fiel Wilhelm Koch als Oberleutnant eines Flakregiments, ein Jahr später wurde seine Mutter bei einem Autounfall in der Nähe von Regensburg tödlich verletzt.

Der Betrieb der Lebkuchen- und Zuckerwarenfabrik konnte zwar nach dem Krieg durch Arno Koch fortgeführt werden, jedoch kam es bald zu enormen wirtschaftlichen Schwierigkeiten.

Der Wegfall des Marktes in den Ländern Thüringen und Sachsen durch die Grenzziehung und wohl auch falsches Management führten im Jahre 1956 zur Liquidation der traditionsreichen Bayreuther Fabrik.

Die Gartenanlage des Prinzessinnenhauses

Östlich vom Prinzessinnenhaus befand sich eine größere Gartenanlage, die im 18. Jahrhundert zum Park des Markgrafenschlosses gehörte. Sie war zur Bernecker Straße hin mit einer Säulenbalustrade abgegrenzt, die in der verlängerten Mittelachse des Markgrafenschlosses durch eine breite Treppe unterbrochen war.

Der parkähnliche Garten machte in der Nachkriegszeit keinen besonders gepflegten Eindruck.

Ganz anders sah es da zu den Zeiten aus, als im Prinzessinnenhaus die Zuckerwarenfabrikanten Teuscher und Koch residierten: Exotische Pflanzen und üppige Blumenrabatten sorgten damals für ein südliches Flair in St. Georgen.

Abb. 76   *Viele Bayreuther ließen sich im Garten des Prinzessinnenhauses fotografieren. Hier die bekannte Anna Fordermair, damals hieß sie noch Lauterbach, im Jahre 1927 als achtzehnjähriges hübsches Mädchen.*

Abb. 77   *Die Gartenanlage hinter dem Prinzessinnenhaus*

Vom „Zuchtesel" zur Resozialisation

Die Geschichte der Strafanstalten in St. Georgen[73]

Die Redensarten „Der gehört nach St. Georgen" oder „Der war schon einmal in St. Georgen" sind wenig schmeichelhaft. Gemeint ist damit nämlich nicht der Stadtteil, sondern das Gefängnis.

Es besteht heute aus dem ehemaligen Markgrafenschloß und aus dem großen Gebäudekomplex am Ende der Markgrafenallee.

Die meisten Häftlinge wissen wohl kaum, daß sie die Ehre haben, in wirklich historischen Gemäuern untergebracht zu sein – sie werden darauf auch keinen großen Wert legen. Aber die fast 300jährige Geschichte dieser Anstalt dürfte auch für sie interessant sein. Vielleicht würde dann der eine oder andere mit seinem Los leichter fertig werden, denn der Strafvollzug im 18. Jahrhundert unterschied sich enorm von heutigen Praktiken. Er war grausam und hatte nur ein Ziel: Den Willen der Häftlinge zu brechen. Aber davon später.

Zunächst soll auf die Baugeschichte der Strafanstalt eingegangen werden.

Das ursprüngliche Gebäude, das heute noch einen Teil der Vollzugsanstalt bildet, wurde in den Jahren von 1724 bis 1735 errichtet.

Die Bauabsichten wurden jedoch schon 1713 geäußert. Markgraf Georg Wilhelm teilte damals den Landständen mit, daß er zur „Säuberung seines Landes von Dieben und Räubern" ein Zucht- und Arbeitshaus bauen lassen wolle. Der Landtag signalisierte Zustimmung, und es wurde ein Betrag von 4000 fränkischen Gulden bereitgestellt.

In den nächsten Jahren wurden diese Pläne jedoch nicht weiter verfolgt und erst Anfang der 20er Jahre ernsthaft mit der Realisierung begonnen.

Ob der Grund für den endlich begonnenen Bau der erneute Anstieg der Kriminalität war, wie der Chronist Adam Christoph Riedel meint, mag bezweifelt werden. Er schrieb, daß „das Rauben und Stehlen in hiesigen Landen dergestalt überhand genommen (haben), daß auf öffentlichen Straßen kaum mehr fortzukommen war".[74] Auch die Abwesenheit des Markgrafen – er befand sich am Rhein,

Abb. 78 *So hat das Zuchthaus in der Markgrafenzeit ausgesehen. Im Gefängnishof ist deutlich die Willkommenssäule zu erkennen. Auf dem Holzesel wird gerade jemand malträtiert; viele Zuschauer beobachten die „furchtbare Belohnung des Bösen."*

um am Krieg gegen Frankreich teilzunehmen – war nicht entscheidend, denn es wurden ja die Bauten in der Eremitage (1715–1722) und das Jagdschloß Thiergarten (1716–1721) errichtet.[75]

Vermutlich waren es wieder einmal Probleme finanzieller Art, die den Baubeginn verzögerten. Der Aufwand, den der Markgraf unternahm, um an die nötigen Gulden zu kommen, spricht Bände.

Bettelbriefe und Steuern

So richtete Georg Wilhelm allein an drei verschiedene Institutionen Bettelbriefe, um Gelder einzutreiben.[76] Das erste Schreiben mit Datum vom 29. Juli 1724 ging dabei an die „Hochfürstliche Landschaft". In diesem Brief wird noch einmal in aller Ausführlichkeit auf die Notwendigkeit des Zuchthausbaus hingewiesen. Da ist von nächtlichen Ausplünderungen, gewaltsamen Diebstählen und öffentlichem Straßenraub die Rede, die vom „liederlichen Gesindlein"

begangen wurden, und es kommt schließlich zur Aufforderung: *Also vermögen wir uns nicht zu dispensiren, Unserer getreuen Landschaft das gnädigste Ansinnen auf einen Beytrag von 4.000 fl. Fr. zu thun . . .*

Das zweite Schreiben mit gleichem Inhalt ging an das Hochfürstliche Consistorium, und wenig später wurden die „Landes- und Amtshauptmannschaften nebst Bürgermeister und Rat" in den sechs Hauptstädten aufgefordert, Hospitalgelder bereitzustellen. Insgesamt sah der Finanzierungsplan wie folgt aus:
– Die Hochfürstliche Landschaft 4.000 fl
– Die Aeraria Ecclesiastica 4.000 fl
– Die pia Corpora oder Hospitäler 3.500 fl – davon
  das Hospital Bayreuth 1.000 fl
  das Hospital Hof 1.000 fl
  das Hospital Kulmbach 400 fl
  das Hospital Wunsiedel 800 fl
  das Hospital Neustadt 300 fl

So ganz wohl war es dem Markgrafen dabei nicht, Kirchengelder

für einen Zuchthausbau zu verwenden. Um sein „zartes Gewissen von allen Vorwürfen frei zu machen" (Riedel), holte er sich ein Gutachten der Universität Wittenberg ein. Darin wurde ihm ausführlich theologisch („nach Anleitung der heiligen Schrift und Kirchenhistorie") bestätigt, daß er richtig handeln würde.

Dieses Gefälligkeitsgutachten geht sogar so weit zu behaupten, „daß die Errichtung eines Zucht- und Arbeitshauses . . . ein so heilsames und Gott wohlgefälliges Werk seye als die Erbauung einer Kirche."

Aber nicht nur diese Institutionen wurden zur Kasse gebeten. Der Markgraf hatte auch an den „kleinen Bürger" gedacht und – sage und schreibe – 49 verschiedene Steuern zur Errichtung und Erhaltung des Gefängnisses erlassen. Das beginnt damit, daß Beamte des Hofes und Offiziere bei Antritt ihres Dienstes „ein pro Centum" ihres Jahreslohnes zahlen mußten. Es wurden Steuern für Schutz- und Schirmbriefe, für die

Abb. 79   *Das Zuchthaus an der Markgrafenallee im Jahre 1900. Links hinten ist der Siegesturm und die Bürgerreuth zu erkennen.*

Freisprechung von Lehrlingen und bei Meisterprüfungen festgelegt. Sogar bei Bürgermeister- und Ratswahlen mußten die „neuelegirten Membrums" (neugewählte Mitglieder) Geld „berappen".

Die festgelegten Steuern begleiteten die Menschen buchstäblich von der Wiege bis zur Bahre. So mußte bezahlt werden:

- Für den Geburts-Brief
- Bei Kindtaufen
- Für einen Heiratsbrief
- Von jedem Straf-Rescript in
- Ehebruchs-Fällen
- Bei Ehescheidungen
- Bei Hinterlegung eines
- Testaments
- Für einen Totenschein

Zum Schluß dieser langen Litanei findet sich eine besonders makabre Stelle. Dort heißt es: *Hierzu rechnen sich noch die Alimentations Geldere der Bastarde, davon der Rest, wann das Kind vor dem zehenden Jahr stirbt an die Zuchthaus-Cassa zu entrichten.*

Zur Geldeintreibung und zur Bauaufsicht wurde vom Markgrafen eine Zuchthausdeputation ernannt, der der Geheime Rat von Benkendorf, Hofkammerrat Wildten und Kammerrat Petermann angehörten. Als Bauschreiber setzte man Johann Knorr ein;

Abb. 80 *In diesem Haus war einst ein Teil der damaligen Marmorfabrik untergebracht. Später diente es als Verwaltungsgebäude der Gefangenenanstalt.*

er kümmerte sich um die Einnahmen- und Ausgabenbelege.

Mit dieser Mannschaft wurde 1724 unter der Bauleitung von Johann David Räntz das Zuchthausgebäude begonnen.

Das Oberforstamt wies der Markgraf an, das benötigte Bauholz zinsfrei bereitzustellen. Es wurde in Fronarbeit nach St.

Georgen transportiert. Die Bauarbeiten selbst wurden zum großen Teil von Häftlingen ausgeführt. Sie bauten also, wie Riedel schreibt, ihre ungeliebte Wohnung selbst.

Der nordwestliche Teil von St. Georgen war zu dieser Zeit – wir schreiben das Jahr 1724 – eine Großbaustelle, denn parallel zum Zuchthausbau wurde ja auch die zweite Schloßanlage errichtet. Markgraf Georg Wilhelm hat sicherlich öfter die Baumaßnahmen selbst inspiziert und zur Beschleunigung angetrieben.

1725 vergrößerte er die Zuchthaus-Deputation, und die finanziellen Mittel wurden aufgestockt. Am Ende dieses Jahres konnten bereits die ersten Häftlinge, die tagsüber am Bau arbeiteten, in den neuerrichteten Zellen untergebracht werden. Aber selbst diese Baufortschritte gingen dem Markgrafen nicht schnell genug voran. Er befahl der Bauaufsicht, „dem Werk die gehörige Remedur zu geben" und kritisierte „einige Un-

Abb. 81 *Verwaltungsgebäude*

Königl. Zuchthaus in St. Georgen

Abb. 82   *Königl. Zuchthaus in St. Georgen.*

ordnungen", die die Fertigstellung verzögerten.

Die Einweihung fand aber erst im Jahre 1735 statt. Warum kam es zu einer 11jährigen Bauzeit, obwohl doch 1726 das Zuchthaus schon fast fertiggestellt war?

Markgraf Georg Wilhelm, der „bauwütige" (Conrad), verstarb im Dezember 1726. Sein Nachfolger, Markgraf Friedrich Carl, setzte zwar die Baumaßnahmen fort, streckte aber wohl aus finanziellen Gründen die Bauzeit, bis dann endlich 1735, im Jahre seines Todes, die Einweihung stattfand.

Baubeschreibung

Entstanden war eine dreigeschossige, vierflügelige Anlage, wobei der Ostflügel mit den übrigen Trakten nur an den Ecken verbunden war. Dieses rechteckige Bauwerk umschloß einen großen Innenhof, der vielfältig genutzt wurde. Das gesamte Gebäude hatte massive, zwei Meter starke Außenmauern aus glatt gehauenen Quadersteinen. Die Fenster waren alle vergittert.

Im Vorderhaus, auch „Fronte" genannt, befanden sich in den Kel-

lerräumen Lebensmittelbestände für die Häftlinge und in einem größeren Raum das Drehwerk für die Marmorfabrik. Im Erdgeschoß waren rechts die Wohnung des Verwalters, links die Räume zur Marmorbearbeitung untergebracht; dazwischen lag die Gefängnisküche. Im ersten und zweiten Obergeschoß befanden sich Kammern der Beamten und Lagerräume. In den beiden Seitenflügeln waren Zellen und Arbeitsräume für die Häftlinge, wobei im südlichen Flügel die Frauen, im nördlichen die Männer gefangengehalten wurden.

Das Hinterhaus beherbergte die Gefängniskapelle. Sie war mit Altar, Kanzel, Chor und Orgel ausgestattet, wobei die Kircheneinrichtung z. T. aus der Schloßkapelle in Thierbach bei Lichtenberg stammte. Außerdem befanden sich eine Backstube und die Wohnung der Zuchtknechte in diesem Querbau. Als Verlängerung der beiden Seitenflügel waren noch zweigeschossige Gebäudeteile angefügt, die zur sogenannten Porzellanfabrik gehörten.

Erwähnt werden sollte auch noch ein rundes Brunnenhaus, das in einiger Entfernung nordwest-

Abb. 83   *Neuer Zellentrakt.*

lich vom Hauptgebäude stand. In ihm befand sich ein Ziehbrunnen, der das Zuchthaus mit Wasser versorgte.

Drei Anstalten

Das Zucht- und Arbeitshaus in St. Georgen im 18. Jahrhundert ist kaum zu vergleichen mit dem heutigen Gefängnis. Es waren eigentlich drei verschiedene Anstalten unter einem Dach vereinigt.

Da gab es zunächst eine Art Erziehungsanstalt. Eltern konnten hier ihre „ungeratenen Kinder dem Zuchthaus anvertrauen". Diese mußten sich „mit der Peitsche eines zur Zucht mit Fleiß bestellten Mannes nachdrücklicher als von ihren Eltern, denen der Absolon gemeiniglich zu nahe am Herzen liegt, liebkosen lassen."[77]

Außerdem war eine Irrenanstalt untergebracht. Die „Melancholicos oder Wahnwitzigen", wie man sie damals nannte, wurden dabei, genau wie die Kinder und Jugendlichen, von den eigentlichen Strafgefangenen getrennt verwahrt. Für ihren Aufenthalt mußten die Angehörigen – wenn irgend möglich – die Kosten tragen.

Die Hauptgruppe stellten aber, nach Frauen und Männern getrennt, die Häftlinge dar. Nach einer Auflistung aus dem Jahre 1750 waren folgende Straftäter untergebracht:

Gotteslästerer, Flucher und Schwörer, Sabbatsschänder, Ehebrecher und Hurer, Diebe und deren Hehler, ungetreue Beamte, geflissene und vorsätzliche Falliten (Zahlungsunfähige, d. V.), Müßiggänger und Schlemmer, untreue Dienstboten, Aufwiegler bei Handwerkern, verdächtige müßige Weibspersonen, falsche Pässe führende und verdächtige Bettler, unruhige Friedensstörer, ungehorsame und halsstarrige Untertanen, Trunkenbolde . . .[78]

Bei dieser Aufzählung fehlen die Schwerverbrecher, was nicht verwundern darf, denn verurteilte Mörder wurden entweder mit dem Tode bestraft oder mußten ihr Leben als Galeerensträflinge fristen.

Abb. 84 *Bilder vom alten Innenhof des ehemaligen Zucht- und Arbeitshauses. Hier hat sich „die schreckliche Belohnung des Bösen" abgespielt.*

Abb. 85 *Das Innere der Gefängniskapelle. Die Kircheneinrichtung stammt zum großen Teil aus der Schloßkapelle in Thierbach bei Lichtenberg.*

Die schreckliche Belohnung des Bösen

Wie wurde nun mit all diesen Übeltätern im Zuchthaus umgegangen, wie sah der Strafvollzug aus? Um die Strafmethoden richtig einordnen zu können, muß man vorausschicken, daß damals gegen alle Verbrechen (und was man dafür hielt) rigoros vorgegangen wurde und ein Menschenleben wenig galt. So wurden beispielsweise im Jahre 1724 in der Markgrafschaft, genauer in Berneck, 17 Zigeunerfrauen an einer Eiche aufgehängt, weil sie sich weigerten, den Unterschlupf ihrer Männer preiszugeben. Unter ihnen war ein zwölfjähriges Kind und eine 98jährige Zigeunermutter.[79]

An der Straße nach Bindlach befand sich ein Schnellgalgen, unter dem Volk auch „Schneegeige" genannt.

Dort wurden, wie berichtet wird, Personen aufgehängt, die zu Pestzeiten Bayreuther Gebiet ohne beglaubigten Gesundheitspaß betreten hatten.

Im Gefängnis hatte man ein großes Ziel, das mit aller Härte verfolgt wurde, und das hieß Abschreckung. Dazu waren alle Mittel recht. Die Täter sollten nicht nur für ihr Verbrechen bestraft werden, sondern es wurde dem einfachen Volk auf drastische Weise gezeigt, was für Konsequenzen Straftaten nach sich ziehen. Zu diesem Zweck waren auch die Strafexekutionen an Häftlingen öffentlich. Die Einwohnerschaft von Bayreuth und Umgebung nahm daran auch „in unglaublicher Menge in Gesellschaft ihrer Kinder" teil, um bei der „schrecklichen Belohnung des Bösen", wie Riedel schreibt, zuzuschauen.[80]

Welche „Belohnungen" gab es da?

Schon beim Eintritt in das Zuchthaus wurden die Häftlinge auf besondere Art „willkommen" geheißen. Im Gefängnishof befand sich eine Säule, die tatsächlich „Willkommenssäule" hieß. An sie wurden „die Ehrlichen" (Das waren wohl die Straftäter, die ihr Verbrechen bereuten.), mit in die Höhe gezogenen Händen gehängt. Die „Infamen" wurden dagegen an ein auf zwei Beinen ruhenden eselförmiges Stück Holz mit Armen und Füßen gefesselt. Dann wurden die neuen Insassen präventiv „mit zwanzig, dreißig auch mehr Streichen nach Proportion eines jeden Verbrechens" bedacht. Wiederholungstäter oder auf der Flucht ergriffene Häftlinge wurden „mit doppelten Streichen von dem Zuchtknecht belegt". Außerdem versah man sie mit einem Beinspringer (Fußkette) oder einer Kette mit einer schweren eisernen Kugel, auch Bombe genannt. Die Frauen bekamen „eine Kette mit einem angeschlossenen hölzernen Stock von unterschiedlicher Schwere angeschmiedet."

Außer dieser Willkommenssäule und dem Zuchtesel waren weitere „fürchterliche und schmerzende Instrumente" zur Bestrafung vorhanden. So der hölzerne Bock, der sogenannte Commod-Wagen, ein hölzerner und auf Walzen ruhender Esel und die Zuchtbank. Sie war wohl besonders gefürchtet, denn sie wurde „zur Bezwingung unbändiger Leute" eingesetzt.

Der Chronist Christoph Adam Riedel beschreibt die Tortur genau:

Es ruhet ein Brett auf vier Beinen, auf welches sich der Strafbare mit dem Oberleib, das Gesicht gegen die Umstehenden wendend, leget. Die Füße werden in zweien Löchern eines unten an der Bank befestigten Brettes wohl verwahret, ein Gleiches wiederfähret beiden Armen, die innerhalb zweien an beiden Seiten angenagelten Brettern und also in dem innern Raum des Kasten ihren Platz bekommen. Der auf der

Abb. 86 und Abb. 87   *Zellenflur und Dreimannzelle.*

Abb. 88   *Frühsport im Gefängnishof.*

Zuchtbank liegende Oberleib wird mit einem Brett ebenfalls bedecket, daß von der ganzen Person nichts als der Kopf hervorraget, und der Hinterteil frei bleibet, dieser wird sodann mit zweien Ruten an den Manns-Personen durch den Knecht und seinen Burschen als Unterknecht, an den Weibsen aber durch zwei ihrer Gespielinnen nach Proportion des Verbrechens geängstiget. Damit auch die Ursach dieser schmerzhaften Empfindung zu künftiger Nachacht besser im Gedächtnis bleibe, und die nachherige öftere Erinnerung des Sinnlichen zugleich das Angedenken der Tat, dadurch man es verdienet, jederzeit mit sich bringe, und die Sache andern zum Exempel und Beispiel gereiche: muß der Züchtling ein von dem Verwalter vorgeschriebenes Bekenntnis seiner Übeltaten öffentlich ablesen, wo er aber nicht lesen kann, dem Scribenten nachsprechen.[81]

Als letztes Folterinstrument sei die eiserne Sturmhaube genannt.

Normalerweise trugen die Gefangenen eine grüne, wollene Mütze, an der ein Blechschild mit den Buchstaben Z. H. (Zucht-Haus) befestigt war. Einheitliche Sträflingskleidung gab es nicht.

Anstelle dieser Mütze wurden dem Häftling eine Kopfbedeckung angeschmiedet, die einen quer laufenden langen eisernen Stab aufwies.

Die Wirkung muß für den Delinquenten ungeheuerlich gewesen sein.

So schreibt Riedel: *Dieser beschwerliche Zierrat, der ihnen die Tage bitter und die Nächte unruhig machet, hat viele schon so gebeuget, daß sie bald zur völligen Erkenntnis*

ihrer Missetaten gekommen und um Barmherzigkeit geflehet haben.

Diese letzte Bemerkung des Gefängnispfarrers zeigt noch einmal deutlich die oben angesprochene Intention: Der Wille der Gefangenen sollte durch drakonische Strafen gebrochen und alle potentiellen Straftäter abgeschreckt werden.

Natürlich war auch das Essen spartanisch und überaus eintönig. Fleisch gab es nur an den drei ho-

Abb. 89   *Der große Speisesaal Ende der 20er Jahre.*

75

hen Feiertagen, am Kirchweihfest St. Georg und wenn das Abendmahl eingenommen wurde. Ansonsten wurden je nach Wochentag folgende Speisen gereicht:

Sonntag: Klöße aus Gerstenmehl mit eingeschnittenem in Schmalz geröstetem Weißbrot.

Montag: Gemüse aus Gersten.

Dienstag: Süßes oder saures Kraut, Kohl und Grünkohl, je nach Jahresart.

Mittwoch: Erbsen.

Donnerstag: Heidegrütze.

Freitag: Kartoffeln, weiße und gelbe Rüben, Gemüse aus Gersten, je nach Jahreszeit.

Samstag: Linsen.

Morgens wurde trockenes Brot verteilt, und am Abend erhielt jeder Gefangene zusätzlich ein Glas Mittel- oder Frischbier, manchmal auch Buttermilch.

Der Tagesablauf war genau festgelegt:

Nach dem Wecken bei Anbruch des Tages war ein Kirchgang obligatorisch. Danach wurde bis Mittag gearbeitet mit einer Pause von neun bis zehn Uhr. Nachmittags wurde in der Regel von ein Uhr bis sechs Uhr gearbeitet. Danach war wieder Kirchgang.

Arbeit als Therapie

Die meiste Zeit waren die Gefangenen also mit Arbeiten beschäftigt. Das hatte zwei Gründe: Zum einen wurde dadurch Geld erwirtschaftet, so daß die Häftlinge ihren Aufenthalt zum großen Teil selbst finanzierten. Zum anderen verstand man die Beschäftigung auch als Therapie. Müßiggang wurde als häufige Quelle und Ursache der Verbrechen betrachtet. Die Gefangenen sollten nun geregelte Arbeit kennenlernen.

Dabei stand die Marmorbearbeitung bei den Männern im Mittelpunkt; die Frauen waren hauptsächlich mit Spinn- und Webarbeiten sowie Nähen und Stricken beschäftigt.

Wer nicht oder schlecht arbeitete, wurde hart bestraft. Das begann zunächst mit Essensentzug

und endete bei den oben angesprochenen Folterwerkzeugen.

Ebenso rigoros wurde bei Häftlingen vorgegangen, bei denen man vermutete, daß sie Krankheiten vortäuschten. Bei einem Gefangenen, der öfters Epilepsie-Anfälle simuliert haben soll, ließ der Zuchthausverwalter ein spitziges Instrument in die Fußsohlen bohren. Als daraufhin der Gepeinigte aufschrie und sich aufrichtete, folgerte man: *Da nun wirkliche Epilepsie bei der stärksten Peinigung bekanntermaßen unempfindlich bleiben, folgbar der gespielte Betrug offenbar am Tag lag, wurde ihm hierauf durch eine eingreifende und harte Züchtigung das Geständnis ausgepreßt, daß er nichts weniger als die erdichtete Krankheit habe.*[82]

1788 richtete man in Bayreuth ein Irrenhaus ein. Nun wurden Räume im Gefängnis frei und konnten für andere Zwecke verwendet werden. So wurde zunächst eine Spielkartenfabrik und danach eine Brillenglasschleiferei eingerichtet.

Zu dieser Zeit, also gegen Ende des 18. Jahrhunderts, als Bayreuth unter preußische Verwaltung kam, wurde auch der Strafvollzug humaner.

1795 schrieb von Reiche wohl etwas übertrieben:

Die gegenwärtige Anzahl der Züchtlinge beiderlei Geschlechts beläuft sich auf 101, welche durch die menschenfreundliche Behandlung, die sie genießen, ... oft ein besseres Schicksal haben, als sie verdienen. Auch ihre Verpflegung ist besser als in manchen anderen Zuchthäusern. Man habe nun eingesehen, *daß das verderbte Menschenherz wohl durch eine mit Menschenfreundlichkeit und Nachsicht verbundene Strenge, aber nie durch tyrannische Begegnung zur Tugend wieder zurückgelenkt werden könne.*[83]

Nach der Jahrhundertwende, als Bayreuth 1810 an das Königreich Bayern angegliedert wurde, übernahm der bayerische Staat das Gefängnis. Es wurde nun bis 1918 eine Anstalt unter der „Königlich Bayerischen Verwaltung",

und der Staat übernahm auch die Finanzierung.

Um das Jahr 1855 wurde eine sog. Besserungsanstalt im Gefängnis eingerichtet. Damit wurden erste Versuche gemacht, jugendliche Straftäter bis zum 20. Lebensjahr, getrennt vom eigentlichen Strafhaus, zu resozialisieren.

Zu dieser Zeit baute man das Gefängnis aus der Markgrafenzeit um und erweiterte es. Zunächst wurden die hinteren Flügelbauten aufgestockt und dann 1860 durch einen Querbau verbunden, so daß ein zweiter Innenhof entstand. In die neuen Gebäudeteile kamen Küche und Waschräume.

Im Jahre 1901 erweiterte man den Gefängniskomplex erneut erheblich. Es wurde ein neuer Zellentrakt errichtet, der heute noch Verwendung findet.

Auch in der Folgezeit wurde das Gefängnis ständig um- und ausgebaut und die Räume unterschiedlich genutzt.

Landgerichtsgefängnis

Als weitere Strafanstalt entstand im Jahre 1870 in der Markgrafenallee das Landgerichtsgefängnis.[84] Es war ein reines Zellengefängnis, das in einem vierflügeligen Bau untergebracht war. An der Innenseite der Gebäude befanden sich galerieartige Laufstege, die mit eisernen Treppen verbunden waren. So ersparte man sich ein Stiegenhaus.

Im Innenhof stand ein kleines Gebäude, in dem eine Waschküche und Arbeitsräume eingerichtet waren. In diesem Hof wurden übrigens um die Jahrhundertwende mehrere Hinrichtungen vollzogen. Dabei wurde jeweils ein Fallbeil aus München-Stadelheim nach Bayreuth gebracht. Später ersparte man sich diese Arbeit und exekutierte die verurteilten Mörder in der Landeshauptstadt.

1933 ging die Verwaltung des Landgerichtsgefängnisses an die Strafanstalt über. Das Gebäude wurde nun als Untersuchungs-, Polizei- und Strafgefängnis genutzt.

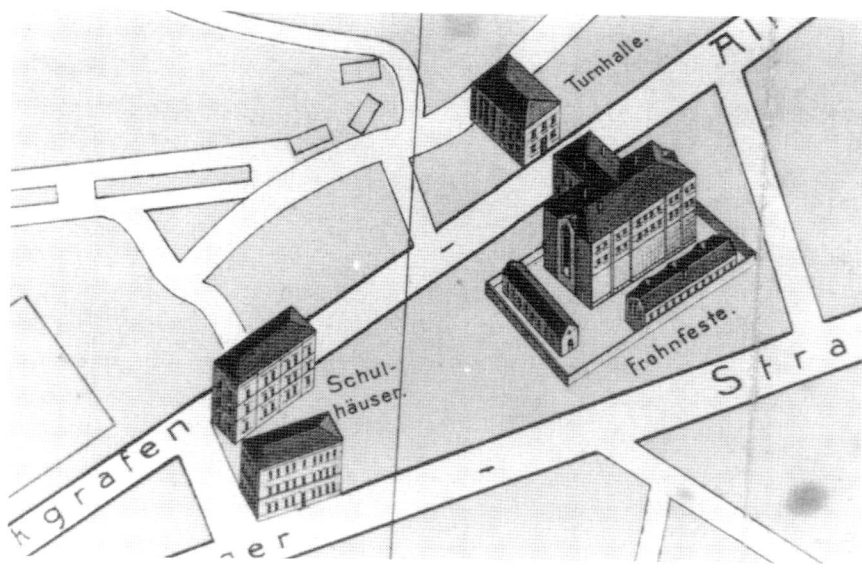

Abb. 90 *Das 1870 entstandene Landgerichtsgefängnis wurde bei den Brannaburgern meist „Frohnfeste" genannt. Diese Bezeichnung findet sich auch im „Schumann'schen Monumentalplan" von 1909.*

nur noch in den Akten geführt und sind längst vergessen. Es hat aber auch Prominente, sog. „Promis", in St. Georgen gegeben, die in die Geschichte eingingen.

Einer von ihnen war Eduard Franz Ludwig Kullmann. Er sorgte im Jahre 1874 für negative Schlagzeilen, als er auf Reichskanzler Bismarck ein Pistolenattentat verübte.

Wilhelm Wutschig, Anstalts-Oberlehrer in St. Georgen in den 50er Jahren, hat sich die Akte Kullmann angeschaut und schreibt darüber:

Gemäß Urteil des Königlich Bayerischen Bezirksgerichts Würzburg vom 31. Oktober 1874 wurde Eduard Franz Ludwig Kullmann, geboren am 14. 7. 1853 – katholisch – lediger Böttchergeselle von Neu-

Zu Beginn des Dritten Reiches bestand damit der gesamte Gefängniskomplex aus drei verschiedenen Anstalten.

Die Anstalt I, wie sie verwaltungsintern genannt wurde, bestand aus dem alten Zucht- und Arbeitshaus und den zahlreichen Anbauten. Das ehemalige Markgrafenschloß, das um die Jahrhundertwende angegliedert wurde, bildete die Anstalt II. Anstalt III war das oben erwähnte Landgerichtsgefängnis.

Bei den Bombenangriffen im April 1945 wurde dieses Gebäude total zerstört. Damals kamen auch 12 Gefangene ums Leben. Das Gefängnis konnte nicht mehr aufgebaut werden. Es wurden an dieser Stelle Wohnhäuser errichtet.

Um Verwechslungen zu vermeiden, sei erwähnt, daß nach dem 2. Weltkrieg das 1951/53 errichtete Tbc-Gefängniskrankenhaus nördlich des Markgrafenschlosses als Anstalt III bezeichnet wurde.

Attentat auf Bismarck

Insgesamt haben in den fast 300 Jahren viele Tausende von Häftlingen zwangsweise und sehr ungern ihre Zeit in St. Georgen verbracht. Ihre Namen werden meist

Abb. 91 *Das Gebäude wurde im April 1945 durch Bomben schwer beschädigt und danach abgebrochen.*

stadt-Magdeburg in Preußen wegen eines Verbrechens des Mordversuchs zu einer Zuchthausstrafe von 14 Jahren verurteilt und am gleichen Tage ins Zuchthaus St. Georgen eingeliefert.

Nach seinem ‚Signalement' war Kullmann nur 1,57 m groß, hatte blondes Haar, hohe Stirn, graue Augen, stumpfe Nase und spitzes Kinn.

In der Anklageschrift lesen wir, daß sich Kullmann schon von Jugend auf roh, frech, trotzig, widerspenstig, heimtückisch, rachsüchtig, rauflustig und ohne sittlichen Ernst und Sinn für Religion zeigte.

Als Böttchergeselle brachte er wiederholt Lehrlingen und Nebengesellen mit seinem Taschenmesser Stichwunden bei. Bald trug er auch eine Pistole bei sich und übte sich eifrig im Schießen.

In Salzwedel wurde Kullmann Mitglied des katholischen Männervereins und betrachtete im Laufe der Zeit den Reichskanzler Fürst von Bismarck als den ärgsten Feind der katholischen Kirche. Er schimpfte bei jeder Gelegenheit über Bismarck und faßte den Entschluß, den Fürsten zu erschießen. Am 26. 5. 1874 fuhr er mit der Eisenbahn nach Berlin, begegnete aber dem Reichskanzler nicht, da dieser am 31. Mai nach Warzin reiste. Als er Anfang Juli 1874 im Sangerhausener Kreisblatt las, daß Fürst Bismarck zur Kur nach Bad Kissingen fahre, begab er sich über Nordhausen und Gotha dorthin; wegen seiner beschränkten Mittel größtenteils zu Fuß!

Am 13. Juli schoß er dann mit seiner Pistole aus einer Entfernung von 1 bis 1¹/₂ Schritten nach dem Kopf des Fürsten, als dieser mittags gegen 1¹/₂ Uhr mit dem Wagen nach dem Salinenbade fahren wollte. Der Schuß streifte seine zum Gruße erhobene und nach dem Hute greifende rechte Hand. Kullmann wurde sofort verhaftet und gab weder bei dem darauffolgenden Verhör noch im Verlaufe der Untersuchungen die leiseste Spur von Reue über seinen Mordversuch kund.

Aus Briefen, die Kullmann im Zuchthaus schrieb und die sich in Abschrift im Akt befinden, ist zu ersehen, daß er die Tat im Jahre 1876 angeblich ‚aufrichtig' bereute und seinen Vater in Neustadt bei Magdeburg bat, für ihn beim Fürsten Bismarck Begnadigung zu erlangen. Er versprach, ins Ausland zu gehen. Der Vater lehnte es jedoch ab, ein Gesuch für den bösen Sohn, der ihm so viel Schande bereitet hatte, zu schreiben und sagte ihm brieflich u. a. . . . ‚‚mache Deine 14 Jahre ruhig ab".

Kullmann Eduard hatte die Grundbuch-Nr. 664 und zog sich während seiner 14jährigen Haft vom 31. 10. 1874 bis 30. 10. 1888 in Bayreuth 36 Hausstrafverfahren mit insgesamt 150 Tagen Arrest zu. Am 25. 10. 1876 erhielt er wegen Körperverletzung und Widerstand gegen die Staatsgewalt zusätzlich 2 Jahre Gefängnis, und am 10. 6. 1885 wurde er sogar zu einer Gesamt-Gefängnisstrafe von fünf Jahren verurteilt – wegen 14 verleumderischer Beleidigungen.

Diese weiteren insgesamt sieben Jahre Gefängnis mußte Kullmann in der Gefangenenanstalt Amberg verbüßen. Dort verstarb er am 16. März 1892.[85]

Die Haftanstalt im Dritten Reich

Traurige Berühmtheit erlangten das Markgrafenschloß und das ehemalige Zucht- und Arbeitshaus als Gefängnis in der Zeit des Nationalsozialismus. Neben den „normalen" Häftlingen waren nun in St. Georgen auch politische Gefangene untergebracht. Das fing 1933 an, als in Bayreuth wie überall in Deutschland die Nationalsozialisten versuchten, ihre Gegner auf brutale Weise auszuschalten. Davon betroffen waren vor allem Sozialdemokraten, Kommunisten und Juden, sowie Randgruppen wie Bibelforscher und Homosexuelle.[86]

In der sogenannten „Nacht der langen Messer", das war vom 9. auf den 10. März 1933, wurden in der Gauhauptstadt insgesamt 37 SPD- und KPD-Mitglieder in Haft genommen; am 11. März kamen weitere 10 hinzu. Unter den Verhafteten waren so angesehene Bayreuther Bürger wie die langjährigen Stadträte Hacke und Panzer, außerdem die bekannten

Abb. 92 Am 10. März 1933 wurden von den Nationalsozialisten führende Bayreuther Sozialdemokraten und Kommunisten verhaftet und in das Gefängnis nach St. Georgen gebracht. Hier sind Friedrich Puchta, Oswald Merz und Karl Dietz gerade vom Rathaus auf dem Weg in die Haftanstalt.

sozialdemokratischen Politiker Adam Seeser, Oswald Merz und der Reichstagsabgeordnete Friedrich Puchta. Bei Kurt de Jonge gab es gleich drei Gründe zur Inhaftierung: er war SPD-Mitglied und Jude. Außerdem hatten es die Nazi-Schergen auf seinen Posten als städtischer Angestellter abgesehen.

Die Propaganda-Zeitung „Fränkisches Volk" schrieb damals folgendes:

Die Aktivitäten wurden von Gauleiter Schemm persönlich geleitet. Sie waren so glänzend organisiert, daß bereits bei Tagesanbruch so ziemlich alle in Frage kommenden Marxisten auf der Polizeiwache in Bayreuth eingeliefert waren ... Ekelhafte Bilder rollten vor denen ab, die die Verhaftungen vornehmen mußten. Was da zusammengesammelt wurde, war nichts als ein Haufen Jammerlappen, die, wenn die Stunde nicht so ernst gewesen wäre, zum Lachen hätte reizen müssen ...

Auch in den nächsten Jahren wurden viele sogenannte Schutzhäftlinge nach St. Georgen gebracht und dort eingesperrt. Der Ausdruck „Schutzhaft" ist dabei irreführend, denn es wurde niemand „zum persönlichen Schutz" festgenommen; die meisten waren Gegner des Regimes und damit politische Häftlinge, die ohne Strafverfahren eingekerkert wurden.

Insgesamt hat es in Bayreuth rund 300 „Schutzhaftfälle" gegeben, wobei sich auf die Jahre verteilt ein absoluter Höhepunkt im Zeitraum vom März bis Dezember 1933 mit 150 Fällen ergab.

Mini-KZ

In St. Georgen waren aber nicht nur politische Gefangene aus der Stadt selbst untergebracht.

Bayreuth war vielmehr ein Zentrum für „Schutzhäftlinge" aus ganz Oberfranken und beherbergte zu bestimmten Zeiten über 350 politische Gefangene.

Ein recht interessantes Schreiben, zu finden im Akt „Bekämp-

Abb. 93 *Auch Kurt de Jonge war im Gefängnis St. Georgen inhaftiert, bevor er in das Konzentrationslager Dachau überführt wurde.*

fung politischer Ausschreitungen, 1933", vergegenwärtigt uns die Situation im April 1933. Es handelt sich um eine Mitteilung des Bezirksamtes Bayreuth an die Vorstände der Bezirksämter Hof, Naila, Kulmbach, Rehau und Wunsiedel.

Darin heißt es:

Betreff Schutzhaft: Die hier in der Gefangenenanstalt und im Arbeitshaus St. Georgen verfügbaren Räume sind sämtlich belegt, so daß eine Neuaufnahme von Schutzhäftlingen nicht mehr stattfinden kann ... Es muß danach getrachtet werden, die Schutzhäftlinge in den örtlichen Gefängnissen unterzubringen ...[87]

Die Anstalt war also überbelegt, und eine Neuaufnahme von politischen Gefangenen konnte nicht mehr erfolgen.

Sicher waren die Verhältnisse in Bayreuth kein Einzelfall. Wohin also mit all den gefangen genommenen Gegnern des Regimes? Es mußten neue, größere Sammelunterkünfte gebaut werden; die Konzentrationslager entstanden.

Am frühen Morgen des 23. April 1933 machten sich die ersten Bayreuther Gefangenen auf den

Weg zur Viehrampe des Güterbahnhofs. Das unbekannte Ziel hieß Dachau. Die Bayreuther Nazigegner hatten die zweifelhafte Ehre, zu den ersten Insassen der später als Inbegriff der nationalsozialistischen Gewaltherrschaft angesehenen Konzentrationslager zu gehören. Für viele war dies eine Reise ohne Rückkehr. Sie überlebten die katastrophalen hygienischen Verhältnisse und die täglichen Grausamkeiten der SS-Männer nicht.

Mißhandlungen

Kehren wir nach Bayreuth zurück!

Die Haftanstalt St. Georgen stand unter der Aufsicht der örtlichen Justizbehörde. SA- und SS-Männer konnten deshalb nur als Polizeihelfer auftreten. Diese Konstellation verhinderte größere Ausschreitungen, obwohl es nach verläßlichen Augenzeugenberichten auch hier zu Mißhandlungen kam.

So schildert der ehemalige Stadtrat und spätere Bayreuther Bürgermeister Adam Seeser einen Vorfall, der sich Anfang Mai 1933 ereignet hat:

Eine besondere Rolle spielten die Abortkübel in den Zellen, die täglich geleert, ausgespült und in die Zellen zurückgetragen werden mußten ... S., der sich täglich auftragsgemäß in der Gauleitung und in der Kreisleitung der NSDAP meldete und dort Befehle empfing, ordnete eines Tages an, daß alle Kübel aus den Zellen in den Hof getragen werden mußten. Sie seien dort mit heißem Wasser aus der Küche auszuspülen und mit einer kurzen Wurzelbürste auszufegen. Zu dieser Arbeit wurden der Redakteur Hacke mit seinem Sohn Edmund und ich mit meinem Sohn Otto bestimmt. Edmund und Otto mußten aus allen Zellen in den beiden Stockwerken die etwa 150 Kübel ständig zu- und wegtragen, während Georg Hacke und ich das Ausspülen und Ausbürsten zu besorgen hatten, wobei zwei Wachmänner ständig kontrollierten, ob die Gefäße so sauber waren, wie sie nach der Mei-

nung der Aufpasser sein sollten. Da die Kübel kaum jemals auf diese Weise gereinigt worden waren und innen stark Rost angesetzt hatten, mußte der größte Teil zweimal gereinigt werden. Vor der allgemeinen Reinigung hatten sich manche Kübel dick angesetzt, weil in den kleinen Einzelzellen damals zwei bis vier Personen Aufenthalt nehmen mußten. Die übrigen Wachleute standen bei der Reinigung herum und lachten über den Zwang, den Kot mehr mit der kurzen Handbürste zu lösen, als ihn mit Wasser herauszuspülen. Schlimmer ging es beim Her- und Fortschleppen der Kübel zu. Die damit Beauftragten wurden ständig von je einem Wachmann begleitet, der mit dem Gummiknüppel zuschlug und antrieb, damit die Arbeit im Trab vor sich gehe. Wir im Hof hörten ständig dumpfe Schläge und Wehrufe, wobei sich ein früherer Student hervortat, der seine Hiebe immer mit dem Ausruf Dalli! Dalli! begleitete und meinen Sohn Otto in meinem Beisein und in Gegenwart anderer Häftlinge treppauf und treppab im Gang vor- und zurücktrieb, bis er schließlich im Hof zusammenbrach und weggeschleppt werden mußte.[88]*

Adam Seeser, der seinen Sohn und die anderen Mithäftlinge vor ähnlichen Schikanen bewahren wollte, täuschte einen Selbstmordversuch vor, der auch in der Bayreuther Nazi-Presse Erwähnung fand.

Kriegsjahre

In den Kriegsjahren wurde eine immer größere Zahl von Ausländern nach St. Georgen eingeliefert. Neben vielen Tschechen waren es verschleppte Ostarbeiter und Widerstandskämpfer aus Frankreich.

1945 verschärfte sich die Situation dramatisch. Bayreuth war zu dieser Zeit das „Auge eines Hurrikans". In der Wagnerstadt war es noch ruhig. Die Front im Osten und Westen rückte aber immer näher. Damit drängten auch mehr und mehr Menschen in das Gebiet. Im Zuge dieser Konzentration wurden auch viele Gefangene aus anderen besetzten Orten nach St. Georgen verlegt. Gebaut war die Haftanstalt für rund 1200 Personen. Zeitweise hatte man aber über 5000 Häftlinge aus 10 Nationen eingepfercht. Es läßt sich leicht ausmalen, welch' katastrophale Verhältnisse geherrscht haben müssen. Im Februar 1945, kurz vor Kriegsende, kamen noch einmal 300 bis 400 politische Gefangene hinzu. Es handelte sich dabei um Häftlinge des berühmt-berüchtigten Freislerschen Volksgerichtshofes in Berlin. Die damalige Hauptstadt des Deutschen Reiches war schwer bombardiert worden und die Anlagen des Volksgerichtshofes wurden zerstört. Freisler selbst kam dabei ums Leben. Viele der zum Teil schon zum Tode verurteilten Häftlinge wurden evakuiert. Sie kamen nach einem grauenvollen, elf Tage langen Transport auf Elbkähnen und Güterwaggons nach Bayreuth. Zu den Überlebenden gehörte auch Ewald Naujoks, der in der Nachkriegszeit in Bayreuth geblieben war und sich als engagierter „Querdenker" einen Namen machte.[89] Die prominentesten Häftlinge dieses Transports waren der spätere Bundestagspräsident Eugen Gerstenmaier und Gerhard Schultze-Pfaelzer, früherer Pressechef des Reichskanzlers Hindenburg. Er hat in seinen aufschlußreichen Memoiren „Kampf um den Kopf" auch die Ankunft in Bayreuth und den Aufenthalt in St. Georgen geschildert.[90]

Pfarrer David Abbé

An dieser Stelle soll jedoch eine weniger bekannte, aber sehr eindrucksvolle Erzählung des französischen Geistlichen David Abbé die Situation am Kriegsende veranschaulichen. Er war im Oktober 1944 nach Bayreuth gekommen und schreibt über seine Erlebnisse in St. Georgen:

Die verschiedenen Orte meiner Verschleppung liegen alle in Bayern. Dieses Land habe ich von Nord nach Süd und von Süd nach Nord durcheilt. Nun war ich hier in Bayreuth 60 km von Nürnberg entfernt. Drei Bauernwagen, die den Deutschen für die Beförderung von Erntefrüchten dienen, erwarteten uns am Bahnhof. Wir nahmen auf diesen Triumphwagen Platz. Unser Haufen der Beinverletzten fuhr eine Prachtstraße entlang, die von Kastanienbäumen gesäumt war, deren bunte Blätter herunterfielen und die uns in unserem Unglück grüßten, ein Unglück, das erst im nächsten

Abb. 94   *Die Familie Seeser (v. l. n. r.) Konrad Seeser, Karl Seeser, Mutter Seeser, Adam Seeser, Willy Seeser und Otto Seeser.*

Abb. 95 *Edmund Hacke*

Frühjahr zu Ende gehen sollte. Diese Landschaft ist geradezu feenhaft und ein Vorgeschmack für die Oper Wagners. Das Bild dieser Stadt und ihrer Landschaft zeigte uns alles, was sie an herrlichen und künstlerischen Werten uns bieten könnten, wenn wir frei wären. Die Aussicht auf ein neues Elendsleben verdarb uns den Reiz, den dieser schöne sonnenüberflutete Herbsttag ausstrahlte.

Im Gefängnis in Bayreuth mußte ich mich in den letzten Monaten meiner Gefangenschaft den härtesten Prüfungen unterziehen.

Wir stellten uns in Dreierreihen auf und besetzten dann die Zellen im Erdgeschoß. Dort blieben wir drei Tage lang eingesperrt, bis über unser Schicksal entschieden war. Der Anstaltsgeistliche, an den ich mich gewandt hatte, stattete mir seinen Besuch ab, wobei wir uns in lateinischer Sprache unterhielten. Er sagte zu allem ja, aber dabei blieb es.

Das Brot war aus Kleie gebakken, die Verpflegung war ungenügend. Die Menge ließ zu wünschen übrig, sie nahm in den folgenden Monaten immer mehr ab. Wie in den früheren Gefängnissen, war man auch hier eingesperrt, ohne ein Ende dieses Zustandes abzusehen.

Um ein Heiliger zu werden, braucht man ein Minimum an Wohlbefinden und körperlicher Kraft. Diese beiden Bedingungen fehlten mir.

Wie es bei Neuankömmlingen üblich war, gab es zunächst neue leibliche Untersuchungen. Der Besuch des Arztes vollzog sich in großer Eile. Kaum daß man vor dem Arzt erschien, betrachtete er einen nur von ferne. Die Krankheiten interessierten ihn überhaupt nicht. Als diese Untersuchung beendet war, wurden wir in einen Schlafraum mit 50 Betten eingewiesen . . .

Jedermann mußte in Deutschland arbeiten, es gab keinen Platz für Parasiten. Entsprechend diesem Grundsatz wies uns die Leitung dieses neuen Hotels neue Aufgaben zu.

Zu dieser Zeit waren die Franzosen in der Minderheit. Die ersten Transporte aus dem Westen erhöhten die Zahl der Gefangenen, was als unangenehme Nebenwirkung die Kürzung der täglichen Essensration zur Folge hatte. Die Werkstätten hatten verschiedene Tätigkeiten auszuführen: Herstellen von Kleidern, Schuhen und Strickereiwaren. Außerdem war in den Fabriken der Stadt und sogar in einer großen Munitionsfabrik, die 15 km entfernt war, Arbeit zu leisten.

Am Sonntag wurde eine Singmesse in der alten Kapelle der früheren Markgrafen von Bayreuth gefeiert. Das Schloß war in ein Gefängnis umgewandelt, das zwei Gebäude mit jeweils 200 m Länge umfaßt. Die beiden Gebäude sind durch eine Durchgangsstraße voneinander getrennt.

Um zu dem Gebäude zu gelangen, wo die Messe gelesen wurde, mußten wir die Straße überqueren. Welche Wohltat, ein bißchen frische Luft einatmen zu können! An beiden Messen nahm eine große Zahl von Gefangenen teil. Denn jeder wünschte, aus der eigenen Enge herauszukommen und die Freunde wiederzusehen, die in den verschiedenen Werkstätten oder Schlafräumen untergebracht waren. Für einige war dies ein Wiedersehen mit Christus, für die Mehrzahl ein Wiedersehen mit den Kumpeln. Der Gottesdienstraum war so etwas wie ein Sprechzimmer in Gegenwart Christi, der dabei ein wenig auf der Seite gelassen wurde. Dem Anstaltsgeistlichen, der von der Kanzel aus sprach, gelang es trotz seiner

kräftigen Stimme nicht, den allgemeinen Lärm zu durchdringen. Indem er alle Sünden verzieh, erteilte er die Generalabsolution. 150 Gefangene knieten am Tisch des Herrn.

In den Zellen war das Leben nicht rosig. Die Kälte setzte uns stark zu. Die Verpflegung war sehr mager. Sie wurde durch gefangene Tschechen verteilt, die in erster Linie ihre Leute berücksichtigten, während die Franzosen das Nachsehen hatten.

Als Weihnachten sich näherte, drang ich in ihn (den Anstaltsgeistlichen), er möge eine Messe im Krankensaal feiern. Er meinte jedoch, die Sache wäre schwierig. Wir erhielten einige kleine Süßigkeiten. Am Heiligen Abend stellten wir einen kleinen Weihnachtsbaum auf, der mit bunten Kugeln und Kerzen geschmückt wurde, wie es in der Tschechoslowakei und in Deutschland üblich ist. In der Nähe des Weihnachtsbaumes wurde auch die Brüderlichkeit enger.

Meinen Beitrag zu diesem Fest leistete ich damit, daß ich meinen Mitgefährten die letzten Zigaretten schenkte, die ich seit einem Monat aufgespart hatte. Als Gegenleistung teilten sie von dem aus, was sie hatten, da sie nicht zurückstehen wollten.

Im damaligen Winter herrschte in Deutschland eine große Kälte. Dabei gab es kaum eine Heizung.

Gleichwohl mußten wir von sechs Uhr früh bis sechs Uhr abends in der Werkstatt sitzen. Zum Schutz gegen die Kälte umwickelte ich meine Beine mit Papier, das ich erst bei Arbeitsschluß entfernte. Aber selbst diese Wohltat wurde untersagt.

Unser Bettzeug wurde verkleinert. Der Niedergang rückte immer näher heran, Flüchtlinge strömten zu uns herein. Das einzige Bettuch, das wir hatten, wurde uns entzogen. Ebenso wurden die aufeinandergestellten Holzbetten entfernt. Zu dritt mußten wir mit zwei Strohmatten vorlieb nehmen, die wir auf dem Boden unserer Zelle ausbreiteten. Vollangezogen rollten wir uns in die zwei Decken. Dabei kauerten wir uns gegeneinander, um auf diese Weise uns gegenseitig zu wärmen.

Manchmal lebten wir in einer ängstlichen Ungewißheit, während wir alle Zeichen des Niedergangs und der Katastrophe wahrnahmen, die unsere Hoffnung auf baldige Befreiung nährten.

Gegen Ende des März 1945 sahen wir vom Fenster unserer Werkstatt aus, wie vierzig Franzosen mit ihrem Gepäck einen Wagen bestiegen, der von einem Traktor gezogen wurde. Nach einigen Tagen erreichte uns die traurige Nachricht, daß sie nur wenige Kilometer von hier hingerichtet worden seien.

Die Angriffe unserer alliierten Freunde, die wir freudig begrüßten, wiederholten sich, so daß wir acht Tage lang in unsere Zellen verbannt waren. Der Schalter an der Türe öffnete sich nur dann, wenn uns eine warme Brühe verabreicht wurde, in der nur einige Blätter unbekannter Herkunft schwammen. In dieser nachösterlichen Fastenzeit wurde das Essen immer weniger. Allein die Hoffnung war es, die unsere Moral und unsere körperlichen Kräfte belebte. Nach drei, sehr heftigen Luftangriffen öffneten sich die Türen unserer Käfige und wir konnten im Gang umhergehen, der auf beiden Seiten hermetisch abgeschlossen war. Es wimmelte von Gefangenen, die im Osten und im Westen evakuiert worden waren. Sie waren auf den Dachböden untergebracht, einer neben dem anderen, ohne Pflege, ausgezehrt von Hunger und zermürbt von Müdigkeit. Sie glichen mehr noch als wir einem Skelett. Das Elend konnte man nicht in Worten ausdrücken. Welch furchtbares Schauspiel bot sich uns dar! Ich konnte einem von ihnen Beistand leisten, der auf einem Strohsack starb.

Am Morgen des 14. Aprils riskierte ich einen Rundgang im ersten und zweiten Stockwerk. Dabei entdeckte ich einen gelähmten Franzosen. Von seinem Zellenfenster aus sah man eine Reihe amerikanischer Kampfpanzer, die im benachbarten Wald aufgestellt waren. Sie warteten auf die Übergabe der Stadt. Sie waren es, die von Zeit zu Zeit Schüsse abfeuerten.

Wie sich unsere Befreiung abspielen würde, war Gegenstand unserer Unruhe. Wenn es zum Kampf kommen sollte, riskierten wir, in letzter Minute umzukommen. Den ganzen Vormittag schnürte uns die Angst das ganze Herz zusammen. Ich baute auf die göttliche Vorsehung, die mich nie verlassen hat. In meinen Gebeten wandte ich mich auch an die heilige Jungfrau, und mit einer besonderen Bitte an den heiligen Josef, den Schutzherrn in ausweglosen Fällen. Mein Gebet wurde erhört. Um ein Uhr nachmittags wurden wir aufgefordert, das Gefängnis zu verlassen und so rasch wie möglich Verbindung mit den amerikanischen Truppen aufzunehmen. Diese hatten ein Ultimatum mit der Aufforderung zur Übergabe gestellt. Von zwei Uhr ab würde die Stadt belagert, wenn sie sich nicht zur offenen Stadt erkläre. Wir verließen unser Gefängnis, um zu den Amerikanern zu fliehen. Wir alle räumten unsere dunklen Räume mit kleinem Gepäck, das für unsere schwachen Kräfte immerhin noch einiges Gewicht hatte. Die Sonne spendete ihren ganzen Glanz und erwärmte unsere entfleischten und eiskalten Glieder. Eine Abordnung von Gefangenen mit dem deutschen Gefängnisdirektor an der Spitze ging in aller Eile unseren Befreiern entgegen. Die Kranken, die in der Krankenabteilung waren, wurden ebenfalls zu den amerikanischen Linien befördert, die etwa 1500 Meter von uns entfernt waren. Nur mühsam und langsam überquerten wir die Felder. Ich brauchte meine ganzen Kräfte, um vorwärts zu kommen. Mein belgischer Mitgefangener, ebenfalls Invalide wie ich, kam nur mit Mühe voran. Wir stützten uns gegenseitig und blieben die letzten in dieser Gruppe von etwa 2000 Häftlingen. Unterwegs wurde ein Rübensilo buchstäblich von den Ausgehungerten geplündert, die sich mit Gier auf diese auserlesene Nahrung stürzten. Mein Belgier hielt trotz meines Drängens zum Weitergehen an diesem Silo an. Ich sagte: „Laß uns schnell zu den Amerikanern laufen, die uns verpflegen werden!"

Ein braver Deutscher, der in einiger Entfernung von uns sich in einem Versteck verbarg, hatte Mitleid mit uns und bot uns an, was er an Vorräten noch hatte, ein Ei und ein Stück Brot. Langsam dahintrippelnd schälte ich das Ei und reichte es meinem armen Belgier, der am Ende seiner Kräfte war.

Als wir uns mitten in der Reihe der mächtigen amerikanischen Panzer, die zum Angriff aufgestellt waren, eingefunden hatten, verteilten die Soldaten Zigaretten an uns. Das war ihr erstes Geschenk. Endlich frei! Welche Gnade, mein Gott, daß du mich vier Jahre, 10 Monate und 10 Tage lang aufrecht erhalten hast inmitten so vieler Wechselfälle und Gefahren! Das grenzte an ein Wunder; denn wie oft war ich dem Tode nahe. Mir entrang sich ein einziges Wort: „Danke, mein Gott".[91]

Abb. 96   *Oberaufseherhäuschen in St. Georgen*

Georg Wilhelm Laubenberg
Das Brandenburger Kammerzwerglein

Viele ältere Bayreuther können sich noch gut an ein Denkmal erinnern, das in der Nähe der „Schere" in der Markgrafenallee bis 1945 gestanden hat, das „Zwerglein".

Es handelt sich um ein Epitaph, also um einen Grabstein, den der berühmte Bildhauer Elias Räntz angefertigt hat.[92]

Obwohl der Gedenkstein im Jahre 1909 schon einmal renoviert worden war, konnten die Inschriften in den beiden Kartuschen auch vor dem Zweiten Weltkrieg kaum mehr entziffert werden; heute sind sie überhaupt nicht mehr vorhanden.

Aus alten Beschreibungen und Bildern ist bekannt, wie sie gelautet haben.

Zunächst zur oberen Inschrift:

Am 30. Januar 1714, abends 5 Uhr, ist der hochfürstlich brandenburgische Kammerzwerg Georg Wilhelm Laubenberg hier mit seinem Pferd gestürzt und hat seinen Geist in selbiger Nacht um 1 Uhr auf dem hochfürstlichen Schloß zu Bayreuth im 21. Jahr seines Alters aufgegeben. Liegt in der Gottesackerkirche begraben.

In der Sockelkartusche stand eine Mahnung an den Betrachter, so wie wir sie bei vielen barocken Grabsteinen finden:

Steh still, o Wanderer, und lerne recht erkennen,
wie sich ein Unglücksfall so bald ereignen kann.
Der kleine Wilhelm war des Hofes Lust zu nennen
und niemand schaute ihn als mit Verwunderung an.
Doch übereilte ihn das Ende seiner Stunden,
als er hier einen Fall von seinem Pferd gefunden.

Auch ohne diese Inschriften ist der Gedenkstein aussagekräftig. Der begnadete Bildhauer Elias Räntz hat nämlich plastisch den Augenblick gestaltet, in dem der Kammerzwerg gerade vom Pferd fällt.

Karl Meier-Gesees schreibt dazu in seiner prägnanten Sprache:

Wir erkennen: eben ist das Pferd über die – nach der Überlieferung – von den Gegnern in die Alleebahn geschleuderten Pflastersteine gestürzt, der jähe Sturz entriß dem

Abb. 97   *Das Bild zeigt das Denkmal noch an seinem ursprünglichen Standort, wo es bis 1945 stand. Im Hintergrund die 1854 errichtete Hochbauspinnerei.*

Zwerglein den Zügel. Vergebens haschen die Hände nach einem Halt, der Aufprall erfolgt und ‚stößt die Hirnschale des Schädels ein', wie der Chronist berichtet. – Im Hintergrund erblickt man eine noch junge Allee. Nachdem Markgraf Georg Wilhelm die Bäume erst 1724 pflanzen ließ, ist vielleicht auch der Gedenkstein erst anläßlich der 10. Wiederkehr des Todestages entstanden. Seltsam berührt die Gestaltung der beiden Schmalseiten: Bacchusmasken, aus denen Traubengirlanden quellen.

Was ist über den Kammerzwerg noch in Erfahrung zu bringen?

Karl Müssel hat sich auch mit dieser Person beschäftigt:

Viel ist es ja ohnedies nicht, was wir vom Leben und Tod des Dargestellten wissen, der übrigens nicht mit dem Leibzwerg des Markgrafen Christian Ernst verwechselt werden darf. Christian Ernsts Zwerg, der am Markgrafenbrunnen dargestellt wird, war Johann Tramm aus Stammbach.

Georg Wilhelms Zwerg soll der Überlieferung nach ein Zigeuner gewesen sein, den der Bayreuther Erbprinz in einer Schaustellergruppe entdeckt hatte. Da er ihm ungewöhnlich gefiel, erwarb er ihn und wies ihn seinem Hofstaat zu. Der Zwerg durfte seinen Herrn auch auf dessen Feldzügen begleiten. In diesem Zusammenhang konnten wir ihn erstmals auch in den Akten des Bayreuther Stadtarchivs nachweisen. 1712 erhielt er nämlich vom Kriegskommissar Cadusch 24 Gulden für die Ausgaben in den Winterquartieren ausbezahlt. Die Quittung trägt die eigenhändige Unterschrift: Georg Wilhelm Laubenberg. Er trug die Vornamen seines Herrn, wurde aber bei Hofe der „Kleine Wilhelm" genannt.*

Als Leibzwerg trug er bei Hofe eine Narrenkappe oder Gugel mit rotem Hahnenkamm. Da er sich voller Narrenfreiheit erfreuen durfte, konnte er sich manches leisten, was ihm im Gefolge des Markgrafen übelgenommen wurde. Sein scharfer Spott und seine verletzenden Witze, vor allem seine Zuträgereien machten ihn unbeliebt. Da er aber des Markgrafen Liebling war, konnte man nichts ändern.

Der oben erwähnte Karl Meier-Gesees beschreibt sein Wirken am Hofe des Markgrafen ähnlich:

Der kleine Schalk unterhielt die Hofgesellschaft durch seine witzigen, stets scharf pointierten Bonmots. Seine Narrenfreiheit gestattete ihm, verschwiegene Dinge freimütig auszusprechen, die sonst nur als geflüsterter Klatsch durch die Straßen der kleinen Residenz huschten. Und es kann nicht verschwiegen werden, daß im Bayreuth Georg Wilhelms manches anzuprangern und vieles zu geißeln war.

Da aber nur der Humor befreiendes und zugleich versöhnendes Lachen weckt, der Witz jedoch verletzt, haben viele den kleinen Laubenberg gefürchtet, ja gehaßt.

Dieser lustige Gesell ist also am Abend des 30. Januars 1714 in schnellem Galopp die Markgrafenallee heruntergeritten. Das kleine Pferd stürzte und Laubenberg fiel herab. Der Boden war steinhart gefroren, und der Hofnarr kam so unglücklich mit dem

Abb. 98   *Das stark beschädigte Denkmal steht heute in der Durchfahrtshalle des Corps de Logis im Neuen Schloß.*

Kopf auf, daß er einen schweren Schädelbruch davontrug. An dieser Verletzung starb er wenige Stunden später im Schloß, in das er noch gebracht worden war. Ob bei diesem Unglück Alkohol im Spiel war, läßt sich natürlich nicht mehr beweisen – eine Promillegrenze gab es ja damals noch nicht. Karl Müssel jedenfalls glaubt einen Hinweis gefunden zu haben. Er interpretiert die Bacchusmasken mit Trauergirlanden als Anspielung auf die Hintergründe des tödlichen Unfalls.

Beschädigung durch Steinwürfe ...

Zum Schluß noch einige Bemerkungen zur Geschichte des Zwergendenkmals.

Wie schon erwähnt, war es bis 1945 an der Markgrafenallee plaziert und zwar dort, wo sich heute eine Mauer der nach dem Krieg neuerrichteten Mechanischen Baumwollspinnerei befindet. Das Epitaph stand im Freien, und sicher haben 200 Jahre Wind und Wetter dem Denkmal sehr geschadet. Dazu kamen Beschädigungen durch Steinwürfe, die folgende Ursache hatten.

Chronist König schreibt 1788: *Der Platz vor dem Zwerglein war in alten Zeiten der Bayreuther Richtplatz oder sobenannter Rabenstein. Daher ließ der Aberglaube hier Gespenster kommen. Wegen der Spukerei allda traute sich nicht leicht jemand nachts allein vorbei. Besonders Mutige haben in der Nacht auf diese Geister mit Steinen geworfen, und dabei wurde des öfters das Zwerglein getroffen.*

1909 renovierte der Bayreuther Bildhauer Behringer das Denkmal. Allerdings schon 17 Jahre später machte die Figur einen traurigen Eindruck.

So bemerkt G. Regler im Jahre 1926:

Inzwischen hat der Zerstörungsprozeß seinen Fortgang genommen und auch die renovierten Teile in Mitleidenschaft gezogen. Die in der oberen Kartusche angebrachte Inschrift ... ist jetzt zum größten Teil abgeblättert und unleserlich. Die eine Gesichtshälfte des Zwerges ist weggeschlagen ..., die Zwergenfigur fast bis zur Unkenntlichkeit entstellt ...

... und Bomben

Es kam aber noch schlimmer: Im April 1945 wurde Bayreuth von englischen und amerikanischen Flugzeugen bombardiert.

Die Alliierten wollten damit ihren eigenen Vormarsch absichern. Bei diesen Angriffen wurden große Teile der Innenstadt zerstört, und es kamen Hunderte von Menschen um.

Einige Bomben trafen auch die Mechanische Baumwollspinnerei und Weberei und damit auch das beschriebene Denkmal. Es wurde dabei in die Aufbauteile zerlegt.

Karl Meier–Gesees beschreibt den weiteren Werdegang des Denkmals.

Bei den Aufräumungsarbeiten fuhr man die stark beschädigten Reste gemeinsam mit anderem Bombenbruch zunächst in den Lagerplatz der Gravenreutherstraße, und als dieser geräumt werden mußte, wurde das Zwerglein in den städtischen Steinhof am Flößanger gebracht, wo es auf seine Wiederherstellung wartet.

Wir besuchen es. Unter einem Schutzdach steht vor uns das Mittelstück, durch Stützbalken vor dem Umsinken bewahrt. In Reichweite ruhen Sockel und Kopfstück. Es ist ein Wiedersehen, das erschüttert. Am meisten hat das Kopfstück gelitten, dessen Urnen und Kartusche abgeschlagen wurden. Auch die Inschrift der unteren Kartusche kann nicht mehr entziffert werden.

Es gab ernsthafte Bestrebungen, den restaurierten Gedenkstein wieder in Nähe der „Schere" aufzustellen.

Zur Zeit befindet sich das zusammengefügte Kunstwerk im Neuen Schloß in der Durchfahrtshalle des Corps de Logis.

Der Vorteil: Es ist geschützt vor Witterungseinflüssen.

Der Nachteil: An den eigentlichen Ort des Geschehens erinnert das Epitaph nicht mehr.

Es wäre denkbar, zumindest einen Abdruck des „Zwergleins" wieder in der Nähe des alten Platzes in St. Georgen aufzustellen.

Das Denkmal könnte dann am geeigneten Ort auch an „gefallene Mädchen" erinnern!

Abb. 99 *Zeichnung des ursprünglichen „Zwerglein"-Epitaphs von Prof. Pachl. Auf der Suche nach einem neuen Standort des renovierten Denkmals erwog man auch die Aufstellung im freien Dreieck vor der „Schere".*

„Meine Odyssee durch Bayreuth"
Der markgräfliche Sokrates erzählt[93]

Mein Name ist Sokrates. Ich bin zwischen 1755 und 1758 geboren, ganz genau weiß ich das nicht mehr – es ist ja auch schon ziemlich lange her. Meine (geistige) Mutter ist die Markgräfin Wilhelmine. Jedenfalls ließ sie mich nach einer Italienreise in Auftrag geben, und in meine endgültige Form brachte mich Johannes Schnegg. Dabei diente ihm übrigens eine kleine Büste, die die Markgräfin von ihrer Reise mitgebracht hatte, als Vorlage.

Ja, ja, die Wilhelmine: Wenn ich an diese Frau zurückdenke. Die war so recht nach meinem Geschmack. Gebildet war sie und an allen schöngeistigen Sachen wie Musik, Theater, Baukunst und auch an meinem Spezialgebiet, der Philosophie, interessiert. Ich erinnere mich noch gut, als sie im Jahre 1743 mit Voltaire an mir vorüberging und über meinen berühmten Ausspruch „Ich weiß nur, daß ich nichts weiß" diskutierte . . .

Fast hätte ich vergessen zu erwähnen, daß damals mein Zuhause die Eremitage war. Diese wunderschöne Gartenanlage hatte 1735 die Markgräfin von ihrem Gemahl Friedrich als Geburtstagsgeschenk erhalten. Ich befand mich direkt am Südrand des Parks unter großen Bäumen und konnte durch den Grottenberg, den Parnaß, direkt auf das von Markgraf Georg Wilhelm errichtete Schloß schauen. Ich besaß übrigens noch zwei Brüder, die hießen Seneca und Homer und standen links und rechts vor diesem Schloß.

Meine ersten 50 Jahre in der Eremitage waren eine schöne Zeit, und da habe ich mich wohl gefühlt. Aber danach begann eine Odyssee, die mein Bruder Homer sich nicht schlimmer hätte ausdenken können.

Warum ich den Park verlassen mußte, weiß ich bis heute noch nicht genau. Es wurde erzählt, daß nach der Markgrafenzeit unter preußischer Regierung ein gewisser August Oertel die Eremitage „anglisieren" ließ und daß ich und meine Brüder in so einen Landschaftsgarten nicht mehr passen würden. Über die alte Eremitage sprachen die neuen Herrn verächtlich von einem „Schnirkelwerk französischer Bauart" und von einem „gärtnerischen Quodlibet".

Abb. 100 *. . . ein Abdruck von mir steht wieder an der ursprünglichen Stelle in der Eremitage.*

Ich für meine Person muß allerdings anmerken, daß mir der alte Park besser gefallen hat als die langweilige Gartenanlage, die danach entstanden ist.

Im Riedelspark

Insgesamt habe ich aber noch Glück gehabt, denn Carl Christian Riedel wurde mein neuer Herr. Er hatte sich im Jahre 1796 ein tolles Landhaus in der Nähe der Hölzleinsmühle gebaut und dorthin, genauer gesagt, in den parkähnlichen Garten wurde ich gesetzt. Es muß das Jahr 1804 gewesen sein. Auch dort fühlte ich mich in den nächsten 40 Jahren recht wohl zwischen all den ionischen Säulen und dem griechischen Tempelchen.

In St. Georgen

Dann kam das Jahr 1848; ich war also schon über 90 Jahre alt, da verpflanzte man mich erneut. Über meinen neuen Standort muß ich etwas ausholen: Ich blickte damals direkt auf einen der schönsten Straßenzüge Bayreuths, auf St. Georgen. Links war die großartige barocke Ordenskirche zu sehen und rechts das Rathaus. Gleich neben mir auf der rechten Seite stand ein größeres Schloß, das aber recht heruntergekommen war. Daneben befand sich das Gefängnis, damals sagte man noch Zuchthaus. Hinter mir soll einmal ein großer See gewesen sein, von dem man aber nichts mehr sah.

Auf die Einweihungsrede, die der Bürgermeister von Hagen gehalten hat, bin ich heute noch ganz stolz. Ich kann mich noch an jedes Wort erinnern:

Mehreren Kunstfreunden ist es gelungen, dieses Denkmal der plastischen Kunst für unsere Stadt zu erwerben und dem heutigen Tag war es vorbehalten, es dem Blicke zu enthüllen. Es sei uns ein Symbol der Aufklärung, des Fortschritts und der sich aufopfernden Tugend. Möge es uns als Mahnung dienen, daß eine Stadt nur durch sittliche Ordnung, fortschreitende Geistes-bildung und bürgerliche Tugend emporblicken und gedeihen kann.

In der Folgezeit habe ich viel gesehen und erlebt. Ich könnte davon stundenlang berichten, etwa über die Viehmärkte oder über Kirchweihfeste. So ganz wohl gefühlt habe ich mich allerdings in St. Georgen nicht. Die meisten Leute, die an mir vorüberzogen, warteten nämlich vergeblich auf die vom Bürgermeister angesprochene „fortschreitende Geisteshaltung". Einige behaupteten sogar, ich sei ein entwischter Sträfling und stehe nur deshalb hier, weil ich mich nicht noch einmal einsperren lassen wollte.

Noch eine andere Geschichte ist mir zu Ohren gekommen: Die Bindlacher waren wohl neidisch, daß ich in St. Georgen aufgestellt worden bin und nicht in ihrem Ort. Deshalb haben sie das Gerücht in die Welt gesetzt, meine Gebärde würde so viel bedeuten wie: „O, ihr blöden Brannaburger". Darauf haben die Brannaburger reagiert und meinten nun, mein Hinterteil würde in Richtung Bindlach zeigen und das würde bedeuten: „Die Bindlacher können mich . . .". Ihr wißt, was gesagt wurde, aber einem Sokrates geht so etwas nicht über die Lippen.

Jedenfalls fühlte ich mich manchmal schon etwas fehl am Platze und war eigentlich recht froh, als ich nach rund 30 Jahren wieder auf Reisen ging. Was allerdings dann mit mir geschah, das spottet jeder Beschreibung.

Ich wurde in den Bauhof an der Badstraße gebracht und darbte dort ohne jeden Schutz zwischen Geräten, Gerümpel und Schutt. Jeder kann sich denken, daß mir das nicht gut bekommen ist.

Aber es kam noch schlimmer. Als im Jahre 1928 Platz im Bauhof gebraucht wurde, brachten mich städtische Arbeiter in die alte Reithalle an der Ludwigstraße. Dabei – und das werde ich diesen Menschen nie vergessen – gingen sie mit mir so grob um, daß ich meinen rechten Arm verlor. Ich dachte schon, daß es endgültig aus mit mir wäre und gab alle Hoffnungen auf. Aber nach langer Regenzeit reißen irgendwann die Wolken wieder auf, und die Sonne scheint.

Heute stehe ich wieder an meinem Lieblingsplatz in der Eremitage, genau an der Stelle, wo ich vor über 200 Jahren schon einmal verweilte. Mein rechter Arm ist auch wieder in Ordnung; nur wenn man genau hinschaut, sieht man noch die alten Narben.

Ich würde mich freuen, wenn mich mal jemand besucht und erzählt, was heute los ist im Riedelspark, in St. Georgen, in der Badstraße oder in der Ludwigstraße.

Abb. 101 *Eine meiner vielen Stationen, der parkähnliche Garten des Architekten Carl Christian Riedel.*

St. Georgens Unterwelt
Keller und Katakomben[94]

Unter dem Bayreuther Stadtgebiet existieren mehrere größere Kellersysteme. So findet man in der Altstadt, im Kreuz oder im heutigen Bahnhofsviertel ausgedehnte unterirdische Stollen, die zu verschiedenen Zeiten angelegt wurden.

Der Stadtteil St. Georgen birgt eines der umfangreichsten Labyrinthe. Die Keller werden z. T. heute noch genutzt; der größte Teil der Gänge, die in mühsamer Arbeit gegraben wurden, wird jedoch nicht mehr betreten.

Diese Stollen, dunkel und geheimnisvoll, haben die Phantasie zahlreicher Menschen angeregt, und viele Gerüchte über deren Verlauf kreisen um sie. Immer wieder hat es auch wagemutige Höhlenforscher gegeben, die sich in das Reich des Hades wagten.

So stiegen im Jahre 1961 der damals 30jährige Fotograf Helmut Lorenz und der 37jährige Schriftsteller Werner Baumann, von dem ja in anderem Zusammenhang noch die Rede sein wird, in die St. Georgener Unterwelt ein.

Ein ausführlicher Bericht in der Bayreuther Tageszeitung schildert ihre Erlebnisse.

Im Abenddämmern eines Februartages war kürzlich einem Einwohner von St. Georgen ein böser Schrecken angekommen: im Hofe seines Anwesens war er plötzlich zwei schlammverschmierten Gestalten begegnet, die mit Seil, Hammer, Stablampe und Gummistiefel ausgerüstet waren. Dennoch hat er sie bereitwillig in sein Kellergewölbe eingelassen . . . Die beiden „Katakomben-Gänger" fanden bei ihren Ausflügen in die Dunkelheit der Gründe genug, um erstaunt zu sein: sie stellten fest, daß sich in Südrichtung mehrere parallel zueinanderlaufende, geräumige Gewölbe etwa 200 bis 300 Meter lang hinziehen, die quer miteinander verbunden sind. Am Ende einer dieser großen Durchlässe schließen sich versteckte Kriechgänge an . . . Ein solcher Kriechgang endet an einem senkrechten Schacht, von dem wieder Stollen abzweigen . . . Etwa 20 Gänge haben die beiden in den letzten Wochen durchwandert und durchkrochen. Sie waren unter der Fahrbahn der Straßen von St. Georgen, unter der Markgrafenallee und unter dem Zuchthaus. Hier stellten sie mehrgeschossige Kellersysteme fest, die nur durch zentimeterdünne Decken und Böden voneinander getrennt sind. Die untersten dieser Geschosse sind vom Wasser überflutet. Fast einen Kilometer vom Einstieg

Abb. 102 *Noch heute führen zahlreiche Kellereingänge in die St. Georgener Unterwelt.*

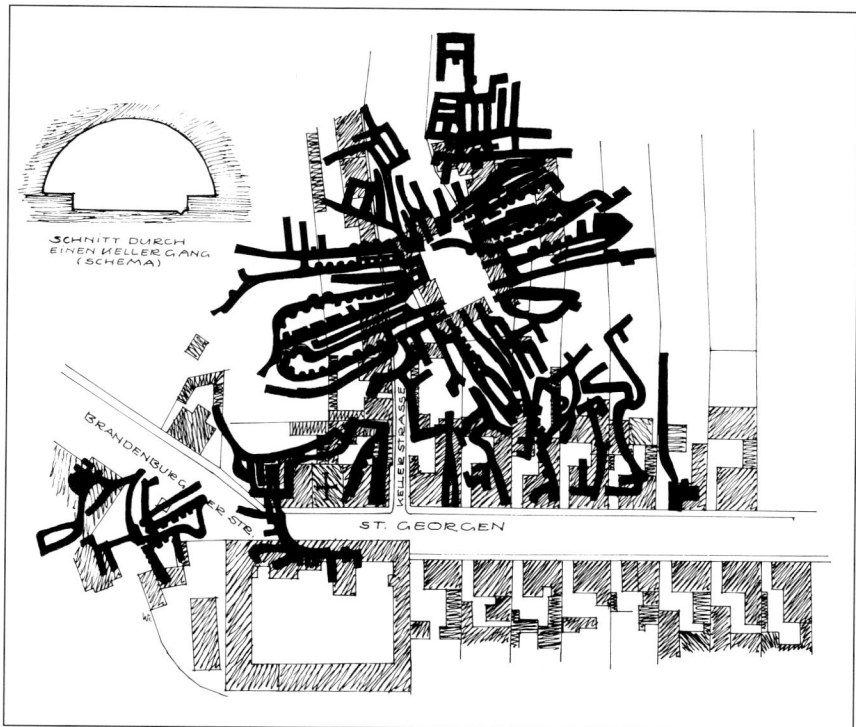

Abb. 103 *Der 1942 durch Obermarkscheider a. D. Klimsa angefertigte Katasterplan zeigt einen Teil der begehbaren Felsenkeller in St. Georgen.*

entfernt, stießen sie auch auf einen fast geradewegs nach Norden führenden unterirdischen Pfad. „Es ist sehr wahrscheinlich, daß das jener mysteriöse Gang ist, der aus dem Stadtgebiet direkt unter die Hohe Warte führen soll", sagte Baumann.

Eine Entdeckung aber hält die beiden jungen Männer besonders in Atem: ein Wasserloch, das in etwa 15 Meter Tiefe unter dem Gebäude des Zuchthausgartens liegt und zu dem einige ausgemauerte Stufen herabführen. Denn auf dem Grunde dieses Schachtes haben sie im Schlamm alte Geräte gesehen. Baumann hat sich sogar schon in das eiskalte Wasser abgeseilt. Es gelang ihm auch, einen Gegenstand zu fassen, der vielleicht eine Waffe oder aber ein Handwerksgerät ist. Doch beim Aufseilen verlor er das längliche Metallstück wieder aus den Händen . . .[95]

Nach diesem Erlebnisbericht soll nun geklärt werden, wann die Gänge angelegt worden sind. Außerdem stellt man sich natürlich die Frage, warum die Stollen überhaupt gegraben wurden.

Wann erbaut?

Zunächst zur zeitlichen Einordnung: Dr. Müller, so heißt es im oben angesprochenen Zeitungsartikel, sei der Meinung, „daß das St. Georgener Labyrinth etwa um 1750 entstanden ist." Er hat später diese Aussage korrigiert und gibt nun einen Zeitraum zwischen 1702, also der Entstehung St. Georgens, und 1770 an.

Wann die einzelnen Gänge genau gegraben wurden, läßt sich mit Sicherheit nicht mehr ermitteln. Sie wurden ja auch nicht planmäßig angelegt und „in einem Zuge" gegraben.

Man kann davon ausgehen, daß die „Maulwürfe" unregelmäßig ihrer sicher hundertjährigen Arbeit nachgingen.

Einige Jahreszahlen, die durch Akten oder Karten belegt sind, mögen das verdeutlichen. 1702 heißt es in einem Schriftstück des Markgrafenprinzen Georg Wilhelm:

Den Platz zum Anbauen soll der Baumeister anweisen, sodann auch Anzeigen thun, ob und wie lebendig

Wasser daselbsthin zu leiten, ingleichen wie die Bier- und Weinkeller, der Bedürfnis nach können gegraben werden.[96]

1711 verordnete Georg Wilhelm, daß der „vor einigen Felsenkellern allhier vorhandene Schutt und die Steine, die den Platz unförmlich und den Weg verhinderlich machen, wegzuräumen sind."[97]

In der Riedigerkarte aus dem Jahre 1745 heißt es im Bereich der heutigen Kellerstraße „Velsenkeller". Da Riediger in seinem Plan nur wichtige Bauwerke namentlich aufführt, können wir davon ausgehen, daß die Keller ein größeres Ausmaß hatten.

Die einzige bekannte Jahreszahl im Tunnelsystem selbst wurde unter der Brandenburger Straße in etwa acht Meter Tiefe entdeckt. „1828" und die durch ein Kreuz getrennten Buchstaben G V und M B waren dort zu lesen.

Warum erbaut?

Warum wurden die Keller angelegt, welchen Zweck hatten sie?

Über diese Frage wurde viel spekuliert und die abenteuerlichsten Theorien aufgestellt. Sicher gab es nicht nur einen einzigen Grund, denn dann wäre in der frühen Literatur darüber geschrieben worden.

Es wird vermutet, daß die Keller als Abfluß für den ehemaligen Brandenburger See dienten. Dagegen spricht, daß kein Keller bekannt ist, der bis zum ehemaligen See reicht und daß der Brandenburger Weiher zwei Abflußschleusen besaß. Außerdem: Warum sollte man beim Ablassen des Sees die St. Georgener Keller unter Wasser setzen?

Häufig wird noch folgender Grund genannt: Die Bauwerke in St. Georgen sind aus massivem Sandstein errichtet. Die Quader könnten aus den unterirdischen Gängen herausgebrochen und zum Bau der Häuser verwendet worden sein. Auch diese Theorie erscheint wenig plausibel. Zum einen wäre es unmöglich gewesen, in kurzer Zeit so viele Sandsteine unterirdisch zu gewinnen. Außerdem sind ja Materiallieferungen aus zahlreichen Steinbrüchen aus der Umgebung von Bayreuth bekannt. Sicherlich wird der eine oder andere Quader aus den St. Georgener Kellern stammen, der Hauptzweck der Anlagen kann es aber nicht gewesen sein.

Der Gebrauch des gewonnenen Sandes und Tones aus den Grabungen ist eher möglich. Die Bürger haben das Material als Bausand, als Reinigungsmittel (Stubensandstein, Fegsandstein) und als Grundstoff für die keramische Industrie verwendet. Außerdem wurde zur Marmorverarbeitung im Zucht- und Arbeitshaus nachweislich Sand benötigt. Aber auch das war wohl eher ein willkommener Nebeneffekt.

Für die schwere Arbeit unter Tage wurden Strafgefangene aus dem nahegelegenen Zuchthaus eingesetzt. Für sie war es eine Art Beschäftigungstherapie. Außerdem konnten sie bei den Arbeiten leicht bewacht werden.

Mit großer Sicherheit lassen sich aber die folgenden Nutzungen nachweisen:

1. Die Keller dienten als Kühlräume. Schon im zitierten Privileg wird von Bier- und Weinkellern gesprochen. Wer heute die Keller im Hochsommer betritt und sich länger dort aufhält, muß sich warm anziehen, denn es herrscht eine gleichbleibende Temperatur von 6 Grad. Im 18. und 19. Jahrhundert, als es noch keine technischen Kühlanlagen gab, waren diese Keller im Sommer ideale Räume für Lebensmittel. Darüber hinaus dienten sie als Aufbewahrungsort für das Eis, das im Winter gebrochen wurde.

2. Die Gänge wurden z. T. als eine Art Kanalisation benutzt. Schon in den Privilegien von 1702 veranlaßte Markgraf Christian Ernst die Prüfung, „ob an Kellern die Nothdurfft daselbst erbaut werden könne".[98] Viele der Gänge sind so schmal, daß sie weder als Keller, noch als Durchgang zu gebrauchen waren – auch das ein deutlicher Hinweis auf diesen Verwendungszweck.

Trotz dieser Erklärungen bleiben viele Fragen offen. So gibt es Gänge, die spinnenförmig Abzweigungen haben oder ständig im Kreise herumführen. Die Gefahr, daß sich unbefugte Benutzer verirren, ist groß. Vielleicht war das Labyrinth doch als Zufluchtsort in kriegerischen Zeiten gedacht.

Sicher ist jedenfalls, daß die Felsenkeller im gesamten Stadtgebiet im Zweiten Weltkrieg als Luftschutzbunker dienten. Bei den Bombenangriffen haben allerdings in der Bahnhofstraße die Decken nicht gehalten und die Keller wurden für viele Menschen zum Grab. Zur Entstehungszeit der Stollen war aber an solche Belastungen noch nicht zu denken.

Insgesamt sind bei diesen Bombenangriffen über 700 Menschen in Bayreuth umgekommen; ein Drittel der Wohngebäude wurde zerstört.

Der damalige Oberbürgermeister Dr. Kempfler, der die Stadt vergeblich vor einer Bombardierung bewahren wollte, hat übrigens damals seinen Kommandostand vom Alten Schloß in der Innenstadt nach St. Georgen verlegt, von wo aus er den Einmarsch der amerikanischen Truppen verfolgte und die Übergabeverhandlungen führte.

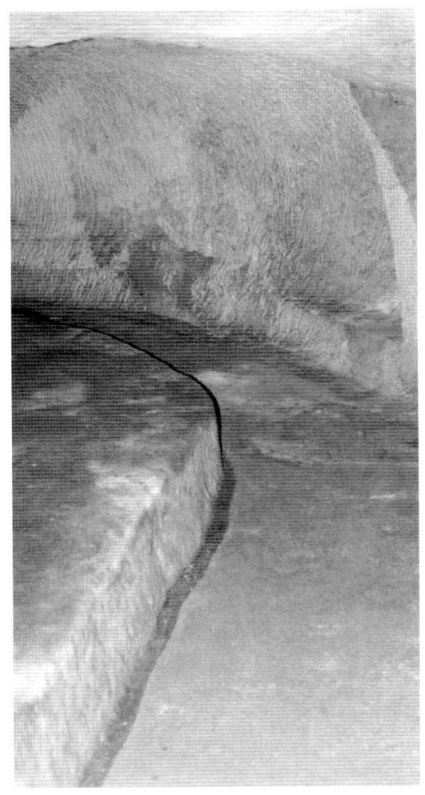

Abb. 104, 105 *Bis heute ist das Geheimnis um die St. Georgener Felsenkeller noch nicht gelüftet. Die erhöhten seitlichen Bodenteile (Bild rechts) deuten darauf hin, daß die Keller sicherlich früher einmal als Kühl- und Lagerräume genutzt wurden.*

Die Luftschutzbunker von St. Georgen

Rudolf Huttinger aus der Brandenburger Straße hat als Kind die schrecklichen Tage im April 1945 in einem Felsenkeller erlebt und erinnert sich:

Am Nachmittag des denkwürdigen 11. April gab es wieder Fliegeralarm, und dieses Mal wurde es auch für den ‚Brandenburger' ernst. Wieder hörte man, wie bei den vorausgegangenen Angriffen, die Bombeneinschläge in der Ferne, aber die Zeitabstände dazwischen waren kürzer. Dann wurden die Detonationen lauter und alle Gespräche verstummten. Plötzlich hatten alle Leute Tücher in der Hand, die man in das Wasser tauchte und sich vor Mund und Nase band. „Laß den Mund schön zu! Der Luftdruck ist gefährlich!“, sagte meine Mutter noch vorher zu mir. Ich verstand zwar, was sie von mir erwartete, aber nicht, was es mit dem Luftdruck auf sich haben sollte. Dann faßte sie mich an der Hand, und wir legten uns, wie alle anderen, flach auf den Boden des tieferliegenden Kellerganges. Zwischen den einzelnen Detonationen, die jetzt näher kamen, herrschte atemlose Stille. Die nächsten Einschläge waren noch heftiger und man duckte sich jedesmal, bis der Kopf den Boden berührte. Das Beben des Gesteins war deutlich zu spüren. Dann folgte ein Schlag, so als ob ein gewaltiger eiserner Hammer auf die Kellerdecke gestürzt wäre. Jetzt schwankte der ganze Keller, Steine polterten, Staub wirbelte auf und trübte den Schein der Lampen, dann ein leises Sausen in der Luft, ein ‚Blubb' an der hinteren Kellerwand und einige verlöschende Lichter, – das war die Druck-

welle der Explosion, von der meine Mutter gesprochen hatte-. Eigentlich spürte ich nur einen Luftzug, aber ich traute mich selbst dann nicht zu sprechen, als mich meine Mutter dazu aufforderte: „Sag' halt' etwas! Ist dir was geschehen?“ Die Zeit, bis ich endlich antwortete: „Was soll denn sein?“ sei die schlimmste in ihrem Leben gewesen, erzählte sie später. Als die Sicht wieder klar wurde, nahmen wir unsere Tücher ab und schauten uns um. Der Kellerraum war ganz geblieben und niemand zu Schaden gekommen, aber oben an der Treppe war es finster. Dort konnte man vorher einen schwachen Schimmer des Tageslichts sehen, das durch den Ausstieg auf die seitliche Kellerwand

fiel. Ich weiß nicht mehr, wer hinaufging um nachzusehen, aber bald kam die erlösende Nachricht: „Wir sind nicht verschüttet, da liegen nur ein paar große Steine herum!“ Diese Hindernisse wurden ohne Schwierigkeiten weggeräumt, und am nächsten Tag kletterten wir wieder hinaus. Aber das war nicht mehr die Welt, die wir kannten. Überall lagen Steinbrocken, gebrochene Ziegel, gesplittertes Holz und zertrümmerte Türen. Dort, wo vorher der Schuppen stand, befand sich jetzt nur ein Haufen Schutt, und die Druckwelle der Detonation hatte sämtliche Fenster der umliegenden Häuser eingedrückt, ein trostloser Anblick, der uns bald wieder in den Keller zurückkehren ließ.

Abb. 106 *Während des Zweiten Weltkrieges dienten die Keller als Luftschutzbunker.*

Rätsel um eine steinerne Dame

Wie geschichtsträchtig St. Georgen auch heute noch sein kann, zeigt ein glücklicher Fund in der Kellerstraße. Es sollte dort 1981 eine Sandsteintreppe verlegt werden, da kam sie zum Vorschein: eine steinerne Dame mit (leider) ziemlich verblaßtem Gesicht und ohne Arme. Sie ist bekleidet mit einem togaähnlichem Gewand mit klassischem Faltenwurf. Der Kopf ist nur noch in Strukturen erkennbar. Auffällig sind die Haare, die links und rechts aus dem den Kopf bedeckenden Umhang herausquellen. Die Rückseite der etwa 1,20 Meter hohen Statue ist eher unbehauen. Wir können vermuten, daß sie vor einem Gebäudeteil plaziert gewesen war oder am Wegrand stand. Woher kam diese Dame?

Da die Figur im unteren Teil in einen Sockel übergeht, können wir davon ausgehen, daß sie auf einer Mauer oder auf einem Podest stand.

Professor Erwin Herrmann, der sich mit diesem interessanten Fund beschäftigt hat, vermutet folgendes:

Der Fund gehörte wahrscheinlich zur einstigen Ausstattung des Orangerie- und Parkgeländes, das sich südlich des Schlosses St. Georgen über das Gebiet der heutigen Bernecker Straße hinweg bis zur Kellerstraße erstreckte.[99] Dieses Gebiet sei nach der Aufhebung der höfischen Funktion von St. Georgen im Jahre 1769 und nach der Trockenlegung des Brandenburger Weihers nach 1775/76 in Parzellen aufgeteilt und der westlichen Häuserzeile von St. Georgen angegliedert worden.

Auch in der bei Habermann erwähnten Liste, die bei der Versteigerung des beweglichen Garteninventars im Jahre 1791 aufgestellt

Abb. 107   *1981 kam sie wieder ans Tageslicht: Die steinerne Dame. Sie wurde von Erhard Schöpf und Karl Neukam gefunden.*

worden war, werden „18 kleinere und durchgängig schon beschädigte Statuen von Stein" aufgeführt.[100]

Denkbar wäre allerdings ebenso, daß die Statue zum ersten St. Georgener Schloß gehört hat, das im Jahre 1725 wegen unsolider Bauweise abgebrochen werden mußte und durch das heute noch stehende Bauwerk ersetzt wurde.

Auch über den Bildhauer dieser Statue kann nur spekuliert werden. Herrmann schreibt dazu: *Direkt vergleichbare Plastiken gibt es in Bayreuth und Umgebung nicht ... Wahrscheinlich muß man schon aus zeitlichen Gründen an die Werkstatt Elias Räntz denken; dieser starb 1732 ... Die Figur könnte aber auch aus der Werkstatt seines Sohnes Johann Gabriel Räntz stammen. Insgesamt möchte man die Figur als Gesellenarbeit bezeichnen.*

Abb. 108   *Heute ziert die steinerne Dame das Grundstück der Familie Opel im alten Kellerhof.*

„Weit über Berg und Tale schwingt es sich über alle und eilt aus dieser Welt"

Der Friedhof von St. Georgen[101]

Nach der Grundsteinlegung der Ordenskirche im Jahre 1705 wurde auf dem sogenannten Bayreuther Hirtenwieslein ganz in der Nähe der Kirche mit der Anlage eines Friedhofs begonnen. Dieser Platz war aber schon bald zu klein, und so verlegte man ihn 1715 auf das freie Gelände hinter der Kaserne, wo er sich heute noch befindet. Allerdings wurde der Gottesacker in den fast 300 Jahren ständig vergrößert und umgebaut.

Die alte Leichenhalle wurde beispielsweise 1863 errichtet und 1892 erweitert.

Betreten wir den Friedhof von Osten her, so fällt zunächst das stark verwitterte Portal auf, das Elias Räntz zugeschrieben wird. Dekan Wolfrat hat über dieses Kunstwerk folgendes geschrieben:

Wer in die Totenstille eindringt, soll, so wollte es der Erfinder dieses barocken Portals, eine Art Offenbarung erleben. Drei Engel heben einen Vorhang empor, und es erscheint ein fliegender Engel des Gerichts mit der Posaune, und unter ihm öffnen sich die Gräber und die Toten stehen auf.[102]

Gleich hinter diesem schönen Portal befindet sich die Gruft des bekannten Fabrikanten Friedrich Christoph Leers, der sich vor allem als Stifter des Leersschen Waisenhauses einen Namen gemacht hat. Die Urne trägt die sinnige Inschrift:

Ruhe sanft in diesem stillen Grabe. Ernte nun verklärt vor Gottes Thron Dort nach abgelegtem Wanderstabe Deiner frommen Saaten Freudenlohn

Auf dem Grabmal sind außerdem links und rechts zwei schlangenumwundene Fackeln und in der Mitte ein Schmetterling als Zeichen der Verwandlung in den Stein gemeißelt.

Im Friedhof selbst sind weitere zahlreiche Persönlichkeiten begraben. Am auffälligsten ist die Gruft der Familie Rose, die die Form einer kleinen gotischen Kapelle hat.

Erwähnt werden sollten außerdem die Fehrsche Gruft sowie die Gräber von Adolf von Groß (gest. 1931) und Hans von Wolzogen (gest. 1938).

Söllners Grab-Denkmal

Recht interessant, weil ungewöhnlich, ist das Grab-Denkmal des „Bürgers und Gastgebers" Hans Söllner.

Uns tritt ein „Beckenwirt" aus dem beginnenden 18. Jahrhundert entgegen, der durch seine elegante

Abb. 109 *Das Eingangsportal des Friedhofes von St. Georgen.*

Haltung den Stolz der ganzen Zunft ausdrückt. Sein reich mit Knöpfen verzierter geschweifter Schoßrock, seine hohen Schnallenschuhe und das seidene Halstuch in Stein zeigen die Schönheit des Bayreuther Barocks. Würdevoll und selbstbewußt zeigt Söllner auf seinen Lebenslauf:

Hier ruhet in Gott selig, Weyl. Johann Söllner, Bürger und Gastgeber im Neuenweg, ist gebohren Anno 1661 den 6. Dec., hat sich verehelicht A. 1693 den 5. Febr. mit Jungf. Agnes Milzerin. In der Ehe gelebet 8 Jahr 4 Monat und erzeugt 5 Kinder, als 3 Söhne und zwei Töchter, und zum andern Mahl mit Jfr. Eva Catharina Schüzin Anno 1702 den 4. Maij und in der Ehe gelebet 14 Jahr, auch erzeuget 7 Kinder, als 4 Söhne und 3 Töchter. Ist gestorben Anno 1716 den 28. April, seines Alters 54 Jahr und 19 Wochen.

Karl Meier-Gesees weiß über Söllner noch folgendes zu berichten: *Er war auf seiner Wanderschaft bis Wien gekommen, hatte hier 1683 die Belagerung der Stadt durch die Türken miterlebt, und er soll nach der Überlieferung jener Bayreuther Bäckergeselle gewesen sein, der durch seine Wachsamkeit die Minierarbeit des Feindes wahrgenommen und die Stadt Wien vor der Türkengefahr befreit hatte: wie es ehedem der Bayreuther Beckenumzug des zweiten Osterfeiertages immer wieder feierlich verkündete.*[103]

Verkaufte Soldaten

„St. Georgen kämpfte in Amerika", so möchte man den Grabstein des Regimentsobristen Franz von Seybothen betiteln. Dieses interessante Grabmal im Friedhof

Abb. 110 *Das Grabmal von Friedrich Christoph Leers, dem Stifter des Leers'schen Waisenhauses. Dahinter die alte Leichenhalle.*

von St. Georgen erinnert an ein abenteuerliches Leben eines Offiziers beim Unabhängigkeitskrieg in Amerika.[104]

Wer war von Seybothen?

Die Infanterieregimenter aus dem markgräflichen Ansbach und Bayreuth kämpften in Übersee auf englischer Seite. Seybothen war Chef des Söldnerheeres, das auch seinen Namen trug. Er stammte aus Rothenburg und war mit über 2 000 Soldaten von Markgraf Carl Alexander von Ansbach-Bayreuth an die Engländer verkauft worden. Nach abenteuerlichen Kämpfen und längerer Gefangenschaft war nur noch die Hälfte der Truppe in ihre Heimat zurückgekehrt, mit ihr auch Franz von Seybothen. Er zog nach Bayreuth und wurde dort „Chef des Hochfürstlichen Infantrie-Regiments wie auch Commandant der Städte Baireut und St. Georgen am See". Knapp drei Jahre nach seiner Rückkehr starb Seybothen im Alter von 51 Jahren und wurde in St. Georgen beerdigt.

Seine Grabinschrift, die heute nach Renovierung wieder gut zu lesen ist, lautet:

Dem weyland verdienstvollen würdigen Herrn Obrist Herrn Franz Johann Heinrich Wilhelm Christian von Seybothen, welcher den 12. Nov. 1735 gebohren ward und sein rühmliches Leben den 19. Mertz 1786 um 51. Jahr seines Alters beschloß, setzten dieses Denckmal sämtliche Officiers seines Regiments 1786 und seine Freunde.

An Franz von Seybothen erinnert außer diesem Grabmal noch eine Gedenktafel, die sich heute im Pfarrhaus neben der Stiftskirche befindet. Sie hing vorher in der Ordenskirche über der 2. Empore rechts von der Markgrafenloge. Daneben gibt es auch noch Bilder der Regimentsfahnen, die in der Militär-Akademie West-Point, USA, aufbewahrt werden.

Soldatenfriedhof

Wer heute den Friedhof St. Georgen besucht, dem fallen neben den zahlreichen alten sehenswerten Gräbern vor allem die vielen einheitlichen Kreuze auf, die an gefallene Soldaten erinnern. Der Gottesacker beherbergt einen der größten Soldatenfriedhöfe in Oberfranken.

Zunächst waren es wenige Verstorbene aus dem Lazarett, die am Kriegsende des Zweiten Weltkrieges bestattet wurden. Als die Front

aber näher rückte, mußten immer mehr Gefallene beerdigt werden. Dazu kamen die Opfer der Bayreuther Bombenangriffe vom April 1945. Bei dieser „Götterdämmerung" wurde übrigens auch der Friedhof selbst getroffen und schwer beschädigt.

Von St. Georgen selbst wurde glücklicherweise „nur" der südliche Teil in Mitleidenschaft gezogen. Der historische Straßenzug, die beiden Kirchen und die anderen markgräflichen Bauten wurden nicht bombardiert.

Wären beispielsweise auch das Markgrafenschloß und das Gefängnis von den Bomben getroffen worden, so hätte sich die Zahl von rund 750 Toten, die zu beklagen sind, vervielfacht.

Nach Kriegsende wurden auf Bitte der Kriegsgräberfürsorge weitere Tote, die im Wald beim Versorgungskrankenhaus und im Garten der ehemaligen Lehrerbildungsanstalt bestattet waren, nach St. Georgen umgebettet.

Insgesamt befinden sich somit heute fast 1 000 Soldatengräber auf dem Friedhof.

Abb. 111 *Bildnisstein des Bürgers und Gastgebers Hans Söllner.*

Industrie in St. Georgen
Manufakturen und Fabriken

Im Riediger-Plan aus dem Jahre 1745 sind im Zuchthausgebäude zwei Einrichtungen benannt, die sicher zu den interessantesten in St. Georgen zählen:

Die Marmor- und die Porzellanfabrik.

Allerdings muß man schon bei den zwei Bezeichnungen vorsichtig sein. Es handelte sich weder um Fabriken, noch wurde in St. Georgen Porzellan hergestellt, sondern Fayencen. Diese Tonwaren haben ihren Namen von der italienischen Stadt Faenza, in der im 15. und 16. Jahrhundert Gegenstände aus gebrannter Erde erzeugt wurden. Die schwierigere Herstellung des durchsichtigen Porzellans unter Verwendung des Kaolins beherrschte man in den Bayreuther Manufakturen noch nicht.

Nun zum Begriff Fabrik. Wir unterscheiden bei den verschiedenen Betriebsarten der Industrie zwischen dem Verlag, der Manufaktur und der Fabrik.

Das Verlagssystem bildete sich bereits im 15. und 16. Jahrhundert heraus und stellt die früheste Form eines gewerblichen Betriebs dar. Die Handwerker waren nun nicht mehr selbständig, sondern lieferten ihre Ware einem Verleger, von dem sie zum Teil auch Rohstoffe und Werkzeuge erhielten. Produktionsstätten waren meist die Wohnungen der Arbeiter.

Im Gegensatz dazu stellen die Manufakturen zentralisierte Großbetriebe dar, in denen alle Arbeitskräfte zusammengefaßt sind. In ihnen werden Massengüter arbeitsteilig hergestellt und verkauft. Entscheidend ist aber das Vorherrschen von Handarbeit (Manufaktur; lat. manu facere = mit der Hand herstellen). Es werden zwar Maschinen eingesetzt, die Mechanisierung steht aber erst am Anfang.

Erst in der Fabrik werden Güter in großer Stückzahl maschinell angefertigt.

Bei den beiden angesprochenen Betrieben in St. Georgen handelt es sich eindeutig um Manufakturen.

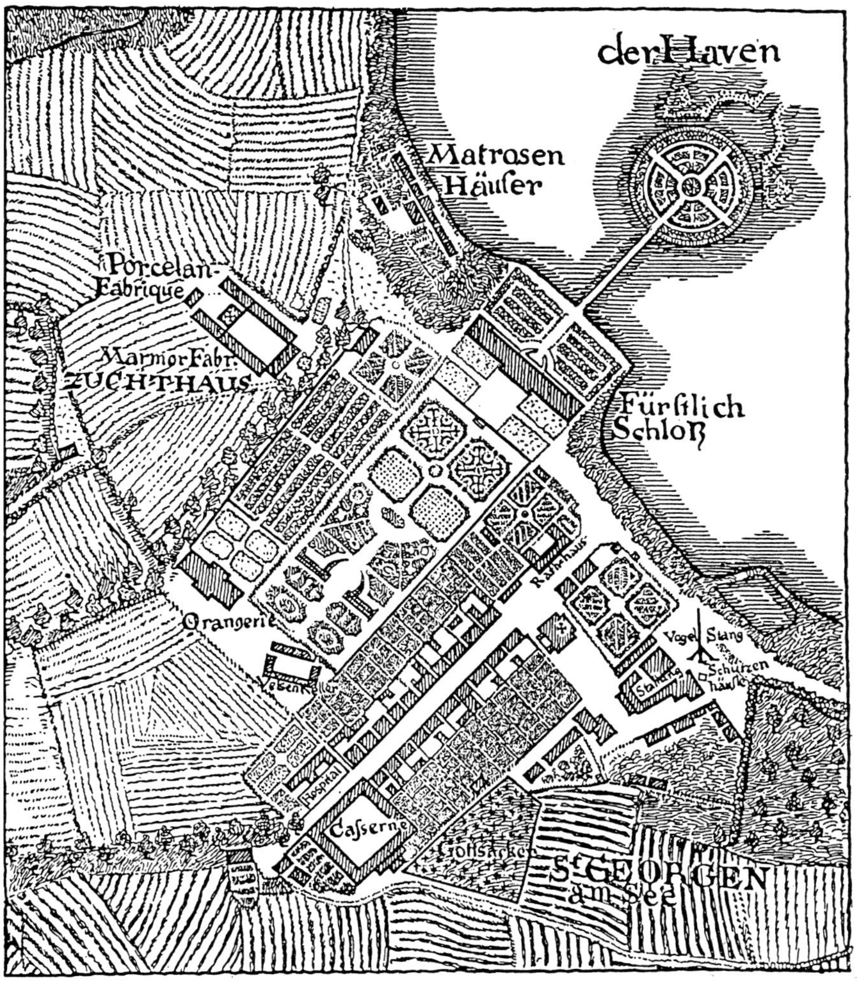

Die „Porzellan-Fabrik"[105]

Die Markgrafen hatten großes Interesse an einer blühenden Wirtschaft, allein schon aus finanziellen Gründen. So wurden mehrere Privilegien erlassen, in denen die Ansiedlung von Betrieben in St. Georgen gefördert wurde.

Besonders auf die Herstellung der Fayencen legte der Bayreuther Hof Wert, da die Einfuhr der Fertigwaren teuer kam. Außerdem hatte man den Rohstoff sozusagen

Abb. 112 *In der Carte Speciale des Johann Adam Riediger aus dem Jahre 1745 sind im Zuchthausgelände die Marmor- und die Porzellanfabrik aufgeführt.*

Abb. 113 *Die zweite Fayencenmanufaktur in den Rückgebäuden des Zuchthauses (Riediger 1747).*

vor der Haustüre. Die notwendige Tonerde fanden die Betreiber beispielsweise auf dem Kappelberg bei Creußen oder auf dem Lainekker Berg. Herrschaftliche Tongruben existierten auch bei Niederlamitz und Wunsiedel.

Die Gründung der ersten Fayence-Manufaktur im Jahre 1716 ging unmittelbar auf Markgraf Georg Wilhelm zurück.[106] Er sorgte dafür, daß der Hofkupferstecher Johann Peter Demleutner und der Fachmann für die Fayenceherstellung Samuel Kempe (Kämpfe), der aus Sachsen stammte, die Einrichtung und Leitung im ersten Jahr in die Hand nahmen. Ab diesem Zeitpunkt lassen sich viele Personen in Urkunden (vor allem Kirchenbücher) als Personal der Manufaktur nachweisen: Eberhard Conrad Fischer, Caspar Ernst Hild, Johann Nikolaus Gruner, Adam Clemens Wanderer usw. Sie alle arbeiteten in der fürstlichen Manufaktur, das heißt, der erste Betrieb gehörte dem Bayreuther Markgrafen selbst.

Wo diese Anlage stand, ist nicht mit letzter Sicherheit nachzuweisen. Vermutlich existierte sie an der Stelle, wo sich heute die Gravenreuther Stiftskirche befindet, also gegenüber der alten Kaserne.

Im Jahre 1724 entstand eine neue Produktionsstätte, an die kurze Zeit später das Zucht- und Arbeitshaus angebaut wurde. In dieser modernen Anlage konnte zwar besser produziert werden, durch andere Einflüsse – Tod des Markgrafen und Sparmaßnahmen seines Nachfolgers Georg Friedrich Carl – wurden aber die Vorteile nicht ausgenutzt. Auch dieser Betrieb war noch herrschaftlich.

1729 begann eine einmalige Blütezeit der St. Georgener Fayencen unter Johann Georg Knöller. Die Manufaktur wurde nun privatisiert und zwar durch einen Pachtvertrag, den Knöller mit dem Markgrafen Georg Friedrich Carl abschloß. Darin wurde festgelegt, daß die im Zuchthaus sich befindlichen Werkzeuge, Öfen und Maschinen unentgeltlich übergeben werden. Außerdem gewährte der Markgraf Gebietsschutz sowie Zollfreiheit.[107]

Die Produktionsstätten blieben in den Gebäuden neben dem Zuchthaus. Als Lagerraum diente das spätere St. Georgener Rathaus. Dieses große Gebäude schräg gegenüber der Ordenskirche entstand durch die Verbindung der beiden ältesten Häuser St. Georgens. Das eine Haus wurde 1702 für Sophie Luise, der dritten Gemahlin des Markgrafen Christian Ernst, errichtet, das andere baute Kammerjunker und Rittmeister von Löwenberg im Jahre 1703.

Alle Fayencen wurden mit Knöller's Zeichen B.K. markiert, wobei es sich je nach Tonart, Zusätze und Glasur um braune, weiße, blaue und später vereinzelt

Abb. 114 *Das spätere St. Georgener Rathaus gegenüber der Ordenskirche diente der Knöller'schen Fayencenmanufaktur als Lager.*

gelbe Ware handelte. Hauptabnehmer war der markgräfliche Hof; es wurden aber auch viele Gegenstände ausgeführt.

Die Fayencen waren in den 30er Jahren von hoher Qualität, auch weil viele auswärtige Künstler nach St. Georgen geholt wurden. So kam 1731 Georg Friedrich Grebner nach Bayreuth, und 1736 führte der berühmte Meißner Maler Adam Friedrich Löwenfink die Technik der sog. Muffelfarbenmalerei ein. Dabei wurden die Farben auf die fertig glasierten Stücke in einem schwachen dritten Brand durch Muffeln geschützt aufgebrannt.

Ende 1744 übernahmen Adolf Fränkel und Johann Veit Schreck den Knöllerschen Betrieb. Beide waren keine Fachleute – Fränkel war Bäcker und längere Zeit Verwalter des Gravenreuther Stifts, der aus Weidenberg stammende Schreck war Metzgermeister in St. Georgen – und hatten die Manufaktur mehr aus Spekulationsgründen erworben. Sie verlegten die Produktionsstätten in zwei Häuser an der Brandenburger Straße. Auf den Fayencen, wobei es sich hauptsächlich um einfache Gebrauchsgegenstände handelte, waren jetzt die Initialen B.F.S. (= Bayreuth-Fränkel-Schreck) zu finden. Nach schwierigen Zeiten – echtes Prozellan verdrängte die Tonwaren immer mehr – konnte Johann Georg Pfeiffer den Anteil seines Schwiegervaters Schreck (1747) und den Fränkels (1760) übernehmen. Danach erreichte der Betrieb noch einmal eine wirtschaftliche Blüte.

Johann Michael Füssel, ein Zeitgenosse Pfeiffers, beschrieb das Unternehmen folgendermaßen:

Die Porcellainfabrik besteht aus zwey Gebäuden, davon das eine sehr gut ins Auge fällt. Sonst war sie sehr in Aufnahme. Man verfertigte nicht bloß Eß- und Trinkgeschirre, sondern auch allerley Zierrathen zu Zimmern, und Erfindungen von allerley Art. Die auf schöne Weise getragenen Farben und Malereien, die Vergoldungen und Zeichnungen zeigten von gutem Geschmack. Die feine, hellgraue Tonerde, die man im Lande im Überfluß haben kann, läßt sich rein und gleich bearbeiten. Einleuchtende Vortheile zu einer immer besseren Aufnahme einer solchen Fabrik. Der Besitzer, Hofrat Pfeiffer, brachte sie wirklich empor. Sie beschäftigte damals 130 Menschen und verkaufte jährlich für 25 000 fl. Waren, größtentheils ins Schlesien.[108]

In der Anfangszeit Pfeiffers gingen die Geschäfte gut. Das erkennt man heute noch am prächtigen Wohnhaus des Unternehmers, das er sich an der Brandenburger Straße errichten ließ.[109]

Interessant ist in diesem Zusammenhang auch die Stellung des Manufakturbesitzers zu seinen Arbeitern. Pfeiffer erhielt zum „besseren und ungehinderten Betriebe" von Markgraf Friedrich die „niedere Gerichtsbarkeit über alle zur Fabrik gehörigen Personen, dann deren Kinder und Gesind" übertragen.[110]

Nach der letzten glanzvollen Epoche unter Pfeiffer, der 1767 starb, folgte der Niedergang.

Zwar konnten Kanzleirat Wezel, der 1788 den Betrieb übernahm, und sein Nachfolger, der Kaufmann Christoph Friedrich Leers aus Wunsiedel, die Erträge noch einmal steigern, auch weil sie neue Sachen aus Ton herstellten. Unter Johann Christian Schmidt, der 1825 die Manufaktur kaufte, kam jedoch das Ende der Fayenceherstellung in Bayreuth. Er wandelte 1835 den Betrieb in eine Zukkerraffinerie um, von der später noch die Rede sein wird.

Der Wunsch, „weißes Gold" herzustellen, war den Bayreuther Kunsthandwerkern lange Zeit versagt geblieben. Oft wurde es versucht, und einige Male mag es auch im 18. und 19. Jahrhundert geglückt sein, aus Kaolin, Feldspat und Quarzsand das lichtdurchlässige Porzellan herzustellen.

Größeren Erfolg hatte man allerdings erst zu Beginn des 20. Jahrhunderts.

Siegmund Paul Meyer, ein ehemaliger Porzellanmaler, war es, der in Sichtweite zur ehemaligen

Abb. 115 *Die Fayencenmanufaktur an der Brandenburger Straße. Um 1760 entstand das palastartige Wohnhaus für den Besitzer der Fayencenmanufakturen, Hofrat Johann Pfeiffer. Die Betriebs- und Lagergebäude der Manufaktur befanden sich auf dem Grundstück hinter dem Haus.*

„Porzellanfabrik" im St. Georgener Zuchthaus seinen Betrieb auf-
baute.[111] Da auch das Wagner-
Festspielhaus nicht weit entfernt
lag, nannte der Firmengründer
sein Unternehmen „Erste Bayreuther Porzellanfabrik Walküre".
Dieser Name wurde zu einem
Markenzeichen für feuerfeste Artikel, die bald in vielen Städten und
Ländern Abnehmer fanden. Nach
dem 1. Weltkrieg beschäftigte
Meyer trotz wirtschaftlicher Krise
bereits 300 Arbeiter, und es wurden Betriebserweiterungen vorge-
nommen.

Auch nach der schweren Zeit
des 2. Weltkrieges existierte die
Porzellanfabrik „Walküre" weiter. Nun wurde das Unternehmen
in der dritten Generation von Rudolf Meyer jun. geleitet. Ihm gelang es, die Fabrikanlagen zu modernisieren und das Absatzgebiet
zu erweitern. In dieser Zeit wurde
vor allem Hotelporzellan von hervorragender Qualität und gutem
Design hergestellt.

Abb. 116   *Kommerzienrat Siegmund Paul Meyer mit seiner Ehefrau
Marie und seinen Töchtern Hedwig und Frieda. Mit auf dem Bild, das im
Jahre 1904 entstand, eine Hausgehilfin.*

Die Marmormanufaktur[112]

Wer heute die Himmelkroner Kirche besucht, dem fallen zwei große
Särge auf. In dem einen liegt Prinz
Albert Wolfgang begraben, der
1734 in der Schlacht bei Parma
fiel, im anderen Markgraf Friedrich Carl, der ein Jahr später starb.
Beide Särge sind aus Marmor, und
beide stammen aus St. Georgen,
genauer aus der Marmor-Manufaktur des Zucht- und Arbeitshauses.

Das Gefängnis wurde 1735 eingeweiht, aber schon 1732 wurde
probeweise mit der Marmorverarbeitung begonnen. Die Ergebnisse
waren so zufriedenstellend, daß
zwei Maschinen oder Drehwerke
angeschafft wurden. 1736 förderte
Markgraf Friedrich die Produktion durch ein Privileg, in dem festgelegt wurde, daß das Zuchthaus
„allein und privative die Freyheit
und Befugnis haben sollte, in Marmor zu arbeiten und das Fabri-
cierte zu feilen Kauf zu bringen".[113] Als besonders vorteilhaft

Abb. 117   *Der Firmengründer benannte sein Unternehmen „Erste Bayreuther Porzellanfabrik Walküre". Blick vom Eisenbahnsteg auf das
Werksgelände am Rande des Grünen Hügels um die Jahrhundertwende.*

stellte sich heraus, daß beinahe alle
Häftlinge, also auch ungeschickte
und behinderte, in die Produktion
einbezogen werden konnten.

Christoph Adam Riedel schrieb
1750 dazu: *Der Lahme mag sein
Brot sitzend erwerben und mit den
gesunden Händen die Steine abrei-
ben . . . Auch Stockblinde können
ihr Brot durch Umdrehung der zur
Marmor-Arbeit gehörigen Ma-*

*schine erwerben . . . Sie müssen im-
mer im Kreis gehen und können sich
nicht verirren, da sie beständig ihre
alten Fußstapfen betreten.*[114]

Die Häftlinge wurden dabei von
Steinmetzgesellen angelernt, wie
der Marmor zerschnitten, poliert
und in Form gebracht wurde.

Neben billigen Arbeitskräften
war ein weiterer großer Vorteil,
daß das Rohmaterial in großer

Abb. 118   *Die Porzellanmaler der „Walküre" auf dem Weg zur Mittags-*
pause. Sie waren die Arbeiter in der Fabrik, die am meisten verdienten. Das
Bild entstand 1904.

Menge in der Markgrafenschaft vorhanden war. Riedel nennt 41 Marmorarten aus zahlreichen Orten der Markgrafenschaft. Eine Liste, die 1799 aufgestellt wurde, führt folgende Sorten auf:
- *Dunkler und hellgelber von Streitberg*
- *Weißgrauer von Casendorf*
- *Blaulichter mit Schwefelkiesstiften von Weidesgrün*
- *Grauer mit grünlichen Adern dann braunen und weißen Flecken von Schertlas*
- *Meergrüner von Naila*
- *Schwarz- und graugefleckter von Loehmer*
- *Dergleichen mit Marcasit-Blumen eben daher*
- *Fleckleins-Marmor, Brecio oder Murst-Stein von der Überkehr*
- *Schwarzer mit lichtem Gewölk vom Schübelhammer*
- *Dergleichen dunkelschwarzer von Schwarzenbach*
- *Fleischfarber und roter von Hurtigwagen*
- *Weiß- und schwarzscheckiger von der hohen Straße bei Hof*
- *Dergleichen etwas dunkler von Leimitz*
- *Leberfarber von der Geigen bei Hof*
- *Grauer mit roten Tupfen eben daher*

- *Brauner mit roten Flecken von Hof*
- *Grauer von der Geigen bei Hof*
- *Dunkel- und hellbrauner von der unteren Brücke bei Hof*
- *Hellgrauer mit roten Tupfen vom Eichelberg*
- *Braunroter und brauner von Gattendorf*
- *Blaulichter von Regnitzlosau*
- *Weißer von Wunsiedel*
- *Muschel-Marmor in der Gegend von Bayreuth*[115]

Man sollte allerdings anmerken, daß damals jeder polierbare Kalkstein „Marmor" genannt wurde. Echten Marmor gibt es eigentlich nur in Holenbrunn bei Wunsiedel. Diese Stadt im Fichtelgebirge ist übrigens die einzige in Deutschland, die eine Stadtmauer aus Marmor besitzt.[116]

Aus den Steinbrüchen kamen nach mühevollem Transport die großen Blöcke zunächst in den Zuchthaushof, wo sie in der sogenannten Schneidhütte roh bearbeitet wurden. Auch das Schleifen und Polieren geschah im Hof, so daß man schon von weitem das Hämmern und Meißeln hören konnte.

Die meisten Arbeiten wurden per Hand ausgeführt, was sehr mühsam war und lange dauerte.

Die Zeit spielte aber in einem Gefängnis des 18. Jahrhunderts so gut wie keine Rolle. Im Winter verarbeiteten die Häftlinge die vorbereiteten Rohlinge dann in den Innenräumen zur Fertigware.

Eine einzige größere Maschine war im Vorderhaus des Gefängnisses untergebracht. Es handelte sich dabei um eine Drehmaschine, die auch im erwähnten Riedigerplan aus dem Jahre 1745 deutlich zu erkennen ist. Baron Camille de Tournon, der die Provinz Bayreuth unter französischer Herrschaft aus eigener Anschauung beschreibt, muß von diesem Gerät beeindruckt worden sein, denn er geht in seinen Schilderungen recht ausführlich darauf ein:

Es gibt in der ganzen Fabrik nur eine Maschine, um den Marmor zu durchbohren. Sie besteht in einem großen Rade von 10 Fuss Durchmesser, geneigt zum Horizont in einem Winkel von 12 – 15 Grad und auf einem Zapfen ruhend. Ein Mensch, der auf diesem beweglichen Fußboden schreitet, versetzt ihn in Bewegung, welche durch den Wellbaum, welcher mit einer Laterne versehen ist, sich einem Gezähe mitteilt und einer zweiten Laterne, welche in einen Zweckbohrer endet.[117]

Die Artikel, die in der Marmorfabrik hergestellt wurden, waren ebenso zahlreich, wie die Orte, in die man sie geliefert hat.

Neben den schon erwähnten Särgen wurden Altäre, Tischplatten, Grabsteine, Kamine und Fußbodenplatten produziert. Unter den kleineren Teilen waren Butter- und Tabaksdosen, Fußsteine zum Erwärmen, Mörser und Reibsteine ebenso wie Spiegel- und Bilderrahmen oder Brettspiele.

In zahlreichen Bayreuther Repräsentativbauten sind heute noch Gegenstände aus Marmor, der in St. Georgen bearbeitet wurde, zu bewundern. Erwähnt sei nur der wunderschöne Kamin aus weißem Marmor im Eremitagenschloß, den die Initialen der Markgräfin Wilhelmine zieren.

Die Marmorartikel waren aber auch „Exportschlager". Sie wurden in Städte wie Leipzig, Braun-

Abb. 119 *Der Marmorsarg des Markgrafen Georg Friedrich Carl, der 1735 verstarb, in der Fürstlichen Gruft der Ritterkapelle in Himmelkron.*

schweig, Regensburg, Königsberg, Coburg und Würzburg, ja sogar bis nach Kairo (!) geliefert.

Aus St. Georgener Marmor sind der Fußboden und die Kanzel der Schloßkapelle in Weimar, das Monument für den Herzog in Coburg, das Königsmonument in Lindau oder die Wandverkleidung der Befreiungshalle in Kelheim, um nur einige wichtige Beispiele zu nennen.[118]

Wie bei allen Betrieben gab es auch bei der Marmormanufaktur wirtschaftliche Höhen und Tiefen. Der große Vorteil der billigen Arbeitskräfte wurde im Laufe der Zeit durch die Konkurrenz der Maschinenkraft in anderen Betrieben egalisiert. In St. Georgen glaubte man lange Zeit, auf technische Neuerungen verzichten zu können. So wurden beispielsweise 1844 noch wie 100 Jahre zuvor alle Arbeiten mit der Hand erledigt. Auch die Zahl der verfügbaren Steinbrüche nahm nach der Mark-

grafenzeit deutlich ab, da die Privilegien nicht mehr galten. Von den ehemals vorhandenen 41 Steinbrüchen waren 1850 noch 13 übrig geblieben; 1858 gehörten nur noch vier Marmorbrüche unmittelbar zur Strafanstalt.

Zu dieser Zeit wurde ausschließlich Auftragsarbeit ausgeführt.

Im Jahre 1864 war dann endgültig Schluß. Die restlichen Steinbrüche wurden verkauft, ebenso die Restbestände an Marmor und die veralteten Arbeitsgeräte. Heute erinnern nur noch zahlreiche „Monumente in Stein" an die traditionsreiche Manufaktur in St. Georgen.

Die Fayencen- und die Marmormanufaktur waren die größten Betriebe im markgräflichen St. Georgen.

Daneben gab es noch einige kleinere Produktionsstätten, die kaum mehr bekannt, aber doch sehr interessant sind und deshalb kurz beschrieben werden sollen.

Die Tabakspfeifenmacher[119]

Im 16. Jahrhundert war Tabakrauchen in unserer Gegend noch unbekannt. Erst der 30jährige Krieg, der so viel Unglück mit sich brachte, bescherte der hiesigen Bevölkerung das „schädliche und schändliche Tabaktrinken", wie es Markgraf Christian 1654 einmal bezeichnete. Die rauchenden schwedischen Soldaten hielt man übrigens zunächst für feuerspeiende Teufel.

Zu Beginn des 18. Jahrhunderts wurden in Bayreuth die ersten Tabakmanufakturen errichtet, allerdings nicht in St. Georgen. Dort entstand aber eine Art Zulieferbetrieb, die Tabakpfeifenmanufaktur.

Die ersten Handwerker lassen sich schon zur Regierungszeit Georg Wilhelms nachweisen. So ist 1721 in einem Sterberegister ein „Tobackpfeifenmacher allhier" mit dem Namen Hornberger verzeichnet. Im August 1722 wurde ein „Tobackpfeifenmacher aus der Hochfürstlichen Fabrik" wegen Mordes hingerichtet. Dieser makabre Hinweis läßt vermuten, daß die Produktion der „Porzellanfabrik" angegliedert war, denn die zwei oder drei Pfeifenmacher werden wohl kaum eine eigene „Hochfürstliche Fabrik" besessen haben. Wir wissen außerdem, daß in großer Zahl Tonpfeifen hergestellt wurden. 1728 sollen 182 000 Stück auf Lager vorhanden gewesen sein. Diese Anzahl überrascht nicht, wenn man weiß, daß ein Arbeiter pro Tag rund 900 Tonpfeifen herstellen konnte.

Die Tabakpfeifenmacher lassen sich bis ins 19. Jahrhundert nachweisen.

Die Kartenmanufaktur

Da das Kartenspielen unter den Menschen gleichsam ein Bedürfnis geworden ist, so ist es rühmlich, wenn die Werkzeuge zum Spiel selbst angefertigt werden, um sie dem Auslande nicht abkaufen zu müssen. So schreibt Jobst Christoph Ernst von Reiche in seiner

Geschichte über die Stadt Bayreuth im Jahre 1795.[120]

1782 wurde von der Zuchthausverwaltung der Kirchenlaibacher Kartenmacher Sebastian Braun nach St. Georgen geholt. Er baute eine kleine Manufaktur auf, in der deutsche, französische und englische Spielkarten angefertigt wurden.[121] Über den Produktionsverlauf, der im wöchentlichen Zyklus ablief, sind wir gut informiert.

Am Montag druckte man die Hinter- und Vorderblöcke. Am Dienstag und Mittwoch leimten die Gesellen die gedruckten Blätter mit einem „Mittel-Papier" zusammen, preßten die fertigen Karten und hängten sie auf. Vom Donnerstag bis zum Samstag wurden die Karten geglättet und Papier für die nächste Woche sortiert. Der Meister beschnitt zur gleichen Zeit die vorgefertigten Karten, sortierte sie und bündelte sie mit Deckblättern zu Päckchen. So wurden in einer Woche rund 40 Dutzend Kartenspiele angefertigt und daraus ein Gewinn von 15 Gulden erzielt. Der schon zitierte Chronist Jobst Christoph Ernst von Reiche erwähnt noch, daß die in St. Georgen angefertigten

Spielkarten selbst nach Amerika versandt wurden da sie eine ausgezeichnete Qualität besaßen. Der erwähnte Meister der „Karten-Fabrique", Sebastian Braun, ließ sich 1811 aus Altersgründen durch seinen Gesellen Giegold ablösen. Die Manufaktur muß danach noch mindestens ein gutes Jahrzehnt existiert haben, da sie im Jahre 1826 in einer Urkunde erwähnt wird.

Die Brillenglasschleiferei[122]

Bei diesem Betrieb, der Ende des 18. Jahrhunderts entstand, handelt es sich mehr um einen Verlag. Ein Fürther Brillenfabrikant namens Schroeder lieferte nämlich alle notwendigen Materialien, wie Gläser, Schüsseln, Siebe, Filz zum Polieren und Verpackungspapier, und besorgte auch den Verkauf der fertigen Ware.

Die Brillenglasschleiferei war ebenfalls dem St. Georgener Gefängnis angegliedert. In einem Zustandsbericht der Zuchthausmanufakturen, der 1799 erstellt wurde und sich heute im Staatsarchiv Bamberg befindet, wird er-

wähnt, daß die Anstalt durch diese Arbeiten jährlich 188 Gulden erwirtschaftet hat, das war immerhin der 15. Teil der Gewinne der Marmorfabrik.[123]

Die Zuckerraffinerie[124]

Christina Catharina Friderika Franzisca Börger, einer hübschen Bayreuther Bürgerstochter, ist es zu verdanken, daß Bayreuth im 19. Jahrhundert zu einem Zentrum der Zuckerindustrie wurde.

Zunächst, das heißt seit 1812, war nämlich Wunsiedel im Fichtelgebirge der Sitz der Zuckerraffinerie. Der Arztsohn Theodor Schmidt hatte die Zeichen der Zeit erkannt – Zucker war nach der Kontinentalsperre Napoleons zu einem besonders begehrten Gut geworden – und ein lukratives Unternehmen gegründet. Über Hamburg, wo Theodor Schmidt ein eigenes Kontor unterhielt und sich häufig aufhielt, kam der Rohrzucker nach Wunsiedel und wurde dort weiterverarbeitet. Bald leitete sein Bruder Dr. Johann Christian Schmidt die Fabrik. Und eben dieser Fabrikant heiratete besagte

Abb. 120   *Das mit Girlanden geschmückte Haus Brandenburger Straße Nr. 34 war an die Zuckerfabrik angebaut und wurde anfangs der 20er Jahre größtenteils abgetragen.*

Abb. 121   *Die Rose'sche Zuckerfabrik, Grundstück Brandenburger Straße Nr. 34, vom Garten aus gesehen. Das Fabrikgebäude wurde anfangs der 20er Jahre abgetragen. Aus den vorhandenen Steinen wurde das „Portierhäuschen" und die Mauer im Anschluß gebaut.*

Abb. 122   *Das palaisartige Gebäude Brandenburger Straße 32 wurde von Johann Georg Pfeiffer um 1760 erbaut.*

Franzisca Börger und zog deshalb im Jahre 1816 nach Bayreuth. Dort übernahm er die schon beschriebene Fayence-Manufaktur in der Brandenburger Straße.

Platzmangel in Wunsiedel und die marktgünstigere Lage Bayreuths veranlaßten die Familie Schmidt im Jahre 1834 zur Produktionsverlagerung nach St. Georgen. Dr. Schmidt begründete diesen Schritt in einem Schreiben an die königliche Regierung des Ober-Mainkreises:

In Erwägung aller dieser Umstände bin ich auf den Gedanken gekommen, meine Zuckerraffinerie mit Anwendung eines Dampfkoch-Apparates in die dazu ganz passenden und sehr ausgedehnten Localitäten meiner Fayence- und Steingutfabrik zu St. Georgen zu verlegen, meine hiesigen Gebäude als Wohngebäude zu veräußern, diejenigen Arbeiter in meiner Fabrik zu St. Georgen, welche noch kräftig und jung sind, als Zuckersieder zu verwenden und nebenher meine Fa-

yence- und Steingutfabrik nur in so ferne noch fort zu treiben, als es notwendig ist, meinen älteren Fabrikarbeitern den nötigen Lebensunterhalt zu verschaffen, und die in meiner Zucker-Raffinerie erforderlichen Formen von Ton verfertigen zu lassen.

Die Fayence-Manufaktur wurde allmählich stillgelegt, die Zuckerraffinerie aber gedieh. Im Jahre 1877 beschäftigte das Unternehmen 121 Arbeiter, und es wurden 150 000 Zentner überseeischer Rohrzucker verarbeitet. Auch die Umstellung von Rohrzucker auf die einheimischen Zuckerrüben Mitte des vorigen Jahrhunderts konnte die St. Georgener Firma gut bewältigen. Inzwischen hatte der aus Amorbach stammende Louis Rose, der Schwiegersohn Dr. Schmidts, den Betrieb übernommen und ausgebaut. Auch er war geschäftstüchtig und konnte Anfang der 70er Jahre den Anteil Theodor Schmidts von seinen Erben erwerben. Zu dieser Zeit war die Familie Rose eine der angesehensten in St. Georgen. Man sollte allerdings nicht vergessen, daß der erworbene Reichtum durch harte Arbeit in der Fabrik erwirtschaftet wurde. Ein kurzer Bericht mag das verdeutlichen.

Der Vater des späteren Bürgermeisters Adam Seeser war Zuckersieder bei Rose, und sein Sohn erinnert sich:

Der Vater hatte als Zuckersieder die schwerste und heißeste Arbeit in der Zuckerfabrik Rose. Im Füllhaus mußte er mit zwei Helfern bei großer Hitze, tagein und tagaus, schwere Zuckerkübel an der Brust zu den Zuckerhutformen tragen und durch die Filter flüssigen Zukker nachgießen.

Bekleidet war er nur mit einer Hose und einem Brusttuch und mit Holzschuhen. Diese Arbeit hat er über zwei Jahrzehnte verrichtet.

Für diese Schwerstarbeit verdiente er wöchentlich zwölf Mark. Davon gingen ab die Miete, Krankenkasse, 80 Pfennig Sparkasse und Vater behielt eine Mark und achtzig Pfennig Taschengeld. Für die Mutter blieben acht Mark Haushaltsgeld. Vater nahm sich für

seine heiße und schwere Arbeit in der Früh zwei große Kaffeebullen mit, die natürlich für den langen Tag nicht reichten. So mußte er sich schon manchmal eine Halbe genehmigen. Auch bei genauester Berechnung und sparsamster Haushaltsführung reichten diese zwölf Mark nicht für den Familienunterhalt, und so mußten alle Familienmitglieder, sobald sie in der Lage waren, dazu helfen, den Lebensunterhalt herbeizuschaffen.[125]

Bei vielen älteren St. Georgener Bürgern werden heute noch Geschichten über die beiden Söhne des Fabrikanten Louis Rose, Otto und Carl Emil Rose, erzählt. Sie übernahmen nach dem Tod ihres Vaters den reichen Besitz. Der verheiratete Ökonomierat Emil Rose kümmerte sich dabei mehr um die großen Ländereien, während sein Bruder die Fabrik leitete.

Otto Rose war so recht nach dem Geschmack der Leute. Er wurde bewundert und war wegen seiner Großzügigkeit bei den Kindern beliebt.

Adam Seeser schreibt über ihn:

Die Kinder der Zuckerfabrikarbeiter waren dem Herrn Kommerzienrat nicht übel gesonnen, denn er war es, der alljährlich vor Weihnachten an alle seine Beschäftigten je einen Eimer Sirup verteilen ließ, so daß die Familie wochenlang

zu schlecken hatte, das Brot nicht trocken zum Runkelrüben-, Gersten- oder Zichoriekaffee gegessen werden brauchte, und für Freunde dabei vielfach von der Wohltat des Sirups noch etwas abfiel.

Daß der Herr Kommerzienrat ein sozial denkender Mann war, war daraus zu ersehen, daß er testamentarisch festlegen ließ, daß alle seine Arbeiter, je nach den Jahren der Beschäftigung in der Fabrik, Vermächtnisse erhielten, die bei einzelnen bis zu 2 000 Mark gingen, wozu noch die Verteilung des Kapitalstocks der von ihm gegründeten und unterhaltenen Fabrikkrankenkasse kam – eine gesetzliche Pflicht für die Fabrik lag nicht vor –, so daß nun die Zuckerfabrikarbeiter nicht mehr zu den ganz Armen zählten und ihre Töchter auch Aussicht auf eine kleine Aussteuer von zuhause hatten. Sie waren von den Burschen mehr gesucht als vorher, zumal noch eine Fabrikstiftung bestand, die allen Kindern der Zuckerfabrikarbeiter bei der Verheiratung eine Zuwendung versprach.[126]

Nach dem Tod Roses übernahm sein Bruder Emil den Gesamtbesitz, mußte aber die Zuckerraffinerie im Jahre 1900 schließen. Veraltete Maschinen und steigende Konkurrenz der Betriebe in Frankenthal und Halle waren die Gründe für den Niedergang.

Abb. 123 *Wohnungen der Beschäftigten der Rose-Fabrik im hinteren Teil des Rose-Geländes. Das Gebäude mußte Anfang der 90er Jahre einem Neubau weichen.*

Der Theodor Rose –
für seine alten Brandenburger war er der Große

Die Rose-Zuckerfabrik in St. Georgen schloß nach der Jahrhundertwende ihre Tore. Aber auch danach ging es der Rosefamilie nicht schlecht. Die Nachkommen waren durch großen Grundbesitz, Immobilien und Kapital reich begütert und konnten sich ein angenehmes großbürgerliches Leben leisten. Brauchte man Geld, so wurde schnell ein Stück Land verkauft.

Der 1904 verstorbene Karl Emil Rose und seine Frau Mathilde hatten fünf Kinder und zwar die beiden Söhne Ludwig und Theodor, sowie drei Töchter mit Namen Julie, Marie und Helene.

Vor dem Ersten Weltkrieg zu Zeiten Kaiser Wilhelm II. war das Militär noch besonders angesehen. Nur der 1873 geborene Ludwig Rose blieb der Familientradition treu und arbeitete als Fabrikant. Theodor Rose dagegen wurde Berufssoldat und brachte es bis zum Major. Die drei Töchter fühlten sich auch zum Militär hingezogen und heirateten alle Offiziere.

Die meisten Geschichten gibt es über Theodor Rose. Er war Offizier im 6. Chevauleger Regiment und nebenbei Feuerwehrhauptmann in St. Georgen. Die alten Brannaburger können sich noch gut an den prächtigen Park und die palaisartigen Häuser erinnern, die in seinem Besitz waren und in denen zahlreiche große Feste und Feiern stattfanden. Zum Hofe gehörten natürlich auch Diener, Hausdamen, Zofen, Gärtner und ein Verwalter. Der Kutscher mit Uniform und Zylinder wartete stolz auf seinem Bock auf den Major, oder er fuhr zum Neid aller anderen Kinder das Rose-Töchterlein Mathilde in die Schule. Sie heiratete übrigens 1929 ebenfalls einen Offizier und zwar den Oberst Rummel, mit dem sie am Riedelsberger Weg residierte. Ihre Ehe blieb kinderlos.

Doch zurück zu Theodor Rose. Als er Ende der 30er Jahre krank wurde und das Haus nicht mehr verlassen konnte, lud er sich zum Nachmittagskaffee „einfache" Leute aus St. Georgen ein. Zu ihnen gehörte auch Anna Fordermair. Sie erinnert sich an das Haus Brandenburger Straße Nr. 32 auch heute nach 50 Jahren noch lebhaft:

Im ersten Stock über dem schönen Portal war der große Salon mit Vorhängen aus beigen Brüsseler Spitzen, schwarzen Palisandermöbeln, herrlichen Parkettböden und großen Kristall-Leuchtern. Links war ein großer Tanzsaal für Gesellschaften. Dahinter befand sich das Jagdzimmer mit den Gewehrschränken. Im Treppenhaus konnte man die Schaukästen bewundern, die die Schmetterlingssammlung des Herrn Major zeigte. Hinter dem Gebäude gab es ein großes Gewächshaus. Gegenüber, wo heute die Sparkasse ihre Geschäfte abwickelt, war ein großer Park . . .

Theodor Rose starb am 30. 12. 1942, und seine Urne wurde in der Rose-Gruft beigesetzt.

Wilhelm von Diez[127]

An dem beschriebenen Haus befindet sich heute ein Gedenkstein, der an Wilhelm von Diez erinnert. Der bekannte Maler wurde 1839 in St. Georgen als Sohn eines amtsenthobenen Pfarrers geboren, allerdings nicht im angesprochenen Gebäude, sondern in einem heute nicht mehr existierenden bescheideneren Haus mit der damaligen Einquartierungsnummer 22.

Abb. 124 *Major Theodor Rose (ganz links im Bild) führt seine Chevauleger an. Links ist deutlich die Gravenreuther Stiftskirche zu erkennen.*

„Die im Dunkeln sieht man nicht"

Das Schicksal der „kleinen Leute" aus St. Georgen

„Geschichte" ist zum größten Teil die Geschichte der Herrschenden, der Könige und Fürsten, der Herzöge und Markgrafen. Sie standen im Mittelpunkt des Geschehens, und um sie drehte sich alles. Bei ihnen, den Adeligen, war meist auch ein Interesse vorhanden, ihr Leben und ihre Taten der Nachwelt zu überliefern. Ihre Namen stehen häufig in den Akten und Urkunden der Archive.

Aber hat beispielsweise Friedrich der Große seinen Krieg gegen Österreich selbst geführt, hat Markgraf Georg Wilhelm selbst sein Schloß errichtet oder Fayencenfabrikant Knoeller aus St. Georgen selbst sein Geschirr hergestellt?

So liest man es oft, aber hinter den „Machern" stand ein großes Heer von einfachen Menschen, das Kriege führen mußte, beim Schloßbau Hand anlegte oder in den Fabriken schwitzte.

Über ihr Leben und ihr Schicksal gibt es kaum Aufzeichnungen, und auch Bilder aus der Arbeitswelt sind rar.

Erst in der Zeit der Aufklärung und dann verstärkt gegen Ende des 19. Jahrhunderts änderte sich die Sichtweise. Aus dieser Zeit stammt auch die folgende Schilderung, die der 1881 geborene Adam Seeser verfaßt hat und die das Schicksal einer armen Arbeiterfamilie widerspiegelt.

Das Hinterhaus

Zu meiner Zeit trugen die kleinen Buben Röcke. Ich muß wahrscheinlich schon ins fünfte Jahr gegangen sein, denn ich hatte gerade die ersten Hosen bekommen, als ich erkannte, daß mein Geburtshaus, das Hinterhaus der an der Hauptstraße der Vorstadt St. Georgen gelegenen Kolonialwarenhandlung, selbst meinen geringen Ansprüchen an das Leben nicht genügen konnte.

Es war nur einstöckig mit einem spitzen Dach und einer hölzernen Dachrinne und beherbergte vier mit Kindern reich gesegnete Familien, in je einer Stube mit Kammer. Zwei Familien zu ebener Erde und zwei im Dachgeschoß. Eine schmale, wackelige Holzstiege ohne Verschalung, mit einer griffigen Stange als Geländer führte da hinauf, wo an jeder Seite eine Stube mit der Dachkammer lag. Die schiefen Wände reichten bis zum Boden, und zwei kleine Dachgauben mit noch kleineren Fensterchen sollten Licht und Luft spenden. Entlüftet wurde diese Art

Abb. 125 *Adam Seeser wurde 1881 in St. Georgen als Sohn eines Arbeiters der Rose'schen Zuckerfabrik geboren. Nach hartem, aber erfolgreichem Leben – er war auch 2. Bürgermeister von Bayreuth – starb er im gesegneten Alter von 77 Jahren.*

von Wohnungen meist durch die offenen Türen. Sie rochen immer nach stickiger, verbrauchter Luft, nach Windeln und nach Menschen.

Der fleißige Storch und die Folgen

Dieses Hinterhaus wäre an sich ein Idyll gewesen, wenn der Storch nicht so oft seine Freude daran gehabt hätte. So wurde der Platz für die Kinder immer kleiner, weil sie immer mehr wurden.

Jedes Jahr kehrte der dumme Vogel bei irgend einer der vier Familien ein. Andere Häuser, in denen viel mehr Platz war, verschonte er.

Die kleinen Leute hatten sich für die Aufbewahrung ihrer Säuglinge eine praktische Erfindung ausgedacht. An allen vier Enden eines etwa einen quadratmetergroßen Leinentuches waren Stricke angenäht. In dem Leinentuch lag der Säugling wie in einer Hängematte über dem Bett der Mutter. Diese „Kinderwiege" war mit zwei Ringen an der Stubendecke in handlicher Höhe festgemacht. Mit einer Schnur konnte man das Gebilde von überall her in Bewegung setzen, wenn der kleine Schreihals einmal zu viel Krach machte.

Prügelpädagogik – meine Schulzeit

Das Lernen machte mir keine Mühe, aber auch keinen besonderen Spaß. Ich machte eben mit, weil es verlangt wurde und weil es alle taten. Der Lehrer hatte mit den fünfzig Kindern genug zu tun und konnte sich um die Kellergässer Arbeiterkinder nicht extra bemühen.

Das ganze Lernen fand im Exerzierton statt. Beim Schreiben ging's „rauf-runter-rauf und ein Tüpfel drauf", und der Katechismus wurde von der ganzen Klasse im Sprechchor miteinander vorgetragen. Dabei lief der Lehrer mit dem Haselnußstock durch die Reihen, und wenn er merkte, daß ein Schü-

ler nicht laut mitsprach oder stockte, bekam dieser mit dem Stock eins über den Rücken gezogen.

Der Haselnußstock war das wichtigste Erziehungsinstrument. Zu Beginn des Nachmittagsunterrichts am Dienstag war es jeweils soweit: Alle Schüler, die irgendwann in der Vorwoche bei irgendeiner Gelegenheit versagt hatten und aus Zeitersparnis nicht gleich bestraft worden waren, bekamen das Leder gegerbt. Was muß der Lehrer in dieser halben oder ganzen Stunde wohl gefühlt haben, als sich dreißig der vierzig Buben – es gingen meist nur wenige Bevorzugte leer aus – vor ihm über den Stuhl legen mußten und er jedem, je nach Eintrag in seiner Kladde, bis zu zwölf Stockhiebe über den Hosenboden zog. Manche präparierten sich natürlich mit zwei Hosen, und der Kleinste mit dem Spitznamen „Pflock" entschlüpfte ihm oft durch die Beine. Wenn der Lehrer ihn dann im Klaßzimmer verfolgte, war dies für uns eine Mordsgaudi.

Von fünf Uhr in der Früh bis um zehn Uhr in der Nacht auf den Füßen – meine Mutter

Die Mutter hatte die Familie fest in der Hand. Ihr Arbeitstag begann gewöhnlich in der Früh um fünf und endete am Abend gegen zehn Uhr. Sie versorgte den ganzen Haushalt, den Mann und die fünf Kinder. Sie brachte insgesamt neun Kinder zur Welt, von denen vier im Alter von ein bis zwei Jahren starben. Sie arbeitete zeitweise in der Zuckerfabrik und auch in der Spinnerei. Oft half sie bei den kleinen Landwirten in der Nachbarschaft, manchmal auch in Thiergarten, bei der Ernte aus.

Auch bei genauester Berechnung und sparsamster Haushaltsführung reichten zwölf Mark Lohn nicht für den Familienunterhalt. So mußten alle Familienmitglieder, sobald sie in der Lage waren, mithelfen, den Lebensunterhalt zu verdienen. Die Familien

verrichteten fast immer Heimarbeit. In den Wohnungen standen Haspelmaschinen. Daran saßen die Frauen bis spät in die Nacht, und wenn die Mutter kochte oder die Wäsche zu besorgen hatte, mußten die älteren Kinder an die Maschinen, da diese nicht stillstehen durften.

Eine weitere damals übliche Heimarbeit, das Aufreihen von Glasperlen, brachte für die Familien nur einen äußerst kläglichen Nebenverdienst.

Ich war Chorschüler und sang bei Beerdigungen, als Kegelbursche verdiente ich mir in zehn Stunden eine Mark. Durch Brotaustragen für den Bäcker konnte ich manchen Groschen dazuverdienen, und beim Viehhüten kam wenigstens das Abendessen heraus.

Das gesamte Brenn- und Heizmaterial mußte als Reisigholz aus dem Wald heimgeschleppt werden, und im Herbst lasen wir auf den Kartoffelfeldern des Zuchthauses Kartoffeln nach, welche die Gefangenen oft in guter Absicht für uns liegenließen.

Speis' und Trank

Unser Speiseplan war in der Hauptsache auf Kartoffeln eingestellt. Am Sonntag, Dienstag und Donnerstag gab es meist frische Klöße. Am Montag und Freitag aufgekochte oder eingeschnittene Klöße (Backers) und am Samstag die berühmte Schnitzlassuppe, geschnitzelte Kartoffeln mit allerlei Gemüse zusammengekocht.

Eine große Hilfe und Vitaminreservoir war der große Krautstich (Holzfaß), im Herbst bis oben hin mit Kraut gefüllt, mit Brettchen abgedeckt und mit einem großen Granitquader beschwert. Fleisch und Wurst stand bei uns selten auf dem Tisch – wir wußten es gar nicht anders.

Unser Malzkaffee entstand aus Gerstenkörnern. In einer kleinen Trommel, die von uns Kindern während der Befeuerung ständig gedreht werden mußte, wurde die Gerste dunkelbraun geröstet.

Hinrichtung

Von Zeit zu Zeit war im Untersuchungsgefängnis unterhalb des Zuchthauses der Scharfrichter angesagt. Von den Fenstern unserer Wohnung konnten wir über die Mauer in den Hof sehen, wo sich alles abspielte.

Einige hundert Gaffer hatten sich eingefunden, und in den Alleebäumen saßen junge Burschen, um über die Mauer gucken zu können. Polizeiposten patrouillierten, und kurz vor der angekündigten Zeit kamen mehrere Droschken mit schwarzgekleideten Herren in Frack und Zylinder, für die um das Schafott Sitzplätze reserviert waren. Die Außenstehenden beobachteten jede Regung und Bewegung hinter der Gefängnismauer und forderten immer wieder zur Stille auf, damit sie hören konnten, wenn das Fallbeil niedersauste.

Der Leichnam der Armen wurde in der hintersten Ecke des Friedhofs verscharrt.

„Deutschland gegen Frankreich" oder „St. Georgen gegen Kanz"

Beim Schulausflug wurde „Deutscher und Franzos" gespielt und der Lehrer teilte die kriegsführenden Gruppen von vorneherein so ein, daß der Franzose eins aufs Haupt bekam. Die deutschen Heldensagen waren in der Schule ein beliebter Lesestoff und der vorlesende Lehrer weinte „Rotz zu Wasser", weil sein „Dietrich von Bern" so jämmerlich verraten wurde. Es war eine heldenhafte Zeit und man wollte uns alle zu Helden ausbilden.

Das brachte es mit sich, daß sich die kriegerischen Auseinandersetzungen der Schuljugend bereits auf dem Schulweg zwischen den straßenweise zusammengestellten Kompanien oder auch gegen die Jugend der Nachbarorte entluden.

Wir sangen „Siegreich wollen wir Frankreich schlagen, sterben als ein tapferer Held" und Kaiser Wilhelm konnte an uns seine Freude haben.

Eine erkleckliche Anzahl Schulburschen stand mit Spießen und Stangen bewaffnet an der Bogenbrücke über den Main, nahe der Hölzleinsmühle, den „Kanzern" gegenüber. Diese hatten bereits den Grenzfluß überschritten, natürlich nur mit Hilfe eines älteren Hütebubens, der seine lange Peitsche gegen uns eingesetzt hatte. Jetzt war dieser wieder bei seiner Herde. Nun aber mutig drauf! Die „Kanzer" wichen zurück und wir jagten sie über die Brücke. Ich stürmte vorwärts und merkte gar nicht, daß die Kameraden zurückgeblieben waren. Die „Kanzer" hatten das schneller spitzgekriegt, nahmen mich nun in die Zange und vermöbelten mich tüchtig. Nur die schnelle wagemutige Flucht durch den kühlen Main konnte mich vor weiteren Prügeln bewahren.

Das andere Geschlecht – die „Fetzerin"

Eines Tages war sie da, die „Fetzerin". Ihre Familie zog von auswärts zu. Ihr Vater war Maschinist in der Spinnerei und ihre Mutter arbeitete auch in der Fabrik. Eine Zeitlang hat sie uns Buben ganz schön durcheinandergewirbelt, bis wir merkten, daß sie doch nicht für uns taugte, denn sie war uns in ihrer körperlichen Entwicklung zu weit voraus.

Als wir dreizehn waren, wußten wir natürlich schon, daß es zweierlei Menschen gibt und beim „Räuber- und Gendarmspielen" wurden die Mädchen öfter mal im Dunkeln in eine Ecke gedrückt. Am schlimmsten trieb es aber die Fetzerin. Sie knutschte mit den Burschen herum, daß manchem Angst und Bange wurde. Eines Tages ging ein Brief der Fetzerin durch die Klasse: „Euere heißersehnten Wünsche sollen in Erfüllung gehen!" Aber von den Burschen traute sich keiner zum Rendezvous an der Friedhofmauer abends zu kommen.

Es kursierten die tollsten Geschichten über die Fetzerin durch die Wirtschaften. Einmal führte sie einer feuchtfröhlichen Runde vor, wie auch eine Frau „Männeken-Piß" machen kann. Sie stand auf dem Brunnenrand und ihr Strahl landete genau inmitten der johlenden Gesellschaft.

Wie es die Fetzerin fertigbrachte, bei ihrem außerordentlichen Männerverschleiß keine Schwangerschaft aufzuschnappen, war schon sehr außergewöhnlich.

Lehrjahre sind keine Herrenjahre

Ich freute mich auf meinen neuen Beruf als Schreiner und war voller Erwartungen und Begeisterung zur Werkstatt gekommen. Da waren alle Gesellen, Lehrlinge und auch der Meister schon bei der Arbeit. Mit spöttischen Bemerkungen wurde ich empfangen und es wurde mir sofort klar gemacht, daß ich in der Frühe $1/4$ Stund früher, also um $3/4$ 6 Uhr da sein mußte und am Abend noch die Werkstatt sauber zu machen hatte. In der hintersten Ecke wurde mir eine wackelige Werkbank zugewiesen. In ihrem Holzkasten befand sich nur altes, ausrangiertes Werkzeug, das die Gesellen nicht mehr gebrauchen konnten.

Dann wurde ich über meine weiteren Pflichten aufgeklärt. Da hieß es: Werkstatt sauberhalten, Brotzeit holen, Wasser holen, Hof und Straße kehren, für die Familie des Meisters die Schuhe putzen, für die Meisterin Besorgungen machen und wenn das alles erledigt ist, könnte ich den Gesellen zunächst mal bei der Arbeit zusehen.

Die Lehrlinge waren oft der Blitzableiter für den Jähzorn des Meisters und wenn irgendetwas nicht klappte, verprügelte er einen nach dem anderen.

Als ein Holzbeil verschwunden war, das ihm selbst gehörte, nahm er sich alle Lehrlinge vor und schlug sie mit einer Holzlatte. Keiner nahm uns mehr die Prügel ab, als das Beil später zwischen einem Holzstoß, wohin es der Meister gelegt hatte, wiedergefunden wurde.

Militärlazarett und Arbeitersiedlung -
Das „Rose-Höfla" an der Brandenburger Allee

Zu einer Militärkaserne gehört auch ein Lazarett! Im Jahre 1708 ließ Markgraf Georg Wilhelm für seine Soldaten am Ende der „Bayreuther Gaß" - der heutigen Straße St. Georgen – eine Kaserne errichten. Unweit davon wurde 1752 an der Brandenburger Allee (heute Brandenburger Str. 30) ein Militärlazarett erbaut.

Als später die Mainkaserne – ein großer Gebäudekomplex an der Bahnhofstraße, der 1945 den Bomben zum Opfer fiel – die Garnison beherbergte, wurden die alten St. Georgener Einrichtungen nicht mehr gebraucht und verkauft.

Gleich neben dem alten Lazarett war die Fayencen- und Steingutfabrik untergebracht, die später zur Schmidt- bzw. Rose-Zuckerraffinerie umgewandelt wurde. Es war naheliegend, daß sich bald viele Arbeiter aus diesen Fabriken mit ihren Familien in den freigewordenen Räumen einmieteten und das Haus mit neuem Leben füllten.

Neben den Häusern „Hinter der Kirche" und der ehemaligen Kaserne entstand so um das „Rose-Höfla" eine dritte „Arbeitersiedlung" in St. Georgen, die ihren eigenen Charakter besaß. Wie es dort vor dem Zweiten Weltkrieg

ausgesehen hat – leider wurden auch Teile dieses Gebäudes 1945 bombardiert - und was sich so alles abspielte, schildert Rudolf Huttinger eindrucksvoll:

Das „Höfla", für alle alteingesessenen „Brannaburger" ein Begriff, ist ein kleiner, etwa 10 mal 20 Meter großer Innenhof hinter dem Haus Brandenburger Str. 30, von dem freilich 1945 ein großer Teil weggebombt wurde.

In diesem „Höfla" wohnten die Angehörigen und auch die Nachkommen der ehemaligen Arbeiter und Bediensteten des Rose'schen Gutes und der dazugehörigen Ländereien. Dort wurde ich 1938 geboren.

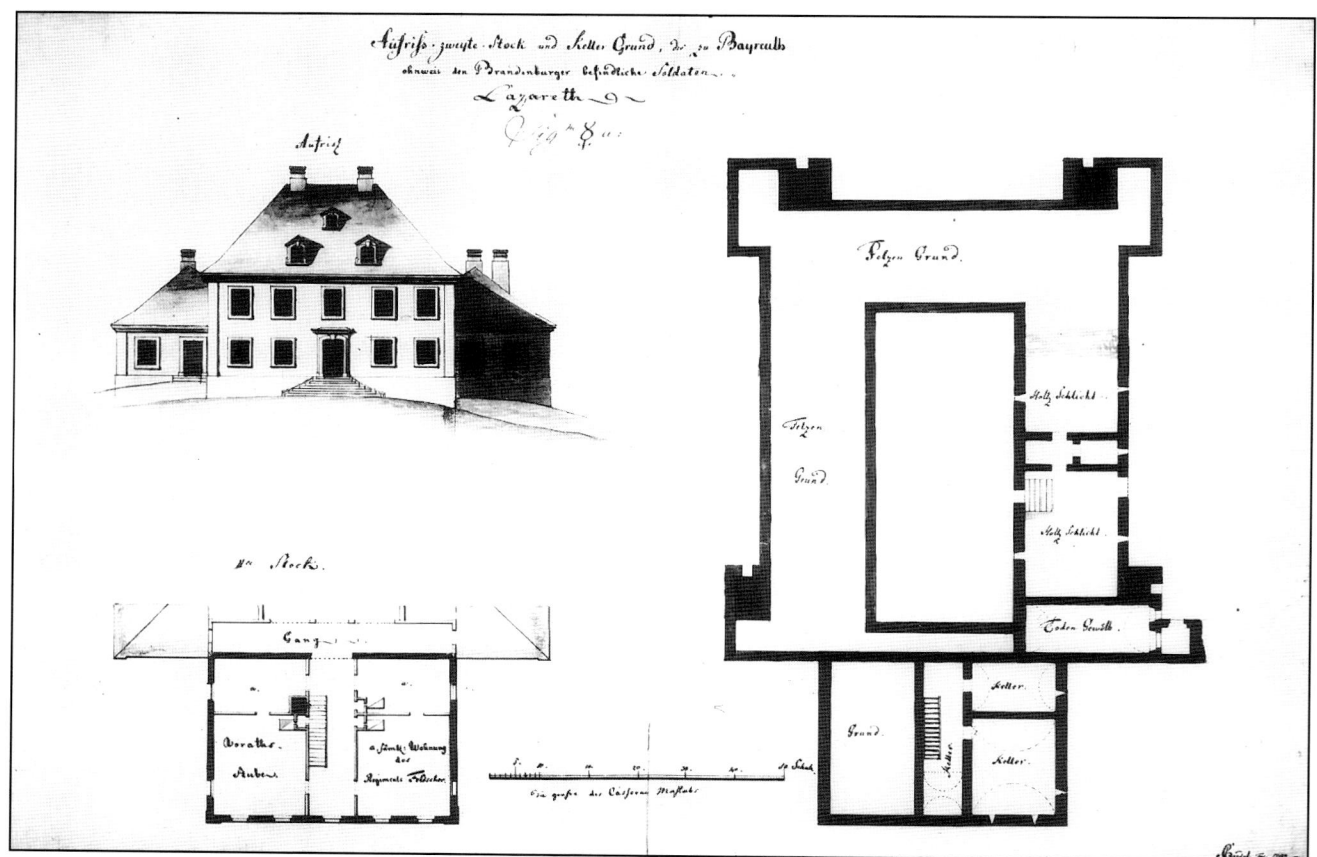

Abb. 126   *Das 1752 errichtete Militär-Lazarett an der Brandenburger Allee (heute Brandenburger Str. 30).*

Die Wohnungen waren nicht alle gleich groß, bestanden aber immer aus Wohnküche, Schlafraum und Abstellkammer. Dazu kam noch der Dachboden und eine Holzlege im unteren Hof oder im „Durchgang". Einen Keller gab es in diesen Häusern nicht, und die Wohnung meiner Eltern dürfte nicht größer als 45 qm gewesen sein. Der einzige „Komfort" bestand darin, daß elektrischer Strom und ein Gasanschluß vorhanden waren. Klo und Wasserleitung befanden sich außerhalb. Jeder Eimer Wasser mußte durch den Gang über die Treppe nach oben und dann über den Hof getragen werden. Noch umständlicher gestaltete sich der Waschtag. Dazu mußten die Wannen und anderen Waschutensilien nach unten transportiert werden, einschließlich Brennmaterial für den Waschkessel.

Im Raume des Durchgangs waren auf der rechten Seite 2 Aborte eingebaut und, wie damals üblich, als Plumps-Klos ausgeführt. Der verhältnismäßig weite Weg zu den Wohnungen war natürlich „in besonderen Fällen" eine böse Sache und das ganz besonders im Winter. Auf die „Mitternachtsvase" konnte man jedenfalls nicht verzichten.

Märchenhaft war das „Höfla" gerade nicht, aber für uns Kinder ein idealer Platz zum Spielen.

Auch für die Erwachsenen hatte das Leben trotz einiger Mühen seine positiven Seiten. Man war untereinander und zum großen Teil per Du. Die Sorgen und Nöte der Nachbarn kannte man und half einander aus, so gut es ging.

Es konnte schon geschehen, daß die „Sahrmanns Hanna" aus der Stadt das mitbrachte, was meine Mutter am Tage zuvor beim „Erwege" vergessen hatte oder umgekehrt. Ebenso fand sich immer jemand bereit, die Kinder in Obhut zu nehmen.

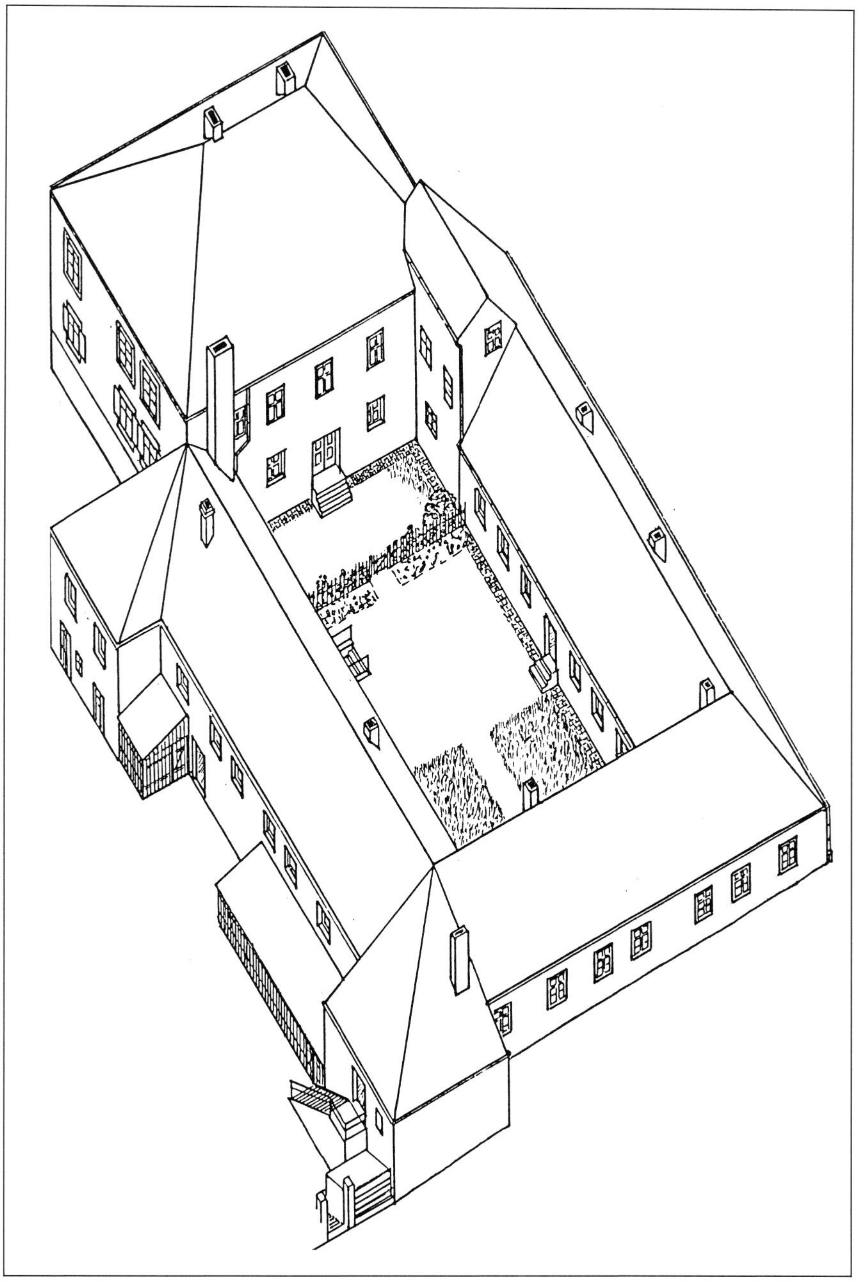

Sommerzeit

Am schönsten war es im „Höfla" im Sommer. Dann spielte sich ein Teil des täglichen Lebens im Freien ab. Ungestört von neugierigen Blicken sonnten sich die Erwachsenen am Wochenende in den Liegestühlen. Wenn es sehr heiß war, stand für uns Kleinen eine Badewanne zum Planschen bereit, das war dann unser „Freibad". An den Abenden stellte man Stühle und manchmal auch Tische hinaus, und es wurde draußen zu Abend gegessen. Es dauerte meist nicht lange, bis sich noch andere Nachbarn einfanden und bei einem gemütlichen Plausch beisammensaßen. Für mich hatte das den Vorteil, daß ich ein wenig länger aufbleiben durfte. Lieferten die alltäglichen Begebenheiten keinen Gesprächsstoff mehr, erzählte man von vergangenen Tagen, vom Major Theodor Rose, von seinen Nobelkarossen und dem Herrschaftskutscher Klingel.

Eine besondere „Note" bekam der Abend, wenn die „Stumme" von einem Kinobesuch heimkehrte und in eine solche Runde hineinplatzte. Gemeint war damit Katharina Gei-

Abb. 127 *Diese Nachbildung des „Rose-Höfla" fertigte der Bayreuther Rudolf Huttinger, der 1938 dort geboren wurde.*

pel, die als Fabrikarbeiterin ihr Leben fristete. Sie besaß zwar noch einen Rest des Gehörs, konnte sich aber nur durch die Zeichensprache verständlich machen. Das Wort „Stumme" wurde meist aus Bequemlichkeit, aber nie aus Respektlosigkeit gebraucht, und in der Umgangssprache war sie die „Geipla". Als Nachbarin war sie bei allen beliebt, und ich verstand mich glänzend mit ihr.

Unübertroffen waren ihre Gesten und Gebärden, wenn sie sich über einen Schurken der Filmhandlung echauffierte oder die Art, wie sie darstellte, wenn sich zwei Menschen mochten und die Filmdiva dazu noch sehr schön war. Das war eine „Sprache", von der auch ich als Fünf- oder Sechsjähriger begriff, was gemeint war. Es hätte oft vieler Worte bedurft, was sie mit der ihr eigenen Art und Weise auszudrükken wußte.

Im gleichen Haus wie die „Stumme" wohnte Babette Hirsch, von uns nur die „Hirschen Babett" genannt. In Erinnerung ist mir, daß

sie eine Butte besaß, das war ein Wasserfaß mit zwei Riemen, das man wie einen Rucksack auf dem Rücken trug. Diese Butte trat in Aktion, wenn die Wasserleitung aus irgend einem Grund abgesperrt werden mußte oder im Winter die Rohre hoffnungslos eingefroren waren. Dann lieferte der Brunnen am Riedelsberger Weg das kostbare Naß.

Aber auch zu normalen Zeiten war der Badetag mit großen Umständen verbunden. Dann standen im Kachelofen und gleichzeitig auf dem Gasherd sämtliche großen Töpfe zur Warmwasserbereitung. Aus dem Gewölbe wurde die verzinkte, lange Badewanne nach vorn in die Wohnung geschafft. Wenn ein Familienmitglied gebadet hatte, mußte die Wanne wieder ausgeschöpft und das Wasser zum Gulli getragen werden.

Nach dem Säubern der Wanne wiederholte sich bei der nächsten Person das gleiche Spiel. Dabei war zu beachten, daß das Brennmaterial für den Ofen nicht ausging, denn

dieses mußte ja von der Holzlege im unteren Hof herangeschafft werden. Außerdem brauchte man zur Regulierung der Wassertemperatur einen bestimmten Vorrat von Kaltwasser.

Meine Großmutter, Kunigunde Huttinger, wohnte im linken Teil des Südwestflügels und dürfte, 1863 geboren, die älteste Einwohnerin gewesen sein. Sie war auf dem Lande aufgewachsen und trug zeitlebens Kittel und Rock samt Schürze und zu ihrem Sonntagsgewand noch die runde Mütze, wie es in der Gegend zwischen Weidenberg und Seybothenreuth üblich war. Sie war von kleiner Statur und trotz ihres Alters wieselflink.

In dem noch bestehenden rechten Teil des Hauses wohnte die Schuhmacherswitwe Karoline Fuchs. Sie hatte einige Werkzeuge aus dem Nachlaß ihres Mannes aufgehoben. Bei kleinen Schuhreparaturen, wenn sich einmal ein Absatz gelockert hatte oder ein Nagel herausstand, lieh man sich bei ihr Dreifuß und Schustershammer.

Abb. 128   Das ehemalige Rose-Areal an der Brandenburger Allee von der Stadt aus gesehen.

Beckenbier und Gastlichkeit

Die Brauereien und Gastwirtschaften in St. Georgen

Wohl kein Stadtteil in Bayreuth kann mehr Gastwirtschaften und Brauereien vorweisen als St. Georgen, und darauf sind die Brannaburger stolz!

Worin liegen die Ursachen für diese „wirtschaftliche" Blüte? Zum einen war der Stadtteil schon immer ein beliebtes Ausflugsziel für viele „Städter", die die gepflegte Gastlichkeit in historischer Atmosphäre schätzten, und er ist es auch heute noch!

Außerdem waren die Voraussetzungen, ein gutes Bier zu brauen und zu lagern, hervorragend. Es gab tiefe Felsenkeller mit gleichbleibender Temperatur und ein großes kommunales Brauhaus. Zuletzt sei noch die Förderung der Brautätigkeit durch die Obrigkeit genannt.

Schon in den Privilegien aus dem Jahre 1702, also der eigentlichen Gründungsurkunde, heißt es unter Punkt 5: „Seine Hochfürstl. Durchl. die Umgelds – Befreyung von Wein und Bier gleichfalls auf sechs Jahre gnädigst verwilligen", was bedeutete, daß auf das Bierbrauen zunächst keine Steuern gezahlt werden mußten. Dies war der Startschuß für eine rege Brautätigkeit.[128]

Im August 1706 wurde mit dem Bau eines Brauhauses begonnen, und im November des gleichen Jahres konnte Kriegskommissarius Cadusch sein erstes „Gebräu" ansetzen. Das Brauhaus war so stark frequentiert – auch nicht St. Georgener Bürger durften es benutzen –, daß sich der Markgraf 1718 entschloß, eine zweite Braustätte anzubauen. Seit dieser Zeit existierte ein sogenanntes Doppel-Brauhaus.

Natürlich mußte auch eine Brauordnung herausgegeben werden, die festlegte, wie gebraut und welche Abgaben geleistet werden mußten. Die 1706 erlassenen Vorschriften wurden 1721 erneuert und bezeichnenderweise um folgende Passage ergänzt: *Gotteslästern, Fluchen, unnützes Geschwätz, Trunkenheit, Spielen und Schlafen im Brauhaus werden strengstens verboten . . .*[129]

In den kommunalen Brauhäusern wurde nur die Würze hergestellt, wobei in der Regel sechs Arbeiter beschäftigt waren: der Braumeister, zwei Brauknechte und drei sogenannte Zuhelfer. Der Kärrner brachte dann die Würze

Abb. 129 *Das ehemalige Kommunbrauhaus St. Georgen in der Bernecker Straße. Heute ist dort die Feuerwehr untergebracht.*

111

Abb. 130 *Die Sternbräu Bayreuth-St. Georgen wirbt für ihre Biere und ihre Lokalitäten. Besonders erwähnt der berühmte „Markator", ein Starkbier von besonderer Güte.*

Abb. 131 *Das Haus St. Georgen Nr. 11 besitzt eine lange Tradition als Gastwirtschaft. Gebaut hat es Johann Ernst Schreiber um das Jahr 1709. Als erster Gastwirt ist Johann Christoph Seyfried nachweisbar, der das Haus 1746 erwarb. Seine Nachfolger waren Johann Horn, Anton Herrmann, Johann Matthäus Stumpf, sein Sohn Johann Christoph Stumpf, Johann Todtschinder, Conrad Popp und Georg Bayerlein, ehe 1878 Adam Weydenhammer die Gastwirtschaft übernahm. Er errichtet eine eigene Brauerei, die „Sternbräu". Auf dem Bild, das um die Jahrhundertwende entstand, ist deutlich das Brauereisymbol, ein fünfzackiger Stern, und die Inschrift „Brauerei zum goldenen Stern" zu erkennen.*

in Fuhrfässern zu den jeweiligen Gärkellern. Gebraut wurde übrigens wegen der Haltbarkeit des Bieres nur im Winterhalbjahr.

Die Bierkieser

Die Qualität des Bieres war sicher recht unterschiedlich, da die technische Ausstattung einfach und die Hygienevorschriften nicht allzu streng waren. In der Brauordnung von 1721 heißt es beispielsweise, daß der Brauherr darauf achten soll, „daß keine Brosamen in die Würze fallen oder getunkt werden".

Das Bayreuther Bier wurde im allgemeinen gelobt. Der große Dichter Jean Paul, bekanntester Bayreuther Konsument, bezeichnete es als „Magen-Balsam", „vorletzte Ölung" oder sogar als „mein Weihwasser". Es gab unter den Medizinern Diskussionen, ob das Bier eine heilende Wirkung habe. Allerdings wurde auch immer wieder Kritik über verdorbenes Bier laut.

Ein anonymer Brief an den Stadtmagistrat aus dem Jahre 1880 mag das verdeutlichen: *Geehrte Herrn! Auf dem Brandenburger wird seit voriger Woche in einer Wirtschaft saures, verdorbenes Bier, der Liter 10 Pfg., verzapft . . . Durch den Genuß obigen Bieres werden die Leute, welches solches genießen, an ihrer Gesundheit empfindlich geschädigt. Wir ersuchen sie daher im Interesse der ärmeren Klasse, welches solches Bier trinken, weil es nur billig ist, der Sache so bald als möglich Einhalt zu thun . . .*[130]

Tatsächlich wurde von amtlicher Seite die Bierqualität auch offiziell geprüft und zwar durch einen sogenannten Kieser. Seine Aufgabe wurde durch klar formulierte Paragraphen festgelegt, die heute noch jeden Amtsschimmel zum Wiehern bringen. Dort heißt es unter anderem: *Die Bierschauer, Bierkieser, haben die Aufgabe, das Bier in den Schenklokalen zu besichtigen und mit Hilfe der Geschmackswerkzeuge (Zunge und Gaumen) zu prüfen . . . Es wird*

hierzu gefordert, daß dieselben zur
Vornahme einer Bierschau ihre Geschmackswerkzeuge rein und un-
verdorben mitbringen und während
der Bierschau auch so erhalten. Sie
dürfen keine Speisen genossen haben, welche Durst erregen, keinen
Käse, keinen Hering, keinen Schin-
ken, kein gesalzenes oder mit Küm-
mel bestreutes Brot ... Der Bierkieser hat vom Bier einen Mund voll
zu nehmen, im geschlossenen Mund
zu behalten, mit der Zunge an den
Gaumen zu reiben und dabei auf die
Empfindungen zu merken, die er
verspüren wird.

Gutes Bier bewirkt schnell im
Gaumen eine kitzelnde (prik-
kelnde) Empfindung, welche von
der durch die Mundwärme ausströ-
menden Kohlensäure herstammt.
Dieser folgt dann an den Zungen-
rändern merkliche Wärme nach, die
sich bald über den ganzen Gaumen
ausbreitet ...[131]

Die Bierbrauer

Das Braurecht war an das Bürger-
recht gebunden, so daß jeder Bürger das Kommunbrauhaus nutzen
konnte. Natürlich machte nur ein
bestimmter Teil davon Gebrauch;

Abb. 132   *Die ehemalige Gastwirtschaft Böhner im Gravenreuther Stift,
St. Georgen 5.*

Abb. 133   *„Hinter dem Haus liegt ein schöner Wirtschaftsgarten mit Kegelbahn", hieß es in einer Beschreibung aus dem Jahre 1878. Im Winter
konnte dieser Biergarten als Schlittschuhlauffläche genutzt werden. Das
kleine Mädchen in der Mitte ist die 1909 geborene Anna Fordermair.*

viele konnten es sich nicht leisten
oder hatten kein Interesse.

Als im Jahre 1811 St. Georgen
nach Bayreuth eingemeindet
wurde, zählte man bei rund 900
Einwohnern über 20 Brauer. Zu
dieser Zeit war allerdings ein Höhepunkt des Kommunbrauwesens
erreicht, danach setzte ein langsa-
mer Niedergang ein. Es entstanden nun immer mehr „professio-
nelle" Bierbrauer und Privatbrauereien.

Das Doppelbrauhaus St. Georgen wurde im Laufe des 19. Jahrhunderts immer schwächer frequentiert und Ende der 70er Jahre
schließlich aufgelöst. Die Kom-
munbrauereien benutzten danach
das Brauhaus in der Erlanger
Straße.

Trotz der zahlreichen Bierbrauer in St. Georgen entwickelte
sich keine größere Brauerei. Die

113

meisten der folgenden Betriebe wurden von Privatbrauereien übernommen oder lösten sich ganz auf.[132]

Zu nennen wären die Kleinbrauereien von:

- Josef Radius (St. Georgen, Nr. 25): Nachfolger Georg Böhner (dieser übernahm später mit seinem Sohn Adam die „Schillerglocke"), bestand bis zum 1. Weltkrieg, heute St. Georgener Apotheke.
- Johann Faber (Nr. 9): Wird von der Brauerei Maisel übernommen, danach Gasthof „Zum Brandenburger".
- Peter Hirschmann (Nr. 26): Bestand bis in die 60er Jahre, danach Gasthof „Hirsch".
- Georg Steinlein (Nr. 48): Bestand bis zum 1. Weltkrieg, danach Gaststätte „Brandenburger Schmiede".
- Klaus Florschütz (Nr. 25): Nachfolger Meier, danach Brauerei und Gasthof Götschel.
- Georg Riedelbauch und Thomas Steinlein (Nr. 21): Später nur noch Gaststätte.
- Adam Bauersachs (Brandenburger Str. 5): Wird von Brauerei Paul Schoberth übernommen, danach Getränkemarkt-Böhner.
- Wilhelm Brinkmann (Brandenburger Str. 1): Bestand nur kurze Zeit.
- Adam Weydenhammer (Nr. 11): eigenes Brauhaus „Stern-Bräu", stellte das bekannte Markator-Bier her, bestand bis kurz nach dem 1. Weltkrieg.[133]

Abb. 134 *Ewald Götschel: er war bis 1961 der letzte Bayreuther Beckenwirt, das heißt, er übte gleichzeitig die Berufe Bäcker und Brauer aus.*

Abb. 135 *In seinem Felsenkeller in St. Georgen in der Nähe der Kellerstraße reift das Bier bei gleichbleibender Temperatur heran und wird in Fässer abgefüllt. Das „Götschelbier" gibt es übrigens nur im eigenen Gasthaus, wird also nicht „ausgeliefert".*

Das gute Beckenbier

Zuletzt sei noch auf die sogenannten „Beckenwirte" eingegangen.[134] Da das Bierbrauen in Bayreuth kein „eingezunftetes" Gewerbe war, sondern zum größten Teil als Nebentätigkeit ausgeübt wurde, fanden sich immer mehr Bäcker, die gleichzeitig auch Bier brauten. Anfang des 19. Jahrhunderts waren in der Stadt Bayreuth die Hälfte der rund 90 Brauer auch Bäcker. 100 Jahre später war die Zahl der Kleinbrauer zwar auf 34 zurückgegangen, der Anteil der Bäcker, nämlich 30, hatte sich noch erhöht. Mit der dann einsetzenden Spezialisierung der beiden Gewerbe nahm die Zahl der Beckenwirte immer mehr ab. Im Jahre 1961 hörte der letzte Beckenwirt, Ewald Götschel, mit dem Brotbacken auf und widmete sich ausschließlich dem Bierbrauen.

Noch zahlreicher als die Brauereien sind natürlich die Gastwirtschaften in St. Georgen.[135] Sie können schon aus Platzgründen nicht alle aufgezählt und beschrieben werden. Der älteste nachweisbare Gasthof war der „Rote Ochse", der schon kurz nach der Gründung St. Georgens entstanden ist. Er befand sich im heutigen Haus St. Georgen Nr. 40 und wird zum letzten Mal im Bayreuther Adressen- und Geschäftsbuch 1901 genannt. Weitere ältere Wirtschaften waren der „Schwarze Bär", der „Ratskeller" (untergebracht im ehemaligen Rathaus) und die schon erwähnte Wirtschaft „Zum Goldenen Stern", in der seit Mitte des 18. Jahrhunderts das „bayerische Opium" floß.

Vor dem Ersten Weltkrieg gab es in St. Georgen noch 16 Bier-

Abb. 136 *Karl Neukam fand bei Grabungsarbeiten die beschädigte Markatorbierflasche.*

Abb. 137 *Die Flasche wird bei der Brauerei Schinner aufbewahrt.*

und Gastwirtschaften. Eine der originellsten war dabei der Gasthof Böhner, der im selben Gebäude wie die Gravenreuther Stiftskirche untergebracht war. So konnte man am Sonntag nach dem Kirchenbesuch gleich im selben Haus Frühschoppen machen.

Das Wirtshaussterben hat aber auch in St. Georgen nicht halt gemacht. Im April 1975 waren es noch zehn Gaststätten, die zur Brannaburger Kerwa einluden. Davon hat inzwischen das Gasthaus Popp geschlossen.

fall so will, entdeckte Karl Neukam bei Grabungsarbeiten auf seinem Grundstück eine beschädigte Bierflasche, auf der deutlich stand: „Sternbräu Bayreuth-St. Georgen Markator D. R. Wz.". Dieser Fund war der Startschuß für die Neuauflage des Starkbiers. Bald hatte Karl Neukam mit der Brauerei Schinner und dem Brannaburger Bürgerverein geeignete Helfer gefunden, „seinen" Markator zu kreieren.

Entstanden ist ein süffiges Bier mit 19 Prozent Stammwürze und rund 7 Prozent Alkohol, also doppelt so stark wie der normale Gerstensaft. Es wird zunftgerecht in kupfernen Sudkesseln gebraut und reift ein halbes Jahr im offenen Gärbottich. Dadurch entsteht ein ausgezeichneter, abgerundeter Geschmack und eine hervorragende Bekömmlichkeit, die sich durchaus mit dem Münchener Salvator messen kann.

Markator aus St. Georgen

München hat seinen Salvator, Bayreuth seinen Markator. Beide Getränke sind Starkbiere, die in der sogenannten fünften Jahreszeit getrunken werden. Und beide Biere haben Tradition.

In der Wagnerstadt hat der Markator allerdings eine Tradition mit Unterbrechung. Und das kam so: „Papa" Neukam, wie er liebevoll von Brauereichef Hans Schinner genannt wird, ist Eigentümer des Anwesens St. Georgen Nr. 11. In dem Gebäudekomplex war eine der bekanntesten Bayreuther Brauereien untergebracht, die „Sternbräu". Und wie es der Zu-

Abb. 138 *Münchens Salvator ist Bayreuths Markator*

Rösser, Rindviecher und Säue

Der Viehmarkt auf dem Brannaburger

Märkte fanden in früheren Zeiten vor allem an den Orten statt, die verkehrsmäßig günstig lagen. Die Stadt St. Georgen am See erfüllte diese Voraussetzung ideal. Vom Norden und Osten führten wichtige Straßen nach Bayreuth durch die Vorstadt, und die Bauern und Händler konnten so den Marktplatz gut erreichen. Außerdem war der alte Straßenzug prädestiniert für Stände und Stellplätze. Die beiden Häuserzeilen wurden im Abstand von rund 16 Metern angelegt und boten so alle Voraussetzungen für die Abhaltung von Märkten. Ein dritter Grund kommt hinzu: Der Markgraf Ge-

org Wilhelm, der 1702 St. Georgen gründete, wollte seine neue Siedlung mit Leben füllen. Dazu trug auch die Abhaltung von Märkten bei. Außerdem kam auch etwas Geld in die notorisch leeren Kassen des Serenissimus. Gründe genug für die Einrichtung von Märkten. Schon kurze Zeit nach der Gründung St. Georgens wurde der Brannaburger Jahrmarkt veranstaltet. Er fand jedes Jahr im April zur Kirchweihzeit im Zentralbereich St. Georgens statt. Zu diesem St. Georgsmarkt, wie er auch genannt wurde, kam laut Privileg vom 21. Januar 1715 ein Roßmarkt hinzu, der 1773 zu einem

allgemeinen Viehmarkt erweitert wurde. Zunächst wurde zweimal im Jahr mehrere Tage lang Markt gehalten. Im 19. Jahrhundert fanden dann die Viehmärkte vom Frühjahr bis Ostern wöchentlich am Montag und dann bis in den Herbst vierzehntägig im Wechsel mit Creußen statt. Das Marktgeschehen stellte zu diesem Zeitpunkt einen wichtigen Wirtschaftszweig dar, da immerhin jährlich 7 000 bis 8 000 Stück Vieh ihren Besitzer wechselten. Heute können sich noch viele ältere Bürger aus St. Georgen an den Viehmarkt erinnern, da bis ins Jahr 1934 sich diese Tradition fort-

Abb. 139 *Viehmarkt vor der Ordenskirche um die Jahrhundertwende*

116

setzte. Erst nach dem Bau der Rotmainhalle wurden die Rinder und Schweine aus St. Georgen verbannt. Die im Jahre 1909 geborene Anna Fordermair beschreibt das Marktgeschehen eindrucksvoll:

Beim Pflasterzollhaus an der Kreuzung Bernecker Straße/St. Georgen nahm das geschäftige Treiben an Markttagen seinen Anfang. In aller Frühe wurde eine schwere Eisenkette an zwei Granitpfosten zwischen dem Hutzlershäuschen St. Georgen 60 (heute steht hier ein Filialneubau der Bayerischen Vereinsbank) und der Kolonialwaren- und Kohlenhandlung Bauer auf der anderen Straßenseite zur Absperrung eingehängt.

*Zolloffiziant Lorenz Löwel mit der Dienstmütze, der Tierarzt und sein Helfer bildeten gleichsam das Empfangskomitee für die vierbeinigen Marktbesucher. Kühe, Kälb-*chen und Ochsen mußten ihr Maul aufmachen, damit der Tierarzt prüfend hineinsehen konnte, bevor die Erlaubnis zum Auftrieb erteilt wurde. Nun mußte der Bauer noch dem Zolloffizianten das Standgeld bezahlen und hatte dann freie Bahn. Auf der Straßenseite mit den geraden Hausnummern, also auf der Ostseite, lagen in jedem Hof Eisenstangen, die an Markttagen in kleinen Schächten an der Straße festgemacht wurden. An ihnen konnten die Bauern ihr Vieh anhängen.*

In den Wirtshäusern herrschte an solchen Tagen naturgemäß Hochbetrieb. An Markttagen konnte man getrost annehmen, daß auch „manch zweifelhaftes Fäßchen Bier seine Vertilgung findet", wie das Bayreuther Tagblatt einmal schrieb.

*Erzählen möchte ich auch vom St. Georgener Schweinemarkt, von uns Säulesmarkt genannt, der*zunächst am Roses-Berg (Brandenburger Straße) angesiedelt war. Der bis heute gebliebene Name Saumarktbrunnen erinnert an die alte Tradition. Als die Zahl der Händler immer größer wurde, reichte der Platz nicht mehr aus, und das Geschehen mußte in die Kellerstraße verlegt werden. Für uns Kinder war das jedes Mal ein Fest. Die Schweinehändler kamen zum Teil von weit her, vor allem aus der Umgebung von Kulmbach und aus Tannenwirtshaus (heute Teil von Marktleugast). Sie mußten schon sehr früh von zu Hause aufbrechen, um zwischen 6 und 7 Uhr morgens in St. Georgen zu sein. Die Pferde wurden in unserem Stall eingestellt, wo sie Futter bekamen und getränkt wurden.*

Für die Händler bereitete meine Mutter schon um 7 Uhr früh den Wurstkessel voll saurer Lunge sowie eine kräftige, selbstgemachte

Abb. 140   *Dichtgedrängt warten die Rinder geduldig auf ihre Käufer.*

Abb. 141   *Der Säulesmarkt*

Nudelsuppe vor, und frische Brötchen gab es auch schon. Allen hat es geschmeckt, und billig war es obendrein. Um 12 Uhr mittags war der Markt zu Ende, und auch der „Brannaborcher" bot ein anderes Bild. Nun mußte erst einmal die Straße gründlich gesäubert werden. Kleingärtner zogen auf mit Schaufel, Besen und Eimer und sammelten den Kuhmist ein. Es folgten die Straßenkehrer, die viel Wasser zur Reinigung des Pflasters benötigten. Um die Jahrhundertwende wurde es von zwei Brunnen geliefert: vom Saumarktbrunnen und vom Brunnen gegenüber der Ordenskirche, der neben dem schönen schmiedeeisernen Tor des Herrn Leupold stand. Wie kam das Wasser in die Schläuche? Die Brandenburger wußten sich auch hier zu helfen. Die Feuerwehr rückte mit ihrer Tressine an und pumpte aus Leibeskräften. Zu meiner Zeit zog die Feuerwehr freilich schon recht modern mit der Motorspritze auf. Wir Kinder waren da immer im Weg. Hauptsächlich die neugierigen Buben störten den reibungslosen Ablauf.[136]

Abb. 142   *Endlich ist man sich einig und besiegelt per Handschlag den Kauf. Hier ein Bild aus der Kellerstraße.*

Theater in St. Georgen

Vom markgräflichen Opernhaus zum Brandenburger Kulturstadl

Der Brandenburger Kulturstadl ist inzwischen im Bayreuther Theaterleben zu einer festen Institution geworden und vielen Menschen ein Begriff. Aber wo soll es in St. Georgen ein Opernhaus geben; das barocke Theater befindet sich doch in der Innenstadt!

Natürlich besteht heute in St. Georgen kein Opernhaus mehr, aber es hat im 18. Jahrhundert so ein Gebäude gegeben. Und es ist auch bekannt, welche Stücke gespielt wurden.

Zunächst soll der Frage nachgegangen werden, wann das Opernhaus errichtet wurde, wie es aussah und wo es gestanden hat.

Das Gebäude wurde zu Beginn des 18. Jahrhunderts, also in der Zeit, in der St. Georgen insgesamt entstanden ist, errichtet. Es wurde im Zuge der markgräflichen Schloßanlage gebaut und taucht in den Urkunden das erste Mal im Jahr 1706 auf. Dort heißt es: ... *14 Sparreißer von welchem dem Schuster Hannß Poppen zu St. Georgen 6 Stück wieder zuzustellen, als welcher solche zu schleuniger Erlangung des Theatri vorgeliehen.*[137]

Im „Prospekt der Residenz Bayreuth und St. Georgen am See" von Johann Georg Dülp, der um 1710 entstanden ist, heißt es in der Legende unter Nummer 18: „Das Commodien Haus". Zu dieser Zeit war also das Gebäude schon fertig.

Auch im Stich von Georg Christoph Kilian ist das Theatergebäude benannt. Dort wird es als „Opernhaus am See" bezeichnet.

Als letzte Urkunde sei die Beschreibung der Schloßanlage durch Johann Christoph Volkamer aus dem Jahre 1714 angeführt. Er führt folgendes aus: ... *Es ist dieses Schloß und der daran stoßende große Weiher weit und breit bekannt; von 15 Jahren aber her hat ihm Se. Hochfürstl. Durchlaucht, der jetzt regierende Herr Markgraf Georg Wilhelm damalige Erbprinz eine ganz ungemein prächtige Gestalt und Zierde gegeben ... Im Opernhaus werden die schönsten theatralischen Vorstellungen praesentiret ...*[138]

Über Standort und Aussehen informiert uns das Prospekt von Bayreuth und St. Georgen aus dem Jahre 1710. Dort ist ein einfaches zweistöckiges Gebäude mit rechteckiger Grundfläche und Walmdach eingezeichnet. Es befindet sich direkt am Uferrand zwischen dem Schloß und den Matrosenhäusern. Zum See hinaus führt ein längerer Steg.

Einmalige Seekulisse

Das Besondere an dem Gebäude ist die nördliche, zum Brandenburger Weiher schauende Fassade. In ihr ist ein größeres Tor zu erkennen, das während des Theaterspiels aufgemacht werden konnte. Dadurch wurde das Bühnenbild durch eine einmalige Naturkulisse erweitert.

Wie oft diese Regieanweisung wirklich umgesetzt wurde, ist nicht bekannt. Es sind aber heute noch Theaterstücke erhalten, in denen entsprechende Szenen vorkommen. So findet sich in der ersten uns bekannten Oper aus dem Jahre 1716 mit dem Titel „Die durchlauchtigste Olympia" im 3.

Abb. 143 *Das „Commodien-Haus" am Brandenburger See zwischen dem Schloß und den Matrosenhäusern.*

und 5. Akt ein Seehafen. Auch in dem Stück „Die von Pluto beraubte Proserpina", das am Georgstag 1717 zur Aufführung kam, wird ein Seehafen erwähnt. Weitere Beispiele ließen sich anführen.[139]

Das St. Georgener Theater hat nicht lange Bestand gehabt. Im Riediger Plan aus dem Jahre 1745 fehlt es schon.

Es ist anzunehmen, daß das Gebäude nicht besonders solide gebaut war und deshalb bald abgerissen wurde. Es ist ja, wie erwähnt, zusammen mit dem ersten Schloß errichtet worden, und das mußte auch bereits nach 20 Jahren durch einen Neubau ersetzt werden. Sicher war auch nach dem Tod des lebenslustigen Markgrafen Georg Wilhelm der Bedarf am Theaterspielen gering. Sein Nachfolger, der Markgraf Georg Friedrich Carl, lebte zurückgezogen; die barocke Lebensart seines Vorgängers war ihm fremd.

Unter Markgraf Friedrich und seiner Gemahlin Wilhelmine fanden wieder öfters Theateraufführungen in St. Georgen statt, allerdings nicht mehr im erwähnten Theatergebäude. Nun dienten das Schloß selbst und die angrenzende Insel als Kulisse.

Für Markgräfin Wilhelmine, die immer den Berliner Hof als Vorbild hatte, wäre das unter Georg Wilhelm errichtete Opernhaus auch viel zu klein gewesen. Sie veranlaßte stattdessen den Bau des prächtigen Opernhauses in der Nähe der Residenz in Bayreuth, das heute noch zu bewundern ist.

Ganz in der Nähe von St. Georgen, am Grünen Hügel, hat sich wenig später auch ein Theater angesiedelt, das bis heute Bestand hat und Bayreuth weltberühmt gemacht hat. Gemeint ist das Festspielhaus Richard Wagners.

200 Jahre Pause

In St. Georgen war das organisierte Theaterspielen dagegen lange Zeit verschwunden.

Es dauerte über 200 Jahre, bis wieder Theaterenthusiasten von

Abb. 144   Der „Brandenburger Kulturstadl" in St. Georgen.

Abb. 145   „Straßentheater" in St. Georgen: Alexandra Masel (links) und Hannelore Steinhäuser in einer Szene aus Karl Valentins Sketch „Der Feuerwehrhauptmann", der zum 10jährigen Jubiläum des Kulturstadls aufgeführt wurde.

120

der Muse geküßt wurden und eine neue Bühne installierten.[140]

Begonnen hatte es zunächst im Schützenhaus, wo sich im Rahmen der Volkshochschule Laienschauspieler trafen, um unter der Regie von Adolf Brunner Theater zu spielen.

Als dort das Mietverhältnis gekündigt werden mußte, begann die Suche nach neuen Räumen.

Anfang August 1982, so heißt es in einer Jubiläumsschrift des Kulturstadls, wurden wir schließlich fündig: das ehemalige Vereins- und Lagerhaus in der Brandenburger Straße 35. Als wir „unser" Haus das erste Mal sahen, trauten wir unseren Augen nicht. Es glich mehr einer Bruchbude, die in Kürze abgerissen werden sollte, als einem bespielbaren Theater mit Rängen und Bühne.

Dennoch schafften wir es. Nach aufwendigen Renovierungsarbeiten und in mühevoller Kleinarbeit wurde daraus unser „Stadl", den wir schließlich am 6. November 1982 mit dem Märchen „Hänsel und Gretel" eröffneten.

Allein dieses Stück wurde 43mal aufgeführt, und es kamen 3599 Besucher.

Zum zehnjährigen Jubiläum, das Ende 1992 stattfand, konnte stolze Bilanz gezogen werden: Insgesamt hatten 49 Stücke im Stadl Premiere, also durchschnittlich 5 verschiedene Werke pro Jahr. 922 Vorstellungen und 69 418 Zuschauer konnten in diesem Zeitraum gezählt werden, und das als reines Amateurtheater. Wenn man dazu noch die durchschnittliche Probenzeit von 6 Wochen pro Stück rechnet, läßt sich erahnen, wie groß das Engagement der Menschen vor und hinter der Bühne war. Es wurde in dieser Zeit aber nicht nur Theater gespielt, sondern der „Stadl" mußte auch auf Vordermann gebracht werden. So wurde die Heizung erneuert, der sanitäre Bereich renoviert und das Foyer umgebaut.

Über diese Baumaßnahmen im Jahre 1990 berichtet ein Mitglied des Kulturstadls:

Als erstes waren wir selbst einmal gefragt, bevor die einzelnen Firmen Hand anlegen konnten. In tagelangen, abendlichen Arbeiten, die teilweise bis spät in die Nacht andauerten, wurde der Putz von den Wänden geschlagen, Fliesen abgeschlagen, Decken und Wände eingerissen . . . 14 Tage vor der Eröffnungspremiere kamen dann bei einigen doch gewisse Zweifel auf, ob wir überhaupt mit allem pünktlich fertig würden. Die Toiletten glichen noch mehr einer Großbaustelle, im Foyer war auch noch lange nicht alles an seinem Platz, und auf der Bühne sah es aus, als ob eine mittlere Bombe eingeschlagen hätte, da diese als einziger Raum nicht umgebaut wurde und daher als Stauplatz für alles mögliche herhalten mußte. Erschwerend kam noch hinzu, daß

Abb. 146   *Zwei Zehnjährige brillieren als Schauspieler. Sonja Döring und Heiko Rauh in Erich Kästners Stück „Pünktchen und Anton".*

Abb. 147   *Zur Weihnachtszeit im Jahre 1990 wurde im Kulturstadl Hans Christian Andersens Märchenstück „Die kleine Seejungfrau" aufgeführt. Von links: Hannibal, der Seeteufel (Edmund Gröme), Bente (Susanne Wilfert), Merle (Elke Kurz), Kirstin (Sonja Schönheiter) und die Meerhexe (Iris Müller).*

121

trotz aller Vorsichtsmaßnahmen, wie sämtliche Türen und Decken abhängen, der Staub von den Arbeiten doch seinen Weg überallhin fand. Kurz: es herrschte Chaos.

Doch welch' Wunder, am 13. Oktober, rechtzeitig zur Wiederaufnahme der „Zehn kleine Negerlein," war alles, bis auf ein paar unwesentliche Kleinigkeiten, fertig . . .[141]

Bei dem Stück „Zehn kleine Negerlein" handelt es sich übrigens nicht um Kindertheater, sondern um eine Kriminalkomödie in 7 Bildern von Agatha Christie, die für den Kulturstadl Wieland Beinert inszeniert hat.

Diese Art von Boulevardkomödien hat den Kulturstadl erfolgreich gemacht. Es sind meist humorvolle Stücke, die den Besucher unterhalten wollen. Dazu zählen Komödien wie „Jetzt nicht, Liebling", „Hosen-Flattern" oder „Sex im 6. Stock" ebenso wie das mit 36 Vorstellungen erfolgreiche Stück „Doppelt leben hält besser". Das problemorientierte Stück „Draußen vor der Tür" von Borchert stellt eher die Ausnahme dar.

Publikumsrenner

Wahre Publikumsrenner sind jedoch neben den Boulevardkomödien für die Erwachsenen die Märchenveranstaltungen für die Kinder. So besuchten beispielsweise das Märchenspiel nach den Gebrüdern Grimm „Brüderlein und Schwesterlein" 4795 Zuschauer, und beim Stück „Frau Holle", das Dieter Schnabel inszenierte, waren es gar 6501 Besucher.

Viele Besucher des Brandenburger Kulturstadls werden sich auch noch an Erich Kästners Kinderstück „Pünktchen und Anton" erinnern. Werner Wirth vom Nordbayerischen Kurier schrieb damals als Kritiker:

Die Voraussetzung für den Erfolg war es, für Pünktchen und Anton die richtigen Darsteller zu finden – und das hat der Brandenburger Kulturstadl in jeder Hinsicht geschafft. Sonja Döring und Heiko Rauh sind ein Paar, an dem wahr-

scheinlich Erich Kästner seine helle Freude gehabt hätte. Die zierliche Sonja Döring versteht es trefflich, das Generaldirektorstöchterlein, das die fehlende Liebe der Eltern durch eigene Phantasie ersetzt, glaubhaft zu machen. Der stämmige Heiko Rauh wirkt zwar nicht gerade wie ein blasses Arbeiterkind, aber deswegen traut man ihm vielleicht sein mutiges Auftreten gegenüber lichtscheuem Gesindel wie Erpresser und Einbrecher um so eher zu. Erstaunlich ist, daß beide nicht das geringste Lampenfieber zeigen. Man kann es fast nicht glauben, daß sie zum erstenmal auf einer Bühne stehen . . . Begeistert waren die Zuschauer natürlich auch von der dicken Berta, dargestellt von Evelyn Döring. Bei ihrem Auftritt fragten sich zwar manche, ob die das Singen wohl in der Badewanne gelernt hat, aber schließlich spielt sie ja auch nur eine Köchin und keine Opernsängerin. Ihre Schläge mit dem Fleischklopfer, mit denen sie den bösen Einbrecher außer Gefecht setzt, ohne daß es wehtut, müßte man auch noch ein wenig üben – bei der Premiere fiel er schon um, ehe sie ihn berührt hatte . . .[142]

Der Brandenburger Kulturstadl hat durch solche Stücke die Herzen, nicht nur der kleinen Zu-

schauer, erobert. Er ist zu einer festen kulturellen Institution in Bayreuth geworden.

Hinzu kommt, daß die Schauspieler auch die „Stadltore" geöffnet haben und außerhalb auf sich aufmerksam machten.

So spielten sie Straßentheater auf dem Bürgerfest oder traten auf der Freilichtbühne in der Eremitage auf. Mit dem Erfolgsstück „Doppelt leben hält besser" gingen sie sogar auf Tournee ins Burgenland und begeisterten in Oberschützen die Zuschauer.

Als Außenstehender fragt man sich, wie das alles von reinen Amateuren zu schaffen ist. Wieland Beinert, Vorstandsmitglied des Kulturstadls, hat darauf eine Antwort gegeben:

Es sind die großen, glänzenden Kinderaugen, die voller Spannung das Geschehen auf der Bühne verfolgen und die einen anstrahlen, wenn der Märchenheld oder die Heldin die kleinen Zuschauer persönlich verabschieden und ihnen die Hand geben. Oder der anhaltende Schlußapplaus, der das sogenannte Brot des Künstlers ist. Dies alles ist Dank und Lohn für all die Mühen. Ein Außenstehender wird das wohl nie verstehen, ja vielleicht nicht einmal begreifen können.[143]

St. Georgen und die Familie Richard Wagner

In Sichtweite von St. Georgen hat der berühmteste Sohn Bayreuths, Richard Wagner, im Jahre 1872 sein Festspielhaus errichtet. Die Menschen in St. Georgen haben vielfältige Beziehungen zu diesem Bayreuther „Heiligtum". Zwar werden nur wenige Einheimische den Wagner-Tempel von innen gesehen und eine Aufführung besucht haben. Viele Akteure vor und hinter der Bühne sowie Festspielbesucher haben aber in St. Georgen Quartier bezogen und für Gesprächsstoff gesorgt. Außerdem war während der Festspielzeit mancher Brannaburger als Saisonarbeiter beschäftigt und erlebte so die „große Welt".

Adam Seeser, der spätere Bayreuther Bürgermeister, schreibt in seinen Erinnerungen darüber:

Der eine oder andere konnte in den wenigen Festspielwochen im Gaststätten- oder Hotelgewerbe als Aushilfskellner oder Hausknecht, als Küchenhilfe oder als Tellerwäscherin einige zusätzliche Mark verdienen. Die älteren Schulbuben drückten sich rund um das Festspielhaus an die flanierenden Gäste heran, um mit dieser oder jener Handreichung ein kleines Trinkgeld zu erhaschen.

Meine Mutter nahm jede Gelegenheit wahr, einige zusätzliche Mark in die Haushaltskasse zu bringen. Sie arbeitete während der Festspielzeit, wenn sie nicht gerade eine andere Arbeit angenommen hatte, regelmäßig im Festspielrestaurant in der Küche. Die Arbeit begann, da die Vorstellungen immer erst am Nachmittag oder Abend anfingen, erst am Mittag. Da der Sturm der Gäste ja nur in den Pausen und nach der Vorstellung stattfand, mußte alles gut vorbereitet werden, um die 1 500 Festspielbesucher schnellstens zufrie-

Abb. 148   *Der berühmteste Sohn Bayreuths: Richard Wagner.*

denzustellen. Die Pausen dauerten aber nur etwa eine Stunde. Da kam es dann schon vor, daß die Gäste noch über ihrem Braten saßen und die Fanfaren den Beginn des nächsten Aufzugs ankündigten. Da die vornehme Gesellschaft meist doch nur viel redete und wenig Appetit zeigte, wurde manches Essen fast unangetastet in die Küche zurückgebracht. In Mutters großen Henkelmann paßte viel hinein, und selbstverständlich wurden die besten Stücke mitgenommen. Am nächsten Tag gab es für die ganze Familie, und das manchmal mitten in der Woche, ein Festmahl. So partizipierten auch kleine Leute von Richard Wagners Kunst.[144]

St. Georgen hat aber nicht nur indirekt mit Wagner und seiner Frau Cosima Berührungspunkte. Zwei Episoden mögen das beweisen. Es handelt sich dabei um ein erfreuliches Ereignis – eine Taufe – und ein trauriges – Cosima Wagners Tod.

Richardis Cosima Meyer

Geehrter Herr Meyer!

Ich erfahre soeben, daß durch ein Mißverständnis Ihnen vorgestern früh der Brief von mir nicht zugestellt worden ist, in welchem ich Ihnen meldete, daß ich und meine liebe Frau die angetragene Patenstelle gerne annehme. Ich erwarte demnach nur, daß Sie mir das Nähere über die erwartete Taufe mitteilen, um mich danach zu richten.

Mit Hochachtung ergebenst Richard Wagner, Fantaisie, 26. Mai 1872[145]

Was hat nun dieser Brief mit St. Georgen zu tun? Dazu muß man wissen, daß die angeschriebene Familie Meyer im Stadtteil Burg wohnte. Dort kam am 22. Mai, dem Geburtstag des großen Komponisten, ihre Tochter zur Welt. Die Ehefrau, Barbara Meyer, hatte eine grandiose Idee: Könnte nicht Richard Wagner die Patenschaft für ihr Kind übernehmen?

Abb. 149 *Arbeiterhäuser im Stadtteil Burg, die heute leider nicht mehr stehen. Hier könnte Richardis Cosima geboren sein.*

Es wurde ein Brief aufgesetzt und ans Hotel Fantaisie, dem Aufenthaltsort der Familie Wagner, gesandt. Wenige Tage später sprach es sich wie ein Lauffeuer im Stadtteil herum, was in obigem Brief stand, daß also Wagner zugesagt hatte.

Schon nach einer Woche, am Sonntag, dem 2. Juni 1872, fand die Taufe statt. In der Ordenskirche hatte sich eine größere Menschenmenge um den berühmten Taufstein des Bildhauers Elias Räntz versammelt, als im Beisein der Eheleute Wagner das Kind vom evangelischen Pfarrer Hoffer auf den Namen Richardis Cosima Meyer getauft wurde. Danach feierten die Gäste in der kleinen Wohnung der Familie Meyer. Dieses Erlebnis hat auf Cosima Wagner einen bleibenden Eindruck hinterlassen und wird auch in ihrem Tagebuch erwähnt. Dort heißt es:

Wir bringen die kleine Richardis Cosima heim, der Vater ernst und ergriffen, die Mutter sehr bescheiden, gute tüchtige Volksmenschen, mit denen nicht zu spaßen ist. Sie nötigen uns zu Wein, Kaffee und geben einen großen Kuchen mit; die Wohnung, zwei Stübchen, die fünf Kinder darin, sieht sauber aus, an den Fenstern der Arbeiterhäuser und vor den Türen viel Menschheit, *die Fenster sehen aber auf Gärten und Berge. Wir sind sehr gerührt, o dieses furchtbare, furchtbare Dasein!*[146]

Cosimas Tod

Nun zur zweiten Episode: Im gesegneten Alter von 93 Jahren starb 1930 Cosima Wagner. Von der Villa Wahnfried aus folgt ein langer Trauerzug durch die Straßen Bayreuths. Alle Kirchenglocken läuteten, als der Sarg auf einer Kutsche, von vier Pferden gezogen, an zahllosen Menschen vorbeifuhr. Paul Pretzsch war Zeitzeuge und schrieb darüber:

Das Trauergeleit endete an der Ordenskirche zu St. Georgen, und noch einmal grüßten dort Kinderstimmen die tote Meisterin mit einem Choral. Der Frauenchor der Gesellschaft der Musikfreunde ließ zart und weihevoll Franz Schuberts „Heilig, heilig, heilig!" erklingen, während der Kraftwagen mit dem Sarg sich lautlos in Bewegung setzte. Er machte auf seinem Weg noch einmal Halt auf der Rampe vor dem Festspielhaus, von dessen Flaggenstock die Hausfahne die tote Herrin von Wahnfried halbmast grüßte. So nahm die Frau, die früher als alle anderen Menschen und tiefer des Geheimnisses inne geworden war, das in dem Grundstein dieses Hauses ruht, ihren letzten Abschied von der Stätte ihres gesegneten Wirkens und ihres Dienstes an der heiligen deutschen Kunst und am deutschen Volkstum . . .[147]

Cosima Wagner wurde nach Coburg gebracht und dort bei Klängen aus Parsifal eingeäschert.

Ihre Urne befindet sich heute im Garten der Villa Wahnfried neben Richard Wagner. Ihr Wunsch, daß die Asche auf seinem Grab verstreut wird und so „ganz eins mit ihm zu werden", wurde nicht erfüllt.

Abb. 150 *Cosima Wagners Leichenzug in der Brandenburger Straße.*

Von der Taubstummenanstalt zur Sprachheilschule

Diese Schule in St. Georgen an der Markgrafenallee, die heute eine Einrichtung des Bezirks Oberfranken ist, gibt es an diesem Ort seit 1913.[148]

Die Institution selbst ist allerdings schon 100 Jahre älter. Nachdem die Versuche der fürstlichen Kanzlei aus dem Jahre 1781, einen Lehrer mit „erfinderischen Genie, Lust, Geduld und speculativen Denkungskraft" für eine derartige Schule zu finden, im Sande verlaufen sind, ergriff der berühmte Bayreuther Pädagoge Dr. Johann Baptist Graser 1817 die Initiative: Er begann selbst mit dem Unterricht taubstummer Kinder und richtete zusammen mit dem Lehrer Poland im Münzschulgebäude eine Klasse für gehörlose Schüler ein. In seiner Schrift „Der durch Gesicht und Tonsprache der Menschheit wiedergegebene Taubstumme" plädierte Graser dafür, die behinderten Kinder in normale Klassen zu integrieren und dort zu fördern und sie nicht in geschlossene Institute mit Internatsunterbringung aufzunehmen. Zunächst war die Polandsche Förderklasse eine Privatanstalt neben der öffentlichen Schule. Erst 1846 verlor sie den privaten Charakter und wurde offiziell anerkannt und als staatliche Institution eingerichtet.

Die Form der Förderklassen existierte bis 1875, dann wurde zunächst in der Dammallee, später in der Siechgasse (heutige Rathenaustraße) eine eigene Anstalt mit Schule und Internat errichtet. Die Schülerzahlen nahmen im Laufe der Zeit derart zu, daß das Schulgebäude in der Kasernenstraße, wie sie nun hieß, nicht mehr ausreichte. Deshalb entschloß man sich 1910 zu einem Neubau einer Schule in der Markgrafenallee, die dann am 8. September 1913 eröffnet werden konnte.

Auch diese Schule war eine geschlossene Anstalt mit Lehrbetrieb und Internat. Es wurden rund 50 Kinder aus ganz Oberfranken gefördert, wobei fünf bis sieben Klassen eingerichtet waren. Es sollte auch noch erwähnt werden, daß es sich ausschließlich um protestantische Schüler handelte; die katholischen Schüler aus dem oberfränkischen Bereich wurden in einer ähnlichen Schule in Bamberg unterrichtet.

Sorgenkinder wohl geborgen

Wie es in der Bayreuther Schule vor dem Zweiten Weltkrieg zugegangen ist, schildert uns Heinrich Friedmann in einem euphorischen Bericht aus dem Jahre 1928.

Hätte Dr. Graser diesen Bericht gekannt, hätte er wohl seine Meinung zum Internat grundlegend geändert. Ob allerdings wirklich alle Schüler so begeistert waren, wie es Friedmann darstellt, mag zweifelhaft sein.

Mitte September lenken manche Eltern mit ihrem 6jährigen Kinde vom Bahnhof kommend ihre Schritte durch die mit Linden- und Kastanienbäumen verschönte Markgrafenallee. Bange Sorge spricht aus ihren Zügen, kummervolle Blicke ruhen auf ihrem Kinde.

Schweren Herzens betreten sie das mit einem zielstrebigen Türmchen gezierte, freundliche Anstaltsgebäude. Doch wie bald wandelt sich ihre Sorge in frohe Genugtu-

Abb. 151 *Die Sprachheilschule heute in der Markgrafenallee.*

ung. Sie wissen ihr Sorgenkind wohl geborgen in diesen hellen Räumen, die ihnen die Liebe und Wärme haben spüren lassen, die sie erfüllt.

Es ist ja auch so leicht, sich hier einzugewöhnen, umgeben von einer so munteren und lustigen Kinderschar, die durch Spiel und Scherz jegliches Heimweh bannt. Sorglose Kinderfreude läßt sie das schwere Los, das ihnen beschieden, nicht fühlen. Helles Glück strahlt nach wenigen Tagen erziehlicher und unterrichtlicher Einwirkung aus ihren Augen, wenn der anerkennende Blick des Lehrers ihre ersten sprachlichen Bemühungen belohnt. Jubel erfüllt ihr Inneres, wenn sich die Bedeutung der Wörter „Papa" und „Mama" erhellt, wenn ein leises Ahnen vom Werte der Sprache durch ihr junges Gemüt zieht. Wer kann die Freude der Eltern ermessen, wenn in den Weihnachtsferien das gehörlose Kind mit dem Rufe „Mama" in die Arme der sorgenden Mutter springt? Und ist ein Jahr vergangen, so ist schon ein gutes Stück des mühsamen, jedoch durch viel Liebe und Geduld erleichterten Weges zur Spracherlernung zurückgelegt.[149]

In dieser Schilderung wird auch ein Lehrlingsheim für ehemalige Schüler erwähnt. Die verantwortlichen Lehrer hatten erkannt, daß viele Kinder zwar in der Schule das Erlernen der Sprache geschafft hatten, daß sie aber im Berufsleben nicht zurechtkamen. Deshalb wurde 1927 ein Lehrlingsheim integriert, in dem die Schulabgänger weiterbetreut wurden. Im Jahre 1936 wurden diese Einrichtungen durch eine Meisterschule für Herrenschneiderei, Schuhmacherei, Polsterei und Damenschneiderei erweitert.

Während des Zweiten Weltkrieges war der Schulbetrieb wie überall stark behindert. Viele Lehrkräfte waren an der Front, und die Kriegswirtschaft ermöglichte keinen normalen Schulbetrieb.

Als im April 1945 Bayreuth bombardiert wurde, kam die Taubstummenanstalt glimpflich davon. Bis auf kleinere Dach- und Fensterschäden blieb das große Gebäude unbeschädigt. Auch die Schüler und das Personal kamen mit dem Schrecken davon. Sie hatten sich in den tiefen St. Georgener Felsenkellern verschanzt.

Nach dem Krieg normalisierte sich auch in der Taubstummenanstalt der Schulbetrieb allmählich. Der Regierungsbezirk von Oberfranken, der 1943 die Trägerschaft übernommen hatte, begann, die Schule zu modernisieren und auszubauen.

1956 entstand ein großes Turnhallengebäude, 1970 wurde das Internatsgebäude umgebaut. In den 70er Jahren strukturierte man auch das oberfränkische Gesamtkonzept neu. Bamberg erhielt eine Schule für Gehörlose und Schwerhörige, Bayreuth eine Schule für Sprachbehinderte.

Zu dieser Zeit wurden auch die schulvorbereitende Einrichtung intensiviert und in Ostoberfranken zahlreiche Außenstellen errichtet. Dadurch ist es möglich, sprachbehinderte Kinder vor Ort intensiv zu betreuen, ohne daß sie aus ihrer gewohnten Umgebung gerissen werden. Außerdem können den Kindern lange Fahrten mit dem Bus erspart werden.

Wenn auch die Schülerzahlen dadurch in St. Georgen kontinuierlich zurückgingen, besteht die ehemalige Taubstummenanstalt weiter. Sie nennt sich heute: „Staatliche Schule für Sprachbehinderte mit Heim, Tagesstätten und schulvorbereitender Einrichtung" oder kurz „Markgrafenschule".

Abb. 152 *Die Sprachbehindertenschule in St. Georgen ist eine Einrichtung des Bezirks Oberfranken. Aus diesem Grunde läßt sich auch Präsident Edgar Sitzmann selbst öfter sehen und überzeugt sich von der guten geleisteten Arbeit. Unser Bild zeigt ihn im Juni 1991, als er sich im Malzimmer mit Kindern über ihre „Werke" unterhält.*

„Wir lebten in einer anderen Welt"
Die Kinder von St. Georgen

Erinnerungen an die Kindheit sind natürlich immer verklärt, denn negative Eindrücke werden eher verdrängt und vergessen als erfreuliche Erlebnisse. Außerdem erscheint die Kindheit angesichts der täglichen Pflichten und Mühen als unbeschwerte Zeit, die man gern noch einmal erleben möchte. Das ist heute so und war sicherlich vor 100 Jahren und mehr so.

Trotzdem gibt es viele Unterschiede zwischen den Kindern St. Georgens aus heutiger Zeit und früher. Vor 50 oder gar 100 Jahren war St. Georgen mehr ländliches Gebiet, auch wenn es zur Stadt gehörte. Es gab viele Plätze zum Spielen und Streunen und natürlich – jede Menge Kinder.

Viele ältere „Brannaburger" erinnern sich mit nostalgischen Gefühlen an ihre Kindheit und haben ihre Erlebnisse auch aufgeschrieben.

Ein kleines Potpourri soll uns in die Welt der Kinder von St. Georgen vor 50 Jahren und mehr versetzen:

Spiele hinter der Kirche

„Geboren wurde ich im Haus Hinter der Kirche Nr. Zwölfeindrittel und aufgewachsen bin ich im Haus Nr. 1 gleich neben der Freiwilligen Feuerwehr, so wie sich das für die Enkelin eines Feuerwehrkommandanten eben gehört.

Wenn ich mich zurückbesinne, lebten wir damals in einer ganz anderen Welt. Da konnten wir nach der Schule oder am Abend noch direkt vor der Haustüre ungestört Völkerball spielen. Nicht selten bekamen wir dabei Zuschauer, denn an den warmen Sommerabenden war es üblich, daß sich die Hausbewohner und Nachbarn nach Feierabend noch ein wenig ‚hinuntersetzten'. Weil das Pflaster vor dem Haus nicht gerade eben war, stellten sie ihre Klappstühle gegenüber am ‚Poppen-Zaun' auf, und genauso saßen die Leute in der Gasse zum Friedhof vor ihren Häusern. Gesprochen wurde von den Alltagssorgen, von diesem und jenem, doch das Wich-

Abb. 153   *Kinder vor der Ordenskirche im Jahre 1920 . . .*

Abb. 154   *. . . und hinter der Kirche, ebenfalls im Jahre 1920.*

Abb. 155   *Kinderfasching in St. Georgen im Jahre 1932.*

tigste war, daß man miteinander redete und sich so besser kennenlernte.

Der große freie Platz hinter der Ordenskirche sah zu meiner Kinderzeit noch ganz anders aus als heute. Da war noch nicht alles langweilig und seelenlos zugeteert, da gab's noch keine Parkplätze und so gut wie keine Autos. Hier verkehrten Pferdefuhrwerke und ab und zu ein Traktor. Die einzigen Fahrzeuge, die hier ‚parkten‘, waren die Heu- und Erntewagen, die der Landwirt Förster vor seinem Hof und seiner Scheune abgestellt hatte. Im Ganzen gab es hinter der Kirche sieben landwirtschaftliche Betriebe.

Ein besonderer Reiz für uns Kinder war natürlich, ab und zu in die Ställe hineinzuspitzen, und das um so mehr, wenn sich Jungtiere dort befanden.

Ein anderer Anziehungspunkt waren die bereits erwähnten Fuhrwerke, auf welchen wir ‚Fangen‘ spielten. Dabei hüpfte man von einem der dicht nebeneinander abgestellten Wagen zum anderen. Selbstverständlich war das ausdrücklich verboten, aber manchmal war der Sprung auf den Wagen nur die einzige Möglichkeit, dem Fänger gerade noch zu entkommen. Einmal sprang ich dabei zu kurz. Zerrissene Strümpfe, blutige Knie und abgeschürfte Hände, das gab zu Hause ein gewaltiges Donnerwetter.

Ebenso beliebt waren das ‚Pflaster-Fangerlas‘ (ein Fangspiel) und das ‚Bräuhaus-Spitzerlas‘ (ein Such- und Anschlagspiel).“

(Sigrid Huttinger)

Seiltänzer

„Ein beliebter Spielplatz war die Dungstätte der kleinen Landwirtschaft unseres Nachbarn. Sie war durch eine Planke abgegrenzt, auf der man vorzüglich Seiltänzerkünste vorführen konnte. Eines Tages wurde ich jedoch von einer vorübergehenden Frau aus der Miste gezogen. Die Mutter mußte mich kräftig schrubben und alle Kleider waschen. Als der Vater heimkam, verabreichte er mir eine Tracht Prügel zur Abschreckung, damit ich diese Künste nicht nochmal versuchte.“ *(Adam Seeser)*

Die wundersame Biervermehrung

„Oft mußten wir beim Wirt Steinlein neben der Kirche ein Schimala Bier holen. Unterwegs versuchten wir den Gerstensaft, und beim Förstersbrunnen hinter der Kirche wurde das fehlende Bier mit Wasser nachgefüllt. Das war weiter nicht schlimm, denn die Großmutter gab Zucker zum Bier und noch mehr Wasser. Das Gebräu hieß bei uns Zuckerbier und war gut.“ *(Anna Fordermair)*

Mutproben

„Ich kann mich noch gut an unsere Mutproben erinnern. Besonders gruslig war es, in der Dunkelheit alleine durch das Totengäßchen zu laufen oder zum Gebetläuten ohne Freund auf den Turm der Ordenskirche zu steigen. Kurz vor Ladenschluß haben wir bei der Böhnerra die letzten Kunden eingesperrt. Dazu mußten wir schnell und leise die beiden Flügeltüren zumachen und den großen Eisenriegel vorlegen.“ *(Heiner Dunker)*

Abb. 156 *Eine Aufnahme von historischem Wert: Die Kinder der Brandenburger Kaserne im Jahre 1905.*

Sommervergnügen

„Wenn es im Sommer sehr heiß war, kam der Sprengwagen durch St. Georgen. Das war für uns Kinder gerade recht, und Kinder gab es am Brandenburger eine Menge. Barfuß liefen wir hinterher, als rechts und links im großen Bogen das Wasser spritzte. Wer nicht aufgepaßt hat, sah aus wie eine gebadete Maus, aber schön war es doch."
(Anna Fordermair)

Zugelötete Bonbonbüchsen

„Schwimmen lernten wir im alten Flößanger-Bad ‚Riesentümpfel'. Einen Badeanzug bekam ich aus buntem Bettbezugsstoff – es durfte ja alles nicht viel kosten. Mit zugelöteten Bonbonbüchsen, die wir uns mit Schnüren auf den Rücken banden, hielten wir uns über Wasser. Es dauerte aber gar nicht lange, da war die Schnur durchgewetzt und wir mußten schnell das rettende Ufer aufsuchen."
(Anna Fordermair)

Chorschüler im Biernebel

„In den letzten drei Volksschuljahren sang ich bei den Chorschülern Sopran, und das hatte seinen Grund. Die Chorschüler, die auch bei Beerdigungen mitwirkten, bekamen dafür ein paar Pfennige, die sich in den Sparhänden des Kantors in den drei Jahren zu einer größeren Summe anhäuften. Damit wurde die gesamte Ausstattung für die Konfirmation, Anzug, Hemd, Schuhe und Strümpfe angeschafft.

Wir mußten dafür aber auch jeden Gottesdienst in der Ordenskirche besuchen und bei Kirchenfesten im Chor der Erwachsenen zur Hebung der Feierlichkeit beitragen.

Höhepunkte unseres Wirkens waren Bauernbeerdigungen aus den umliegenden Dörfern, die zu unserem Kirchensprengel gehörten. Nach der Beerdigung zog die ganze Trauergemeinde in ein Wirtshaus zum Leichentrunk.

Dort drückte die ganze Gesellschaft bei angeregter Unterhaltung und einer Brotzeit mit Bier, Käse und Brot ihre Trauer für den Dahingeschiedenen aus.

Wir Chorschüler und die Glockenläuter, ebenfalls Schulkameraden, begaben uns dann in einen Nebenraum der Wirtschaft. Dann schickten wir eine Deputation zu den Trauernden, um unseren Anteil an der Ernte zu erreichen.

Meist gab es eine Gießkanne Bier, außerdem Käse und Brot, und die Nimmersatten gingen oft im Biernebel nach Hause und brauchten kein Abendessen mehr."
(Adam Seeser)

Abb. 157 *Die „berühmten" Chorschüler an der Ordenskirche.*

Abb. 158 *Alle Mädchen haben sich fein gemacht. Zusammen mit ihrem Lehrer Bauer postieren sie vor dem Eingang ihrer Schule.*

Die Privilegierten

Vereinigte Schützengilden St. Georgen von 1720 und Bayreuth von 1623 e.V.

Der Verein in Bayreuth mit dem wohl längsten Namen! Was verbirgt sich dahinter?[150]

Zunächst einmal – das kann man auch dem Namen entnehmen – waren es zwei Schützenvereine, die sich im Jahre 1950 vereinigten und seitdem gemeinsam im St. Georgener Schützenhaus ihrem Sport nachkamen.

Apropos Sport: Heutzutage verstehen die Schützenvereine ihre Tätigkeit als Freizeitbeschäftigung und sportlichen Wettkampf. Das war aber nicht immer so. In früherer Zeit wurde das Schießen im Verein immer auch als Wehrertüchtigung betrachtet und so von der Obrigkeit gern gesehen und unterstützt. Noch im Manuskript zur „Chronik der kgl. privilegierten Schützengilde Bayreuth" von Dr. Ernst Richter heißt es: *Die hohe nationale Bedeutung des Schützenwesens für unser Volk und Vaterland ist allbekannt.*[151] Nicht umsonst ließ auch Kaiser Napoleon die Schützenvereine verbieten, als er das Bayreuther Gebiet besetzt hatte.

Vor diesem Hintergrund muß man auch die Geschichte der Bayreuther Schützen sehen, wobei natürlich der St. Georgener Ableger im Mittelpunkt steht.

Markgraf Georg Wilhelm war selbst begeisterter Soldat und Feldherr. Es verwundert deshalb nicht, daß er auch das Wettschießen auf Scheiben und vor allem das beliebte Vogelschießen unterstützte.

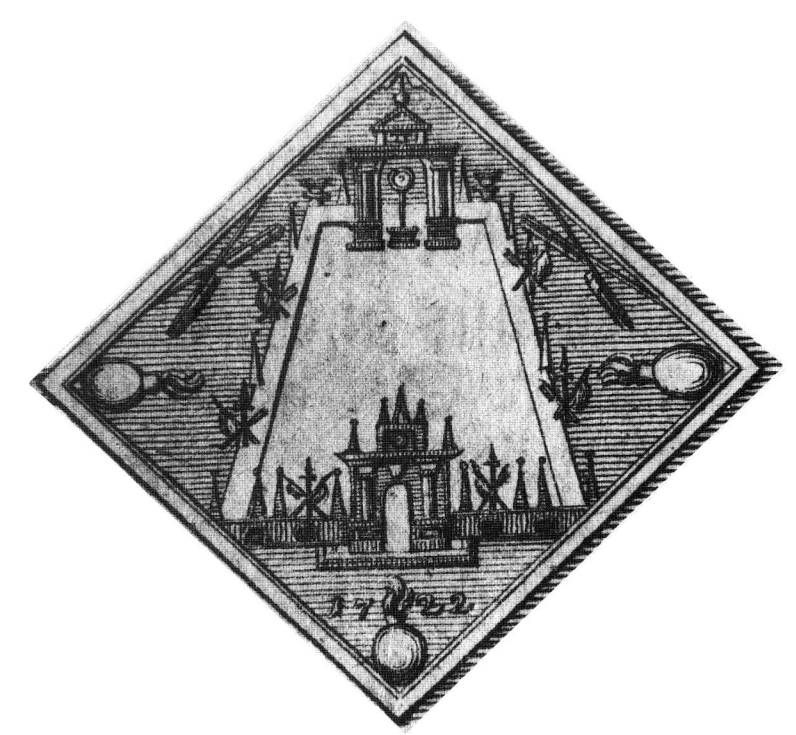

Abb. 159 *Eine seltene Talerklippe aus dem Jahre 1722, die Markgraf Georg Wilhelm noch selbst gestiftet hat. In den „Münzbelustigungen" aus dem Jahre 1769 heißt es dazu: Die Gegenseite stellet einen eingemachten Schüßplaz vor, in welchen man durch ein offenes Portal gehet, über welchem fünf kleine Pyramiden stehen. Die übrige Einfassung bestehet gleichfals aus verschiedenen dergleichen kleinen Pyramiden, zwischen welchen zu beiden Seiten verschiedene Spontons, an welchen eine Fahne und Rakete kreuzweis schief gebunden, aufgerichtet sind. Unten am Ende siehet man unter einem Portale eine Scheibe. Auf zweien Seiten der Klippe sind zwei schief übereinander gelegte Raketenstökke. Den obersten Winkel füllet die Spizze des Portals, unter welchem die Scheibe. Die übrigen drei fassen eine brennende Bombe, davon die unterste zu beiden Seiten die getheilte Jahrzal 17/22. hat.*

Das „Schützenhäusle"

Dazu wurde Anfang des 18. Jahrhunderts im östlichen Teil von St. Georgen ein Schießstand errichtet, ungefähr dort, wo heute die Feuerwehr im ehemaligen Brauhaus untergebracht ist. Diese Anlage bestand aus einer großen Vogelstange in Richtung Brandenburger Weiher und einer Schießstätte. Es mag sich dabei um ein kleines hölzernes Haus gehandelt haben, denn im Riediger-Plan aus dem Jahre 1745 heißt es „Schützenhäusle". Auch auf der Talerklippe mit der Jahreszahl 1723, die allerdings die abgebildeten Gebäude sehr ungenau wiedergibt, ist ein kleines viereckiges Häuschen zu erkennen.

Auf die Schießscheiben wurde übrigens in die andere, östliche Richtung gefeuert, was später zu massiven Beschwerden der Lainecker Bürger führte.

Bei besonderen Anlässen wurde aber sicher neben diesem Schießstand eine besondere Anlage errichtet, so wie sie auch auf Talerklippen zu erkennen ist.

Solche Anlässe gab es zu Zeiten Georg Wilhelms des öfteren. So wissen wir beispielsweise aus dem Jahre 1718, daß er Schützen aus der ganzen Markgrafenschaft anläßlich des Geburtstags seiner Gemahlin zu einem „fürstlichen Vogelschießen" eingeladen hatte. Per Dekret wurden dabei die Bürgermeister und Räte aus Kulmbach, Hof, Wunsiedel, Münchberg, Creußen und Erlangen aufgefordert, entsprechende Abordnungen für zwei Tage nach St. Georgen zu schicken, um mit ihren Kugelbüchsen zur „Vermehrung der Solennität" (Festlichkeit) beizutragen.[152]

Vogelschießen 1723

Daß solche Einladungen nicht nur Begeisterung bei den Untertanen auslösten, beweist ein Ratsprotokoll der Stadt Kulmbach vom August 1723. Darin heißt es:

Indem gestern abends ein expresser Both von Bayreuth anhero kommen der citissime ausgerichtet, daß gleich wie bei dem 1718 gehaltenen Vogel- und Scheibenschießen einige aus der Bürgerschaft und Handwerkern von Kulmbach ungesäumet und erscheinen sollen, also hat man sämtliche Zunftmeister der Handwerker herbeschieden und ihnen die Ansage getan, daß die einige abordnen sollen, so künftig Montag in Bayreuth bey dem Vogel- und Scheibenschießen sich einfinden könnten. Sämtliche Zunftmeister entschuldigen sich, schützen ihre unvermögenheit vor, mit Bitte, sie zu verschonen, oder wenn es seyn muß, so werde Herr Bürgermeister einige, so mit dem Gewehr umgehen, abordnen. Da die Zeit zu kurz, wurde beschloßen, 5 Herren abzuordnen und je 5 fl. mitzugeben; unterdessen soll das Handwerk von Persohn zu Persohn 3 Groschen beytragen und helfen, damit die Unkosten hinweider können ersetzt werden.[153]

Insgesamt war aber sicher in der Bevölkerung eine breite Zustimmung für das Vogel- und Scheibenschießen vorhanden. Das zeigt auch die Gründung einer „Schützenkompanie St. Georgen", der Vorläuferorganisation des heutigen Schützenvereins.[154]

Die 19 Punkte umfassende Schützenordnung, die Markgraf Georg Wilhelm am 12. Juli 1720 in Himmelkron bestätigt hat, vermittelt einen interessanten Einblick in die Welt der Schützen zur damaligen Zeit.

Jeder Schütze, so heißt es dort, der ins Schießhaus kommt, soll selbst ein Gewehr, Ladezeug und Blei und Pulver für 12 Schuß mitbringen.

Sollte einem Schützen das Gewehr dreimal versagen oder das Zündkraut abbrennen, so soll der Schuß verfallen sein.

Unter Punkt 9 ist zu lesen: *Soll kein Schütz dem anderen in dem Schießhaus mit Fluchen, Schimpf und anderen groben Scherzworten begegnen, welches der löblichen Schützenkompanie ohnehin nicht geziemt, bei Strafe 6 Groschen.*

Es wird weiterhin genau geregelt, wie geschossen wird und wer die Scheiben abnehmen und kontrollieren darf.

Außerdem wurde auch die Führung der Schützenkompanie geregelt und zwar durch ein für die damalige Zeit fortschrittliches rotierendes System. Jedes Jahr sollte ein älterer Schützenmeister „abgehen" und „an dessen Stellen ein jüngerer wiederum erwählet werden". An dieser Schützenordnung wurde bis in die napoleonische Zeit festgehalten, auch nachdem die Schießstätte nach rund 50 Jahren aus St. Georgen verbannt worden war.

Warum wollte man die allseits beliebten Schützen nicht mehr im Ort haben? Das hatte zwei Gründe: Der Verkehr auf der „Haupt- und Poststraße", der heutigen Bernecker Straße, hatte im Laufe der Zeit erheblich zugenommen. Dieser Weg mußte ja bei jedem Schießwettbewerb gesperrt werden. Das war auf die Dauer nicht mehr tragbar.

Zum anderen hatten die Lainekker Bürger einen Prozeß gegen die Schützenkompanie angestrengt. Es wurden ja vom „Schießhäusle" aus in östlicher Richtung geschossen, und gar mancher Fehlschuß mag dicht beim Nachbarort gelandet sein. Die Lainecker gewannen ihren Prozeß. So mußten sich die St. Georgener Schützen nach einem neuen Ort umschauen.

Sie wurden dabei vom damals herrschenden Markgrafen Alexander unterstützt. Er sorgte dafür, daß im Jahre 1778 in einer aufgelassenen Sandgrube am Fuße der Hohen Warte eine neue Schießstätte mit Vogelstange und Schießscheiben errichtet werden konnte.

Dorthin zogen nun die St. Georgener Schützen über 20 Jahre lang, dann wurden sie wiederum „vertrieben". Der Grund war der gleiche wie beim ersten Mal: Gefährdung der öffentlichen Sicherheit durch verirrte Kugeln.

Im Richtspruch für das danach errichtete Schießhaus erfahren wir vom Zimmermeister Johann Hermannsdörffer genaueres:

Wer hätte vor wenigen Jahren geahnt, daß die Gesellschaft der Schützen von St. Georgen ihren vom durchlauchtigsten Markgrafen allergnädigst zum Schießplatz eingewiesenen Ort einmal noch verlassen müßte? Gewiß niemand. Alleine: mehrere dieser Herrn Honoratioren aus Bayreuth und St. Georgen fanden diese Gegend anmutig und bauten hier in der Nähe Wohnhäuser und Gartenhäuser und machten ringsum die herrlichsten Anlagen mit Hopfen und Obstgärten . . .[155]

Diese Personen beschwerten sich bei der örtlichen Behörde über den Schießplatz. Es kam zu einer höchstamtlichen Inspektion und das Ergebnis wurde am 5. Juli 1806 vom „Polizeydirectorium" protokolliert:

Bey der gestern vorgenommenen Besichtigung des Schießplatzes der Schützengesellschaft zu St. Georgen hat es sich vollkommen bestätigt, daß derselbe eine ganz unzweckmäßige polizeywidrige Lage hat und das Schießen auf demselben nicht nur für die benachbarten neuen Etablissements, sondern auch für die gangbare durch die Hohe Warte führende Straße und den Gehweg nach Ramsenthal äußerst gefährlich ist.

Sofort wurde ein neuer Platz gesucht und auch gefunden. Er lag „neben der Stadtmarkung an dem herrschaftlichen Holze hinter der Hopfenanlage des Oberförsters Huß". Das ist der Ort, wo heute noch das Schießhaus steht, allerdings waren damals weit und breit noch keine Häuser zu sehen.

Auch diesmal wurde das Vorhaben des Schützenvereins von amtlicher Seite unterstützt. Das waren aber nicht mehr die Markgrafen – Alexander hatte ja 1791 zu Gunsten Preußens abgedankt -, sondern der Minister Hardenberg, der mit Erlaß vom 27. September 1806 das Vorhaben genehmigte. Es wurde eine jährliche Pacht vereinbart und das Holz aus dem Staatswald zum halben Preis zur Verfügung gestellt, „um einen Beweis zu geben, wie sehr wir die Erhaltung der Schützengesellschaft wünschen."[156]

Das Schießhaus wurde aber erst 5 Jahre später im Jahre 1811 errichtet. Warum kam es zu dieser langen Verzögerung?

Im Oktober 1806 hatten die Franzosen unter Marschall Soult Bayreuth besetzt und alle Schützenvereinigungen verboten.

Erst im Jahre 1810, als die Franzosen ihre Zelte in Bayreuth wieder abgebaut hatten und das Gebiet bayerisch wurde, holte die St. Georgener Schützenvereinigung die alten Pläne wieder hervor. Der Bau war ja schon im Jahre 1806 genehmigt worden, und so konnte sofort mit der Ausführung begonnen werden.

Das neue Schießhaus

Bereits am 25. Mai 1811 wurde Richtfest gefeiert, und die Schützen bezogen ihr neues Heim. Es war ein einfaches, einstöckiges Gebäude entstanden, das in der Grundstruktur heute noch besteht. Allerdings war damals der Haupteingang in der südlichen

Abb. 160   *Königsscheibe von 1911.*

Längsfront, nicht in der östlichen Breitseite. Betrat man das Schießhaus, war links eine Wohnung untergebracht. In der rechten Hälfte nahm der „Ladungsplatz", wohl das Zimmer, wo die Gewehre vorbereitet wurden, den größten Raum ein. Daran schlossen sich nördlich zwei Schießstände und dazwischen das „Gerichtsstüblein" an. Man kann davon ausgehen, daß damals in nördliche Richtung geschossen wurde, also dorthin, wo heute sich das Krankenhaus befindet.

Man hätte erwarten können, daß durch diese neue schöne Anlage der Schützenverein nach der Zeit des Verbotes einen neuen Aufschwung nimmt. Das Gegenteil war aber der Fall. Im Jahre 1817 bestand die Schützenkompanie gerade noch aus 19 Mitgliedern und war hoch verschuldet. Die Gründe für diese Misere bleiben unklar. Ob man sich mit dem Neubau trotz Unterstützung finanziell übernommen hatte, ob mangelnde Nachwuchsarbeit oder die allgemeine schlechte wirtschaftliche

Lage daran Schuld hatten, ist aus den Akten nicht ersichtlich.

Tatsache ist, daß im August 1817 die Kommune St. Georgen den ganzen Vereinsbesitz übernahm und dadurch zumindest die Schulden bezahlt werden konnten. Außer dem Schießhaus mit Grund waren das auch zwei Tagwerk Land des ehemaligen Brandenburger Weihers, die dem Schützenverein gehört hatten.

Nach diesem absoluten Tiefpunkt in der Vereinsgeschichte kamen auch wieder bessere Zeiten. Unter dem Schützenmeister Sixtus Jarwart wurden im Jahr 1860 die gepachteten Gebäude gründlich renoviert, die Schießstände ausgebaut und die Außenanlagen verschönert. So pflanzte man Bäume und legte einen Festplatz an. Das Schießhaus wurde dadurch auch für Nichtschützen in Bayreuth zu einem beliebten Ausflugsziel.

Nach dem Ersten Weltkrieg konnte der Aufschwung fortgesetzt werden. Zunächst wurde unter dem Schützenmeister Karl Kohlus 1924 ein Saal angebaut.

Abb. 161 *(oben) Das Schießhaus im Jahre 1910.*

Abb. 162 *(rechts) Ein Schützenumzug aus dem Jahre 1927. Bald
haben sie ihr Ziel, das Schießhaus,
erreicht, denn sie befinden sich
schon am „Grünen Baum".*

Im Jahre 1928 ging dann für die
Schützen ein langersehnter Traum
in Erfüllung. Das Schießhaus kam
nach über 100 Jahren wieder in
den Besitz des Vereins. Es konnte
von der Stadt zurückgekauft werden; die Schützen waren wieder
Herr im eigenen Haus. Maßgeblichen Anteil daran hatten die
Schützenmeister Hans Rotter und
Hans Feulner, sowie der Kassier
Christoph Wild.

Die Anlagen wurden insgesamt
vergrößert und ausgebaut.

In der entbehrungsreichen Zeit
der Weimarer Republik konnte so
eine Oase der Zufriedenheit geschaffen werden. Der Schützenverein bot vielen Menschen das,
was sie in der Politik und im All-
tagsleben vermißten: Geborgen-
heit, Geschlossenheit, Einigkeit
und Kameradschaft.

Schützenfest 1929

Eine Schilderung des Schützenfe-
stes in St. Georgen aus dem Jahre
1929 vermittelt uns einen guten
Eindruck über Zeitgeist und Stimmung. Verfasser ist Christian Rotter, Sohn des oben erwähnten
Hans Rotter und später selbst
Schützenmeister.[157]

*Sonntagmorgen ist es! Freundlich
lacht die Sonne vom Himmel, klar
ist der Himmel, kein Wölkchen ist
am Firmament.*

*Langsam kriechen die Schützen
aus den Federn und werfen sich in
Schützengala. Der Adlerflaum wird
auf den Hut gesteckt, ein Sträuß-
chen ins Knopfloch gemacht, und
dann geht's los, dem Treffpunkt zu.*

Inzwischen aber wurde beim Schützenkommissar, Herrn Major Rose, emsig gearbeitet. Eine lange Tafel wurde in seinem idyllischen Garten gedeckt, bei ihm sollte ja die Zusammenkunft sein.

Bald treffen die ersten Schützen ein. Auch die Musik, aus alten, ehemaligen Regimentsmusikern zusammengestellt, begibt sich in den Garten, um zu konzertieren.

„Das geht ja lustig an!", denkt sich so mancher, als der Gastgeber die Gläser mit feinem Moselwein füllt. „Das wenn so weiter geht, gibt's heute manches Räuschchen!"

Bald klingen die Gläser und alles trinkt auf das Wohl des edlen Gastgebers. Brötchen werden herumgereicht, dann stimmt die Musik den Tölzer Schützenmarsch an und aus allen Kehlen klingt es freudig: „Kann's denn was Schöneres geben, als wie das Schützenleben?"

Nun stellen sich die Schützen auf, um gemeinsam mit Musik zum Schützenkönig Adam Amschler zu ziehen.

Seine Majestät Amschler, von Beruf Friseur, nimmt in seinem Hof die Parade ab und nun geht hier das Frühstück weiter. Wieder werden belegte Brötchen gereicht, Bier wird getrunken, auf den Tischen stehen Schüsseln mit frischen Rettichen und die Musik spielt auf.

Aber hier kann man ebenfalls nicht ewig weilen, der Zug stellt sich wieder auf und es geht nun der Gastwirtschaft Andrelang zu.

Dort ist Gartenkonzert, und die Schützen speisen zu Mittag. So geht es allmählich auf 1 Uhr zu und es wird Zeit zum Festzug.

Man marschiert auf die Bernecker Straße und biegt dann nach St. Georgen ein. Die Fenster der Straße sind dicht besetzt und alles wirft schöne Blumensträußchen den Schützen zu. So geht es durch St. Georgen, die Brandenburger Straße hinein; an der Schere biegt der Zug um, dann geht es in die Markgrafenallee, durch den Grünen Baum dem Schießhause zu.

In der Schießhalle herrscht natürlich großer Betrieb. Besonders als etwa um 5 Uhr die Königsscheibe aufgezogen wird, herrscht überall Spannung. Wer wird heuer Schützenkönig? Ein Schütze nach dem anderen tritt an. Verschiedene Schüsse sitzen bereits tadellos, viele Schützen treffen aber überhaupt nicht die Scheibe, wie behauptet wird, oft mit Absicht, um nicht Gefahr zu laufen, König zu werden, denn dies ist kein billiger Spaß.

Ein Treffer sitzt im Schwarzen! Und wer ist der Schütze? Der ehemalige Schützenkönig Toni Brendel!

Ein Halloh braust durch die Schießhalle, und man beglückwünscht den Schützen, der, im Vertrauen gesagt, im Stillen hofft, noch von einem anderen durch einen besseren Schuß überholt zu werden.

Nun geht der letztjährige Schützenkönig Amschler in den Stand. Fast mit Todesverachtung ergreift er sein Gewehr, legt an, zielt und schießt los. Majestätisch schaut er noch vor zur Scheibe, da deuten sie auf einmal hinten mitten in das Schwarze. Der Schuß sitzt!

Da hättet ihr einmal unseren Amschlers Adam sehen sollen!

Kreidebleich steht er da und kann kein Wort hervorbringen. Endlich meint er treuherzig: „Um Gottes willen, der Schuß wird doch nicht besser sein als der vom Brendel's Toni . . . ich mache nämlich keinen Schützenkönig mehr, ganz ausgeschlossen!"

Abb. 163   Der stolze Schützenkönig Adam Amschler im Jahre 1928.

135

Da geht natürlich das Aufzwik-
ken los. „Adam, da hilft dir alles
nichts! Du mußt wieder König ma-
chen." „Mein Lieber", meint ein
anderer, „da wird das Rasieren wie-
der teuer": Aber da kommt die Ret-
tung. Der Zieler telefoniert vor, daß
der Schuß zwar sehr gut ist, aber
nicht so gut wie der andere!

Den Stein, der unserem Am-
schler's Adam da vom Herzen fiel,
hätte ich sehen mögen ... Der muß
ein kolossales Gewicht gehabt ha-
ben ...

Modernste Schießanlage Nordbayerns

Nach dem 2. Weltkrieg kam es im
Jahre 1950 zur Vereinigung der
beiden Bayreuther Schützenvereine. Gemeinsame Sportstätte war
das Schießhaus, das seit dieser Zeit
immer wieder um- und ausgebaut
wurde.

Es beherbergt heute eine der
modernsten Schießanlagen in
Nordbayern. Darüber hinaus ist
die Gaststätte, die sich heute in den
Räumen des ehemaligen Schießhauses befindet, zu einem Treffpunkt für Gourmets geworden.

Der Weg zu dieser einmaligen
Anlage war steinig. Bis zum Jahre
1971 waren 16 Luftgewehrstände
sowie 4 KK-Stände 50 Meter vorhanden. Geplant waren zu dieser
Zeit 25 Luftgewehrstände, 6 KK-
Stände, sowie 5 Pistolenstände.
Außerdem wollte der Verein eine
Vier-Bahnen-Kegelanlage errichten. Diese Bauvorhaben wurden
durch die Stadt genehmigt, und die
Arbeiten begannen. Leider konnte
aber nur ein Teil der Planung realisiert werden, da massive Einsprü-
che der Nachbarn gegen die
Scharfschießanlage und eine
enorme Kostenüberschreitung der
Baumaßnahmen das Vorhaben
bremsten.

Um die Schulden abzubauen
und die Ziele endgültig zu erreichen, wurden erneut Grundstücke
in der Nähe des Schießhauses verkauft.

Im Jahre 1983 hatte die Schützengilde endgültig den Durch-
bruch geschafft.

Zum einen konnte das 360jäh-
rige Jubiläum mit Schützenumzug
und echter Schießhauskerwa mit
Bierzelt würdig gefeiert werden,
zum anderen wurde mit dem Bau
der unterirdischen Schießanlage
begonnen.

Am 14. April 1984 weihten die
Schützen den neuen Kleinkaliber-
gewehrstand mit einer 50-Meter-
Distanz und den Sportpistolen-
stand mit einer Distanz von 25
Metern ein. Der damalige Bayreuther Oberbürgermeister Hans
Walter Wild übergab dabei die
neugeschaffene Schießanlage in
Anwesenheit von vielen Ehrengä-
sten ihrer Bestimmung.

Abb. 164 *Die Schützenfamilie der Vereinigten Schützengilden St. Georgen v. 1720 und Bayreuth von 1623 e. V.*
im August 1984.

„Wo man singt, da laß dich ruhig nieder . . ."
Die Gesangvereine in St. Georgen

Jeder Ort, der etwas auf sich hält, besitzt einen Gesangverein. Und weil es in St. Georgen immer schon besonders gemütlich zuging, existierten gleich zwei Sängerbünde: Die „Brandenburger Liedertafel" und der „Sängerkranz Grünbaum", der sich später „Sängerkranz Grüner Baum" nannte.

Die Liedertafel wurde schon vor der Jahrhundertwende ins Leben gerufen, genau am 21. September 1894. Eine Stammtischrunde, die sich regelmäßig im Restaurant Mader in der Brandenburger Straße getroffen hat, war die Urzelle des ersten St. Georgener Gesangvereins.

Sechs Jahre später, also im Jahre 1900, wurde der „Sängerkranz Grünbaum" aus der Taufe gehoben. Die Mitglieder hatten ihr Stammlokal in der Gaststätte Freiberger gegenüber des Prinzessinnenhauses. Aus dieser Gegend, also aus dem nordwestlichen Teil von St. Georgen, kamen auch die meisten Sänger. So wohnten beispielsweise aus der 13köpfigen Vorstandschaft im Jahre 1925 sieben Männer im Grünen Baum und zwei in der Matrosengasse. Insgesamt hatte der Gesangverein einen enormen Zulauf. Schon vor dem Ersten Weltkrieg betrug die Mitgliederzahl rund 150; in den 20er Jahren stieg sie auf fast 300 an, wobei ein Drittel aktive Sänger waren.

Schaut man sich die Mitgliederlisten an, so kann man feststellen, daß die Sänger aus allen Schichten des Volkes kamen. Da waren städtische Beamte ebenso vertreten, wie Schreiner, Schlosser, Sattler, Tapezierer und Maurer. Auch Fabrikanten, Gärtnereibesitzer und Fuhrwerksbesitzer findet man als Berufsbezeichnung hinter den Namen. Sicher haben die Gesangver-

Abb. 165   *Gedenktafel zum 25jährigen Stiftungsfest*

eine deshalb gesellschaftlich integrativ gewirkt und ein Gemeinschaftsgefühl im Stadtteil entstehen lassen.

Natürlich gab es, wie bei allen Vereinen, Höhen und Tiefen in der fast hundertjährigen Geschichte der St. Georgener Gesangvereine.

Die beiden Weltkriege boten wenig Anlaß zum fröhlichen Singen, zumal die meisten aktiven Mitglieder an der Front waren. Auch in der wirtschaftlich schlechten Zeit der Weimarer Republik war es schwer, das Vereinsleben aufrecht zu erhalten.

Warum man aber ausgerechnet in der Inflationszeit für 3 Millionen Mark folgende Sachwerte als Sicherheit angeschafft hat, bleibt rätselhaft. Wie aus einer Vereinschronik hervorgeht, kaufte der Kassier damals: 15 Stricke, zwei Netze, zwei Doppelstücke Seife und ein Pfund Pfeffer.

Während des Zweiten Weltkrieges ruhte bei beiden Gesangvereinen gezwungenermaßen der Betrieb. Erst im Jahre 1948 veranstaltete die „Brandenburger Liedertafel" wieder regelmäßige Singstunden; 1949 folgte der Sängerkranz. Er nannte sich ab 1953 „Sängerkranz Grüner Baum".

Im Jahre 1973 schlossen sich beide St. Georgener Gesangvereine zu einer Chorgemeinschaft zusammen. Wie bei den meisten Gesangvereinen in Deutschland hatte man nämlich auch vor Ort Probleme, jüngere Menschen für das organisierte Singen zu finden, da die Möglichkeiten der Freizeitgestaltung enorm zugenommen haben. Die Sänger der Chorgemeinschaft trafen sich zunächst abwechselnd in der Gaststätte „Zum Brandenburger" und beim „Kropf" in der Bürgerreuther Straße; später nur noch im Chorlokal „Kropf".

Die Vereinigung hat sich positiv ausgewirkt, und die Chorgemeinschaft ist im gesellschaftlichen Leben St. Georgens recht aktiv. So gehören Auftritte beim Brannaburger Bürgerfest ebenso zum Programm wie die Teilnahme bei „Grünes Bayreuth" oder „Menschen in Not".

Und noch etwas Neues haben die Sänger zu bieten: Nach fast 100jähriger Geschichte hat mit Heike Wentzel zum ersten Mal eine Frau die Chorleitung übernommen.

Abb. 166 *Mit einem Festumzug feierte der „Sängerkranz Grüner Baum" sein 55jähriges Jubiläum mit Fahnenweihe.*

Abb. 167 *Der „Sängerkranz Grüner Baum" bei der Fahnenweihe im Jahr 1955.*

Abb. 168 Der „Sängerkranz Grünbaum" marschierte in den zwanziger Jahren zum Hühlturm. Hier hatte der Verschönerungsverein Bayreuth im Jahre 1902 einen eisernen Aussichtsturm aufgestellt, vor dem sich die fröhliche Runde zum Gruppenfoto gruppiert hat.

Abb. 169 Neben den schon angesprochenen Gesangvereinen gab es noch den Arbeitergesangverein St. Georgen. Er wurde 1901 gegründet. Hier eine Aufnahme aus dem Jahre 1925 vor dem Pfarrhaus St. Georgen.

Abb. 170 *Die Brandenburger Liedertafel um 1926*

Abb. 171 *Das beliebte Ausflugsziel Rosenhammer bei Weidenberg war Ziel der „Brandenburger Liedertafel"*
im Jahre 1927. Im Hindergrund ist die 300 Jahre alte „Hundings-Linde" zu sehen, in deren Schatten man sich zum
„Familienfoto" postiert hatte.

„Seht, wie die Bälle lustig fliegen und unsere Gegner unterliegen..."
Der Sportring Bayreuth – St. Georgen e.V.

Dieser traditionelle Sportverein, der schon seit 1925 besteht, müßte sich eigentlich den Zusatztitel V w W geben; was heißt: Vagabund wider Willen. Vagabund deshalb, weil die Sportler ständig umgezogen sind und „wider Willen", weil sie dazu immer gezwungen wurden.

Gehen wir einmal die Sportstätten der Reihe nach durch und schildern die Hauptereignisse, die dort passiert sind[158]:

Die erste „Sportanlage":

Sandgrube am Siegesturm
Im Sommer 1925 beschlossen acht Brandenburger Bürger, einen Sportverein zu gründen.

Als Vereinswappen wurde natürlich der rote Brandenburger Adler bestimmt, die Vereinsfarben waren „Weiß und Blau". Da die Sportler zunächst kein Stoffemblem für ihr Trikot bekamen, zeichneten sie ein großes „S" auf ihr Hemd.

Es gab schon eine Vorläuferorganisation, den 1. FC St. Georgen-Bayreuth, der vor dem 1. Weltkrieg gegründet worden war. Er ging im Jahre 1921 in den VfB Bayreuth über, so daß viele sportbegeisterte St. Georgener sich diesem Verein anschlossen.

Warum kam es dann zu einer Neugründung im Jahre 1925? Nun, der VfB Bayreuth war fast ausschließlich auf Fußball eingestellt, und die Gründungsväter des Sportrings wollten diese Beschränkung überwinden. Sie hatten vor allem an der Leichtathletik Interesse, die damals aus Kugelstoßen, Speer- und Diskuswurf, (Wald-) Lauf und Sprung bestand.

Da keine geeignete Sportstätte vorhanden war, wurde zunächst in der Sandgrube am Siegesturm trainiert. Dabei mußten die Leichtathleten ihre Sportgeräte selbst hochtragen – für die Kugelstoßer ein zusätzliches Training. Auf dieser Sportanlage wurden auch die ersten vereinsinternen Meisterschaften ausgetragen.

Die zweite „Sportanlage":

Flugplatz Laineck
Daß man in einer Sandgrube gut Kugelstoßen kann und daß rund um den Siegesturm ideale Bedingungen für Waldläufe vorhanden sind, ist jedem klar. Für die Fußballspieler und für Handballer ist dieses Gelände allerdings vollkommen ungeeignet. Trotzdem wollte der Sportring auch zu dieser Zeit seinen Mitgliedern Mannschaftsspiele ermöglichen. Als größeres ebenes Gelände bot sich der Flugplatz Laineck an. Er befand sich damals ja noch nicht auf dem Bindlacher Berg, sondern ungefähr dort, wo heute noch die Bundeswehrkasernen sind. Da der Flugverkehr auch sehr begrenzt war, konnte dort 1926 das Training aufgenommen werden.

Beide Sportstätten waren nur Provisorien. Sie waren von St. Georgen zu weit entfernt und gehörten natürlich nicht dem Verein. Die schwierige wirtschaftliche Zeit in der Weimarer Republik und die unsichere politische Situation verhinderten aber zunächst trotz starker Bemühungen, eine Verbesserung herbeizuführen. Deshalb war 1927, also zwei Jahre nach Vereinsgründung, die Freude besonders groß, als sich die Möglichkeit ergab, eine eigene Sportanlage zu schaffen.

Die dritte „Sportanlage":

Gelände am Weiherhaus
Das Weiherhaus befand sich zwischen St. Georgen und Bindlach, dort wo heute das Industriegelände angesiedelt ist. Es darf nicht verwechselt werden mit dem markgräflichen Weiherhaus, das auf dem ehemaligen Damm des Brandenburger Weihers stand.

Dort konnte nun mit sehr viel Eigenleistung eine vollständige Sportanlage errichtet werden.

Nun konnte das erste Mal in der Vereinsgeschichte nahezu ideal trainiert werden, und bald stellten sich unerwartete Erfolge ein. Der größte war die Oberfränkische Meisterschaft der 1. Handballmannschaft im Jahre 1929. Er war verbunden mit dem Aufstieg in die damals höchste Handballspielklasse, in der Orte wie Nürnberg, Bamberg und Weiden spielten. Doch schon zwei Jahre später wurde diese Mannschaft aufgelöst! Dieser Vorgang wäre heutzutage, wo Spitzenmannschaften gefördert und umsorgt werden, kaum denkbar. Das zeigt uns, daß damals der Sport doch nicht ganz so ernst genommen wurde und er wirklich noch „die schönste Nebensache der Welt" war.

Abb. 172 *Der Sportring St. Georgen wurde 1928/29 oberfränkischer Handballmeister.*

Zwei Gründe gab es für diese Auflösung: Zum einen waren finanzielle Schwierigkeiten aufgetreten.

Zum anderen war das Zuschauerinteresse am Handball trotz der überregionalen Erfolge gering. So konnten von den Einnahmen nicht einmal die Schiedsrichterkosten bestritten werden.

Und auch das wäre heute undenkbar: Die ausgezeichneten Handballer entschlossen sich von einem Tag zum anderen, ausgezeichnete Fußballer zu werden. Im Jahre 1931 begann also die bis heute währende Fußballära.

Der Sportring hatte sich nach Anlaufschwierigkeiten dank seines Sportplatzes am Weiherhaus zu einem der führenden Sportvereine in Bayreuth entwickelt, da kam eine neue Hiobsbotschaft: die Anlage am Weiherhaus muß aufgegeben werden! Der Grund und Boden war nur gepachtet, und der Eigentümer hatte nun einen anderen Verwendungszweck. Der Sportring hatte das Nachsehen. Eine neues Gelände mußte gesucht werden.

Die vierte „Sportanlage“:

BSC Bayreuth-Hammerstatt

Warum – so wird man sich fragen – der Platz eines anderen Vereins? Dazu muß man etwas weiter ausholen.

Neben den „normalen“ bürgerlichen Sportvereinen hat es zur Zeit der Weimarer Republik und davor auch die sogenannten Arbeitersportvereine gegeben. Sie waren vor allem in Arbeitersiedlungen, wie der Hammerstatt, entstanden, und in ihnen konnten auch die „kleinen Leute“ ihre sportliche Aktivität entfalten. Natürlich waren viele Arbeiter auch in anderen Vereinen, aber im Arbeitersportverein fühlte man sich besonders wohl.

Nach der Machtergreifung Adolf Hitlers 1933 wurden die gegnerischen Parteien und ihre Organisationen verboten. In Bayreuth betraf dies u. a. den Athletik-Club, die „Freien Turner“ und auch den genannten BSC Bayreuth. Ob die Sportler aus St. Georgen besonders glücklich waren, diese Anlagen eines ehemaligen Nachbarvereins übernehmen zu können, bleibt dahingestellt, jedenfalls waren inzwischen auch viele Sportler der verbotenen Vereine zum Sportring gestoßen und hatten die Mannschaften verstärkt. Auch die 1933 gegründete Boxabteilung wurde durch Kämpfer des Athletik-Clubs unterstützt und konnte so zu einer der erfolgreichsten Staffeln in Bayreuth vor dem 2. Weltkrieg gedeihen.

Die Auflösung der Arbeitersportvereine wurde nicht nur bei den Betroffenen selbst als ungerecht und ungesetzlich empfunden, auch viele bürgerliche Kreise waren empört. Jeder wußte, daß diese Vereine großartige Arbeit geleistet hatten. Die Nationalsoziali-

Abb. 173 *Jung und alt im letzten Jahre am Weiherhaus 1933.*

Die fünfte „Sportanlage":

Gelände am Weiherhaus

Die Söhne kehrten an die Stätte ihrer Väter zurück. Ganz in der Nähe der 1927 errichteten ersten richtigen Sportanlage wurde wieder mit vereinten Kräften ein kleines Vereinshaus gebaut und ein Spielplatz angelegt. Anders als damals konzentrierte man sich auf den Fußballbetrieb. Bald waren neben der 1. Mannschaft auch zwei Jugend- und Schülermannschaften eingerichtet, und die sportinteressierten Jugendlichen aus St. Georgen und Umgebung trafen sich regelmäßig zum Training und zu den Vereinsspielen.

Überhaupt muß betont werden, daß die Nachwuchsarbeit des Sportrings vor und nach dem Krieg vorbildlich war. Zahlreiche Spieler, die beim Sportring das Fußballspielen gelernt hatten, spielten später bei höherklassigen Vereinen. In St. Georgen wurde die „Knochenarbeit" geleistet, von der viele andere Mannschaften profitieren konnten.

Kaum war der Fußballhimmel des Sportrings in Ordnung, da zogen wieder schwarze Wolken auf. Es ging erneut um die Platzfrage, und das lästige Spiel begann im Jahre 1957 zum wiederholten Mal.

sten wollten dadurch nur ihre ehemaligen Gegner demütigen. Dazu war ihnen jedes Mittel recht.

1940 wurde auch der Sportring Bayreuth St. Georgen verboten und mußte sein Vereinsleben einstellen. Die Vereinsführung protestierte energisch. Es wurde darauf hingewiesen, daß man sich 1925 bei der Gründung dem „Süddeutschen Fußball- und Leichtathletikverband" angeschlossen hatte, also der „bürgerlichen" Sportorganisation, und daß man nie zur Arbeitersportbewegung gehörte. Es half nichts. Der Sportring wurde verboten und aufgelöst.

Nach dem schrecklichen 2. Weltkrieg und den schweren Jahren danach begann in Westdeutschland der wirtschaftliche Aufbau. Das Leben normalisierte sich zunehmend, und auch die sportlichen Aktivitäten nahmen wieder zu. 1947 wurde der Sportring im ehemaligen Vereinslokal „Hirsch" wiederbegründet. Wie schon 1925 waren die Verantwortlichen erneut auf der Suche nach einem geeigneten Sportgelände. Auf den Platz in der Hammerstatt, auf dem der Sportring vor dem Krieg gespielt hatte, konnte man nicht mehr. Der Tuspo Bayreuth als Nachfolgeorganisation des aufgelösten Arbeitersportvereins

BSC hatte dort das widerrechtlich enteignete Gelände zurückbekommen.

Das Gebiet nördlich von St. Georgen, wo sich einst der Brandenburger Weiher befand, war noch weitgehend unbebaut. Nach einem kurzen Gastspiel auf einem Behelfssportplatz östlich von St. Georgen hatten die Verantwortlichen des Sportrings wieder ein geeignetes Terrain gefunden.

Abb. 174 *Eine der seltenen Aufnahmen, die den Sportplatz im heutigen Industriegebiet zeigt. Ganz rechts ist die Ordenskirche zu erkennen.*

Abb. 175 *Die Fußballmannschaft des Sportrings auf ihrem Gelände im Stadtteil Burg.*

Was sich auf dem Gelände am Weiherhaus Ende der 50er und Anfang der 60er Jahre abgespielt hat, weiß jeder, der sich heute etwas in Bayreuth auskennt: Das große Industriegebiet wurde erschlossen. Die Stadt hatte dabei das Sportringgelände von der Pfründeverwaltung Bindlach gekauft. Jedem war klar, daß bei einem Vorhaben wie einer Industrieansiedlung auf einen Sportverein nicht Rücksicht genommen werden konnte. Die Verantwortlichen des Sportrings bedauerten allerdings, daß die Stadt ihnen kein geeignetes Ersatzgelände zur Verfügung gestellt hatte. Nach längerem Suchen konnte aber doch eine Lösung gefunden werden. Mit besonderer Hilfe des Direktors Dr. Wurster von der Mechanischen Baumwollspinnerei wurde wieder ganz in der Nähe von St. Georgen ein geeignetes Gelände gefunden.

Die sechste „Sportanlage":

Gelände nördlich der Burg

Unter der Leitung des Vorsitzenden Ludwig Zerenner und des Kassiers und Spielleiters Edmund Lottes begannen 1957 die umfangreichen Arbeiten zur Errichtung der neuen Sportanlage. Da die finanziellen Mittel begrenzt waren – die Stadt gewährte einen Zuschuß

von DM 8000,– und der Landessportverband steuerte 5200,– DM bei –, mußte wieder an die Opferbereitschaft der Mitglieder appelliert werden. Nur durch ungezählte Stunden freiwilliger Gemeinschaftsarbeit gelang der Bau der Sportanlagen, ohne daß sich der Verein hoch verschuldet hat.

Im August 1958 wurde die neue Sportstätte feierlich eingeweiht. Auch auf dieser neuen Anlage wurden sportliche Erfolge gefeiert. Die Schüler- und Jugendarbeit wurde forciert und eine aktive Altherrenmannschaft ins Leben gerufen. Die 1. Mannschaft konnte im Jahre 1958 und 1963 wieder Meister der B-Klasse werden und in die A-Klasse aufsteigen. Seit 1965 spielte sie allerdings erneut in der B-Klasse.

Im Jahre 1975 feierte der Sportring sein 50jähriges Jubiläum – noch in der Sportanlage nördlich der Burg. Aber schon über dieser Feier lag der Schatten der Befürchtung, daß der Sportring sich erneut ein neues Sportgelände suchen muß. Der Pachtherr, die Mechanische Baumwollspinnerei und -weberei, hatte das Areal an die Deutsche Bundespost verkauft. Die Post wollte dort ein großes Gebäude errichten, und der Sportplatz des St. Georgener Vereins war im Wege. „The same procedure as every year . . ."

Die siebte „Sportanlage":

Untere Au

„Das Ende des Martyriums zeichnet sich ab", so schrieb die Presse im November 1984 beim Richtfest für das neue Sportheim. Nach jahrelangem Suchen hatten die Verantwortlichen des Vereins zusammen mit der Stadt endlich ein geeignetes Gelände gefunden. Es liegt in der Unteren Au, das ist das Gebiet zwischen dem Bayreuther Nervenkrankenhaus und dem Roten Main. Man wollte diesmal ganz sicher gehen – ein gebranntes Kind scheut das Feuer – und schloß deshalb 1983 mit der Stadt einen Erbbauvertrag. Die Einweihung des 22 000 Quadratmeter großen Areals erfolgte 1989. Der Standort hat zwar den Nachteil, daß er nicht unmittelbar im Stadtteil St. Georgen liegt, besitzt aber entgegen allen anderen in Betracht kommenden Alternativen zwei große Vorteile: Zum einen konnte ohne langwierige Verhandlungen mit privaten Grundstückseigentümern mit der Stadt eine schnelle Lösung gefunden werden. Außerdem stand erstmals in der Vereinsgeschichte ein zweites Spielgelände zur Verfügung, was bei den zahlreichen Mannschaften, die jede Woche trainieren oder ein Spiel bestreiten, von großem Wert ist.

Seit dieser Zeit können die Mitglieder des Sportrings wieder stolz ihr Vereinslied im eigenem Heim singen:

Roter Adler, breit' aus die Schwingen, es geht zum Kampf. Ob wir auch laufen, springen, stoßen, in weißem Dress und blauen Hosen, wir halten fest und treu zu dem Verein, Verein. Wir wollen einig, einig, einig, einig sein.

Roter Adler breit' aus die Schwingen, die Zeit ist da. Seht wie die Bälle lustig fliegen und uns're Gegner unterliegen, laut schallt es durch die Lüfte klar und rein, ja rein. Ein dreimal Hoch dem St. Georg'ner Sportverein.

Der Arbeiterunterstützungsverein St. Georgen

Als 1878 ein Reichsgesetz „wider die gemeingefährlichen Bestrebungen der Sozialdemokratie" erlassen wurde, besser bekannt unter dem Namen „Bismarcks Sozialistengesetz", da bildeten sich überall in Deutschland Tarnorganisationen, in denen sich Mitglieder der verbotenen Sozialdemokratischen Partei trafen. In St. Georgen existierte beispielsweise in dieser Zeit ein Arbeitergesangverein. Viel ist über diese Vereinigung nicht bekannt – die Aktivitäten wurden ja staatlicherseits überwacht und man scheute das Licht der Öffentlichkeit -, aber Adam Seeser erwähnt in seinen Lebenserinnerungen, daß er mit seinem Vater sehr gern zu diesen Arbeitersängern ging. Im Jahre 1908 entstand aus der Vereinigung des 1901 gegründeten „Unterstützungsverein Deutsche Brüder" und des Gesangvereins „Eintracht von 1898" der „Arbeiterunterstützungsverein St. Georgen". Diese Organisation hatte zwei Ziele. Zum einen wollte man die soziale Betreuung der Mitglieder bei Krankheit, Not und Sterbefällen gewährleisten, zum anderen sollte die Geselligkeit der arbeitenden Menschen gefördert werden. Im Jahre 1913 wurde eine Vereinsfahne angeschafft und Fahnenweihe abgehalten. Nach dem Ersten Weltkrieg konnte vor allem die Gesangsabteilung des Unterstützungsvereins unter der Leitung des bekannten Arbeiterführers Oswald Merz große Erfolge feiern. So wurde im Jahre 1926 das 25jährige Stiftungsfest geradezu ein Volksfest für die Bayreuther Arbeiterschaft. Zusammen mit dem „Arbeitergesangverein Union Altstadt" gelang es der St. Georgener Abteilung, die „Arbeiter-Sänger-Vereinigung Bayreuth" auf die Beine zu stellen. In dieser Organisation waren allein 1100 Mitglieder und 250 Sängerinnen und Sänger vereint. Viele Bayreuther erinnern sich heute noch an die großartigen Aufführungen dieses gemischten Chores. Selbst Siegfried Wagner zollte Anerkennung. Nachdem die Nationalsozialisten 1933 an die Macht gekommen waren, wurden nicht nur die gewerkschaftlichen und politischen Führer der Arbeiterschaft verhaftet, sondern alle Arbeiterorganisationen verboten oder „gleichgeschaltet". Auch der „Arbeiterunterstützungsverein St. Georgen" und die Arbeitersängervereinigungen waren davon betroffen. Sie wurden als staatsfeindlich eingestuft und aufgelöst; das Vereinsvermögen beschlagnahmten die Nazis. Oswald Merz selbst wurde verhaftet und mußte im Konzentrationslager unsägliches Leid ertragen. Er starb im Mai 1946 an den Folgen dieser Haft. Der „Arbeiterunterstützungsverein St. Georgen" wurde nach dem Untergang des 1000jährigen Reiches, das ja bekanntlich nur 12 Jahre gedauert hat, wiedergegründet. Schon nach kurzer Zeit bestand er aus mehr als 400 Mitgliedern. Im Jahre 1951 wurden das 50jährige Stiftungsfest gefeiert und dabei Mitglieder für 35, 40 und 50jährige Vereinszugehörigkeit geehrt.

Abb. 176   *Der Arbeitergesangverein St. Georgen bei seinem 25jährigen Jubiläum im Jahre 1926 vor dem Pfarrhaus.*

Brieftaubenverein „Roter Adler" Bayreuth – St. Georgen

Als am 30. September 1950 zwölf Taubenzüchter aus St. Georgen in der Gastwirtschaft Hirsch zusammenkamen, um einen eigenen Verein zu gründen, da hat man an das Wappentier der Markgrafen gedacht und nach diesem Vogel den Namen ausgesucht. Die Patenschaft übernahm der Verein „Bavaria Bayreuth", dem viele St. Georgener Brieftaubenfreunde vor der Neugründung angehört hatten.[159]

So wie der Adler sich stolz in die Lüfte erhebt, so entwickelte sich auch die Brandenburger Vereinigung. Schon nach einem Jahr war die Zahl auf 37 aktive Mitglieder gestiegen.

In den nachfolgenden Jahren wurden so viele Pokale, Ehrenpreise und Medaillen errungen,

daß sie nicht alle aufgezählt werden können. Welche Reputation der Verein allerdings genoß, spiegelt sich in der Tatsache wider, daß aus seinen Reihen die Mitglieder Hans und Fritz Mertel sowie Fritz Kettel den Vorsitzenden des Gesamtverbandes (Reisevereinigung Bayreuth) stellten.

Seit den 50er Jahren hat sich auch bei den Brieftaubenzüchtern viel geändert. Damals mußten die Tauben, die am Sonntag starten sollten, schon am Mittwoch oder Donnerstag zum Bahnhof gebracht werden. Dabei wurden in der Regel 12 bis 16 Körbe mit einem Bruckwagen befördert. Der Auflaß der Tauben wurde mit Kreide auf einer Schiefertafel festgehalten. „Tauben um 6 Uhr hoch. Gut Flug" war da zu lesen.

Heute hat die Technik bei den Brieftaubenzüchtern Einzug gehalten. Die Daten der Vögel werden alle aufgezeichnet und anschließend ausgewertet. Wer den Züchtern dabei in ihrem heutigen Vereinslokal „Götschel" über die Schultern schaut, der kann gar nicht mehr glauben, daß vor 20 Jahren noch eine einfache Stechuhr ausgereicht hat. Übrigens werden die Tauben heute auch nicht mehr mit der Bahn verschickt. Ein Kabinenexpreß sorgt für schnelleren Transport zu den Abflugorten. So müssen die Tauben heute erst am Samstag ihre Heimat verlassen, wenn sie am Sonntag früh starten.

Die meisten finden zurück in die Stadt mit dem „roten Adler", auch wenn er ihnen nicht den Weg zeigt.

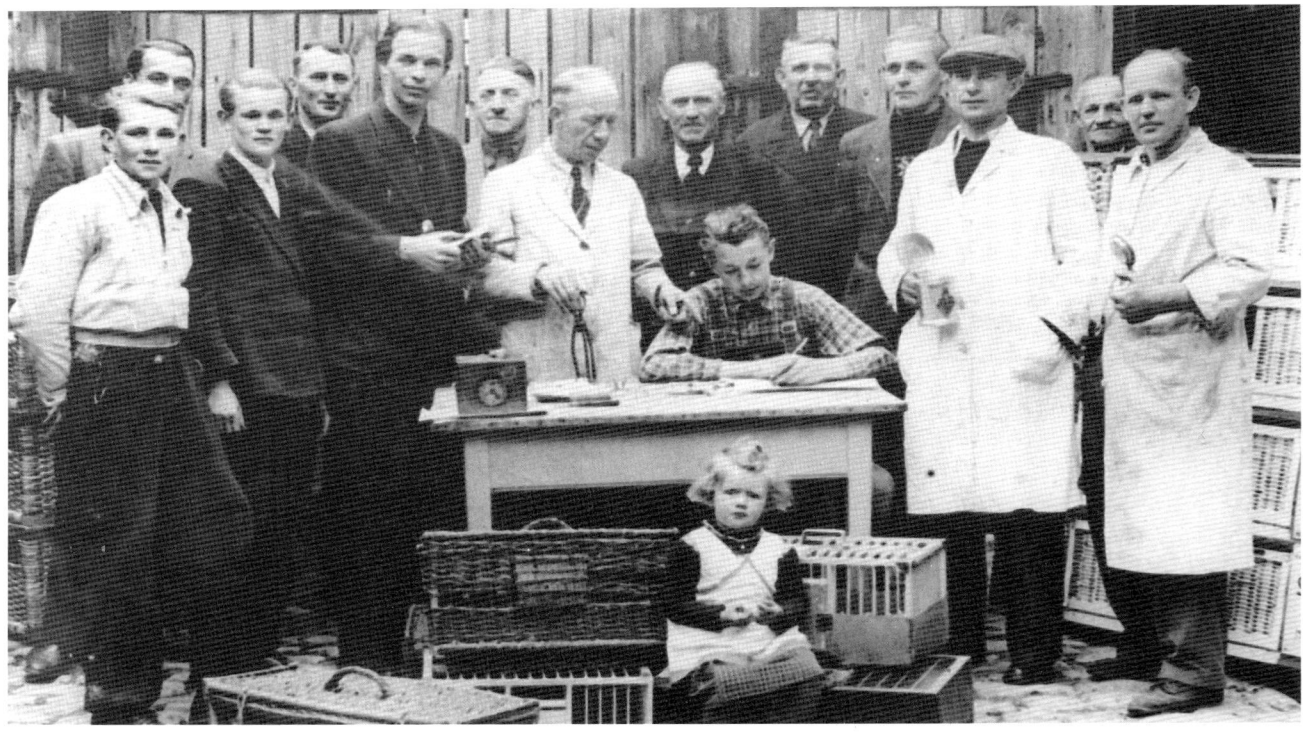

Abb. 177   *Die Brieftaubenzüchter bereiten sich auf den Start ihrer gefiederten Himmelstürmer vor.*

Die Freiwillige Feuerwehr in St. Georgen

Dort, wo einst der Markgraf Georg Wilhelm seine Schützen zum Wettkampf antreten ließ und wo dann später die hohe Kunst des Bierbrauens ihr Zentrum hatte, ist sie untergebracht: Die „Abteilung St. Georgen der Freiwilligen Feuerwehr Bayreuth", wie sie offiziell heißt.

Die rund 30 aktiven Feuerwehrmänner sind für den Ernstfall gut gerüstet. Sie haben zwei Feuerwehrfahrzeuge moderner Bauart und alle notwendigen Geräte zur Brandbekämpfung.

1985 feierte die Vereinigung im Rahmen des Bürgerfestes ihr 80jähriges Gründungsjubiläum; sie besteht demnach seit dem Jahre 1905. Damals trennte sich die Abteilung St. Georgen vom Turnverein, genauer von der Turnerfeuerwehr, die schon 1881 entstanden war. In Zeiten der Handpumpen legte man offensichtlich besonderen Wert auf die körperliche Fitneß der Brandbekämpfer.

In den 20er Jahren umfaßte die Abteilung St. Georgen immerhin 75 Feuerwehrmänner. Besonders stolz war man auf eine zweirädrige Alarmleiter mit 10 m Steighöhe, die 1921 angeschafft wurde.

Nach der schrecklichen Zeit des Zweiten Weltkrieges, bei dem auch viele St. Georgener Feuerwehrmänner ihr Leben lassen mußten – eine Ehrentafel auf dem Friedhof erinnert noch heute an sie –, war der Wiederaufbau schwierig. Erst 1949 wurde die Freiwillige Feuerwehr e.V. Bay-

Abb. 178 *Der Kommandant Theodor Leipert.*

Abb. 179 *Nach Major Rose war Theodor Leipert (dritter von rechts) bis in die fünfziger Jahre Kommandant der Freiwilligen Feuerwehr St. Georgen.*

reuth neu gegründet, zu der nun auch St. Georgener Mitglieder gehörten. Unter dem rührigen Kommandanten Theodor Leipert wurde aber bald eine stets einsatzbereite und gut ausgerüstete Wehr aufgebaut. Seine Nachfolger Heinrich Feilner, Fritz Ehemann, Heinz Fischer, Helmut Roscher und Herbert Zeitler konnten dieses Werk fortsetzen.

Der bekannteste Feuerwehrmann aus St. Georgen nach dem Krieg ist Wilhelm Drechsel. Bei seinem 40jährigen Dienstjubiläum wurde seine Laufbahn gewürdigt:

Der waschechte Brannaburger, der schon seit vielen Jahrzehnten bei einer Spedition in St. Georgen arbeitet, kennt keine andere Freizeitbeschäftigung als die Feuerwehr. Er ist am 25. Oktober 1933 in St. Georgen geboren und direkt neben dem Feuerwehrgerätehaus aufgewachsen. Schon als Junge hatte er deshalb den einzigen Wunsch, Feuerwehrmann zu werden.

Eines Tages nahm er allen Mut zusammen und hat einfach gefragt, ob er auch mitmachen könne. Bis zur Vollendung des 16. Lebensjahres mußte er dann allerdings schon warten, bis er offiziell als Feuerwehrmannanwärter anfangen konnte. Kommandant der St. Georgener Wehr war damals Theo Leipert. Ehe Wilhelm Drechsel unter der Leitung von Heinz Fischer schließlich als Löschmeister übernommen wurde, war er schon viele Jahre lang Kassierer der Feuerwehrsterbekasse. Inzwischen ist er schon seit langer Zeit stellvertretender Abteilungsführer.

Sein erster Einsatz erfolgte beim Brand des Gutes Birken. Später half er dann bei fast allen großen Bränden in Bayreuth, Hab und Gut seiner Mitbürger zu schützen. Erwähnenswert sind hier insbesondere die Brände der Firmen Ofra, Farben-Weigend, Möbel-Hess und Bäckerei Hammon. Bei seinen Kameraden ist „der Willi" als stets hilfsbereiter und zuverlässiger Freund bekannt. Natürlich fehlt er auch nur selten, wenn die Wehr nicht zur Brandbekämpfung, sondern zum Durstlöschen bei einem Feuerwehrfest ausrückt.

Abb. 180   *Im heutigen Feuerwehrhaus wurde einst Bier gebraut.*

Abb. 181   *Auf ihre technische Ausstattung sind die St. Georgener Feuerwehrleute besonders stolz.*

148

Kleines Plakatmuseum Bayreuth

In unmittelbarer Nähe des ehemaligen Brandenburger Weihers, dort wo vor 250 Jahren die Markgrafen durch Illuminationen Bilder und Motive darstellten, wird heute wieder Kunstgenuß geboten: Im Kleinen Plakatmuseum.[160]

Damals war allerdings nur ein erlauchter Kreis eingeladen, heute dagegen steht jedem Interessierten die Tür offen.

Leider wird diese Chance viel zu selten genutzt, denn was es hier hinter grauer Fassade zu sehen gibt, lohnt einen Besuch allemal. Wer sich nämlich unter einem Museum eine sterile Ausstellung von Exponaten vorstellt, die Jahr für Jahr mit wenigen Ausnahmen gleich bleibt, der wird im Kleinen Plakatmuseum angenehm überrascht. In der Regel werden vier Ausstellungen pro Jahr gezeigt, wobei die Themenpalette ungeheuer groß ist.

Als erstes soll geklärt werden, wie das kleine Plakatmuseum überhaupt nach St. Georgen gekommen ist. Eröffnet wurde es von Dr. Franz Joachim Schultz am 24. Mai 1986 mit der Ausstellung „Literatur und Plakat" zunächst nicht in den heutigen Räumen, sondern in der Munckerstraße Nr. 23.

Diese Vierzimmerwohnung wurde allein vom Gründer des Museums angemietet und finanziert. Er hatte im Laufe von 15 Jahren rund 700 Plakate zusammengetragen und wollte seine Kunstschätze nicht nur für sich allein genießen, sondern einer breiten Öffentlichkeit vorstellen. Da er weder Eintritt verlangt hat und für die Ausstellungskataloge nur der Selbstkostenpreis gezahlt werden mußte, gab es bald Finanzierungsprobleme. Die Unterstützung der Stadt blieb aus. Natürlich kann

Abb. 182   *Ohne seine Initiative gäbe es das Kleine Plakatmuseum in St. Georgen nicht: Dr. Franz Schultz. Der Bayreuther Literaturwissenschaftler hat rund 3000 Plakate gesammelt, die als Grundlage für die wechselnden Ausstellungen dienen.*

man jetzt fragen, warum hat Franz Joachim Schultz nicht zunächst die Kostenfrage geregelt und danach die Initiative ergriffen. Höchstwahrscheinlich würde dann aber bis heute noch kein Plakatmuseum existieren. Der Bayreuther Journalist Wulf Rüskamp hat schon recht, wenn er im Februar 1987 zur Ausstellung „Internationale Filmplakate" schreibt: *Wer klagt, in der Provinz sei nichts los, der solle es nicht bei der Beschwerde belassen, sondern selbst etwas „losmachen". An diese Mahnung hat sich Dr. Franz Joachim Schultz gehalten. Sein Kleines Plakatmuseum ist ein mit vielem persönlichen Aufwand an Zeit und Geld ausgestatteter Versuch, in Bayreuth etwas „loszumachen".*[161]

Schon zu dieser Zeit schwebte das Damoklesschwert über dem Museum, und Rüskamp befürchtete, daß es die letzte Ausstellung sein könnte. Soweit war es damals noch nicht. Es fanden noch weitere Ausstellungen statt – insgesamt waren es in der Munckerstraße zehn verschiedene –, bis im Juni 1986 Plakate unter dem bezeichnenden Motto „Luftschlösser und Co." zu sehen waren. Das war das vorläufige Ende, denn Schultz war verständlicherweise nicht mehr bereit, die Finanzierung allein zu tragen und wollte sich anderen Dingen zuwenden.

Was dann geschah, schildert der Leiter des Plakatmuseums eindrucksvoll:

Da häuften sich die Anrufe: Das Bayreuther Plakatmuseum müsse weiterbestehen! Dieser Meinung waren viele Bayreuther und Nicht-Bayreuther, unter ihnen auch der neue Oberbürgermeister Dr. Dieter Mronz. Dank seiner Vermittlung konnte die Firma Wüstenrot gewonnen werden, die zur Eröffnung ihrer neuen Filiale eine Plakatausstellung in ihren Räumen ermöglichte, um das Plakatmuseum wieder in Erinnerung zu rufen. Dann ging alles Schlag auf Schlag: Im Dezember 1988 wurde ein Förderverein (mit gleich zu Beginn zwölf Mitgliedern) gegründet, die neuen Räume in der Bernecker Straße 21 wurden gefunden, die Vorbereitungen zur ersten Ausstellung begannen. Die Grundlage des Museums – meine Plakatsammlung mit ca. 2000 Plakaten – stellte ich dem Verein leihweise zur Verfügung.

Am 15. April 1989 konnte das Plakatmuseum mit der Ausstellung „Gesichter auf dem modernen Plakat" in St. Georgen eröffnet werden.

Es hat sich inzwischen zu einem kulturellen Kleinzentrum entwickelt.

Natürlich stehen nach wie vor die Plakate im Mittelpunkt. Sie sind ja auf der einen Seite triviale Bilder, die etwas ankündigen oder auf etwas hinweisen, andererseits selbst Kunstwerke. Man spricht ja von Plakatkunst und weiß, daß große Künstler wie Toulouse-Lautrec, Joan Miró oder Joseph Beuys Werke gestaltet haben.

Vier Schwerpunkte

Franz Joachim Schultz setzt bei seinen Ausstellungen auf vier Schwerpunkte:

Er versucht namhafte Künstler und Graphiker, die Plakate gestaltet haben, in Werkausstellungen zu würdigen. So wurden Karikaturen und Plakate des tschechischen Künstlers Josef Capek, des Berliner Künstlers Schoko Casana Rosso oder von Roman Cieslewicz, der in Warschau und Paris arbeitet, gezeigt.

Zum zweiten werden thematisch gebundene Ausstellungen angeboten, wie „Die Stadt auf dem Plakat" oder „Moderne Kunst auf dem Plakat."

Der dritte Schwerpunkt sind Ausstellungen mit Plakaten aus anderen Ländern. Hier ist besonders hervorzuheben, daß Länder östlich der Bundesrepublik breiten Raum einnehmen. So hat die Ausstellung „Film- und Theaterplakate aus Bulgarien" im Jahre 1991 besondere Beachtung gefunden, da zum ersten Mal im größeren Umfang in Deutschland aus diesem Land Plakate zu sehen waren.

Auch ein internationaler Vergleich von Plakaten zum selben Thema eröffnet interessante Aspekte. So wurde bei den Filmplakaten festgestellt, daß die Graphiker im Westen stärker auf den Gebrauchswert setzen und so die Information die Ästhetik überwiegt. Die polnischen Graphiker in dieser Branche würden dagegen der künstlerischen Gestaltung mehr Gewicht einräumen; sie würden sich nicht den Zwängen aggressiver Botschaft unterwerfen.

Durch diese Konfrontation mit Künstlern und Graphikern aus anderen Ländern wird der Blick des Betrachters geschärft, und es werden Brücken geschlagen.

Der vierte Schwerpunkt: Das Plakatmuseum bemüht sich, regionale Plakatkunst zu präsentieren. So wurde 1990 beispielsweise die Ausstellung „Bayreuther Kunstplakate" gezeigt, oder es waren „Futuristische Bayreuth-Plakate" von Wo Sarazen (alias Werner Baumann) zu sehen.

Diese Ausstellungen werden durch Begleitmaterialien wie Bücher, Faltblätter und Kataloge ergänzt.

Ab und zu werden auch andernorts Ausstellungen vorbereitet: „Plakatgeschichte" in der Bayreuther Stadtbibliothek, „Afrikaplakate" im Goethe-Institut Kinshasa oder „Jazzplakate" im Podium.

Man kann sich gut ausrechnen, wieviel Zeit und Engagement notwendig sind, um den Museumsbetrieb aufrecht zu erhalten. Unterstützt wird Franz Joachim Schultz von Fall zu Fall von Hermien Stellmacher und Wilfried Engelbrecht, die Hauptarbeit liegt aber beim Leiter des Kleinen Plakatmuseums selbst.

Interessiertes Publikum ist jedenfalls vorhanden, und das Plakatmuseum ist über die Grenzen Bayreuth hinaus bekannt.

Der Bayreuther Kunstbetrieb kann nur hoffen, daß räumliche und finanzielle Schwierigkeiten weiterhin ausgeräumt werden. Am „Stoff" für neue Ausstellungen mangelt es nämlich nicht. Franz Joachim Schultz hat inzwischen seine Sammlung auf 3000 Plakate erweitert, und es werden von Monat zu Monat mehr.

Das Pianohaus Niedermeyer in St. Georgen
Treffpunkt weltberühmter Dirigenten und Pianisten

Jedes Kind hat einen Traumberuf: Der eine will Lokführer werden, der andere Nordpolforscher oder Fußballprofi. Der kleine Niedermeyer hatte da ganz andere Wünsche: Er wollte Klavierbauer werden. Während aber die meisten „Lokführer" dann doch später im Büro schwitzen und die meisten „Nordpolforscher" als Volksschullehrer Geographie unterrichten, hat Leo Niedermeyer seinen Traumberuf verwirklicht. Ja sogar noch mehr: Er besitzt heute ein großes Klavierhaus mit modern eingerichteter Werkstatt und riesigen Ausstellungs- und Verkaufsräumen. Der Weg dorthin war nicht immer leicht und führte über verschlungene Pfade. Leo Niedermeyer begann seine Ausbildung in Nürnberg und zwar in der Werkstatt des Klavierbauers Neupert. Nach seiner Gesellenprüfung widmete er sich in Bamberg dem Cembalobau, einer besonderen Wissenschaft, bevor er im Ausland neue Erfahrungen sammelte. Zunächst verschlug es ihn nach Stockholm, später nach Zürich in die Schweiz, wo er bei dem berühmten Cembalobauer Martin Scholz im Musikhaus Hug arbeitete. Als Außendienstmitarbeiter reiste er für diese Firma durch die ganze Welt, um Musikinstrumente zu verkaufen und zu warten. Nach einem erneuten Wechsel zum Musikhaus Neupert – er restaurierte dort für ein geplantes Museum Instrumente und arbeitete sich zum Betriebsleiter hoch – wagte er im Jahre 1983 den Sprung in die Selbständigkeit. Er wählte als Firmenstandort Bayreuth, weil er in der Stadt Richard Wagners viele Kunden erwartete, und St. Georgen, weil er sich von Anfang an in diesem Stadtteil – wie er selbst betont – besonders wohl und heimisch

fühlte. Dort hat er in harter zehnjähriger Arbeit seinen eigenen Betrieb aufgebaut. Wenn man ihn heute in seiner Werkstatt besucht, dann merkt man sofort, daß für ihn sein Beruf Berufung ist und nicht allein zum Gelderwerb dient. Mit Leidenschaft erklärt er aufwendige Restaurationen und zeigt auf die Instrumente, die wieder fabrikneu funkeln. Er spielt ein paar Töne vor, und seine glänzenden Augen verraten einen Handwerkerstolz, der in der heutigen hektischen Zeit selten geworden ist. Leo Niedermeyer ist mit Leib und Seele Klavierbauer. Gern führt er seine Gäste auch durch das Betriebsgebäude. Im Keller befindet sich die Werkstatt für Gehäusefertigung und Lackierung. Durch einen Aufzug werden die Instrumente in das Erdgeschoß befördert, wo die eigentliche Klavierbauwerkstatt angesiedelt ist. Im

ersten Stock erwartet den Besucher ein großer Ausstellungs- und Verkaufsraum. Dort können Klaviere und Flügel verschiedener Marken meist deutscher Herkunft bewundert und natürlich auch gekauft werden. In den großen Räumlichkeiten finden auch Konzerte mit bekannten Pianisten statt, wobei die Zuhörer sicher sein können, daß die Instrumente optimale Klangqualität besitzen. Leo Niedermeyer zählt nämlich auch zu den besten Klavierstimmern im Lande. Bei zahllosen Schallplatteneinspielungen ist er in ganz Deutschland und Europa unterwegs, um die Musikinstrumente vorzubereiten. Daß bei soviel Arbeit und Engagement ab und zu noch Zeit bleibt, sich unter das „einfache Volk" zu mischen und beim Dämmerschoppen über Gott und die Welt zu reden, ist schon ein kleines Wunder.

Abb. 183 *Leo H. Niedermeyer mit Prof. Gerhard Opitz, dem berühmten Pianisten, anläßlich der Firmeneinweihung im Oktober 1993.*

Wo Sarazen – Zauberer in der Unterwelt von St. Georgen

Im Jahre 1961 hat er die Unterwelt von St. Georgen schon einmal kennengelernt. Damals war er wochenlang in den Katakomben herumgekrochen und versuchte, die Geheimnisse der dunklen Gänge zu erforschen.

Ein nicht alltägliches Unternehmen.

Und diesem Stil ist er treu geblieben: Werner Baumann alias Wo Sarazen.

Für viele Bayreuther ist er ein Spinner und Verrückter; andere drücken es vornehmer aus: eine skurrile Erscheinung. Er selbst sagt dazu:

Es gibt noch viel mehr Verrückte als mich, doch die anderen sind gut getarnt.[162]

Es ist ihm sicherlich auch ganz egal, was andere über ihn sagen oder denken. Das gehört zu seinem Nicht-Angepaßtsein, zu seiner unkonventionellen Lebensart.

Fluchtwege führen in Sackgasse

Wenn alle jubeln, daß sich der Mega-Star Michael Jackson die Ehre gibt, im Städtischen Stadion in Bayreuth gefeiert zu werden, dann protestiert Werner Baumann dagegen. Der Stadtrat beschloß, wegen dieser Veranstaltung 170 000 Mark für den Ausbau von Fluchtwegen bereitzustellen. Er habe zwar nichts persönlich gegen Michael Jackson, so Baumann, aber zurückgestellte Gelder für diesen Burschen zu benutzen, sei für ihn schlichtweg unverantwortlich.

Soviel der Bürger Baumann. Als Künstler Wo Sarazen erklärte er, der Open-air Veranstaltungsort Bayreuth sei „Verrat an Richard Wagner", was immer er auch damit meint.

Die Umbaumaßnahmen lehnte der „weltberühmte" Sarazen nun

Abb. 185 *„Fluchtwege führen immer wieder in die Sackgasse", meint der Bayreuther Künstler Wo Sarazen. Er schuf dazu ein interessantes Objekt.*

mit dem Argument ab: „Fluchtwege führen immer in die Sackgasse". Und er beließ es nicht nur bei diesen Sprüchen, er fertigte auch gleich ein Objekt mit dem Titel „Fluchtwege" an: Auf einer Gipsplatte führen zahlreiche, mit scharfen Glasscherben markierte Wege in eine Mausefalle aus Draht.

Kellerkunstmuseum

Schon zu dieser Zeit plante der große Meister, das Kellerkunstmuseum in seinem „Haus der Kunst und der Begegnung" in der Brandenburger Straße 36 mit neuen Kunstwerken zu erweitern. Eröffnet wurde diese „Grotte des Zauberers" in der St. Georgener Unterwelt am 8. August 1991. Damals hatte Baumann sein Publikum unter dem Motto „Kommen

Abb. 184 *Der einzige Bär, der bei der Versteigerung nicht unter den Hammer kam: Die zwölfjährige Bianca. Die Bärendame wurde begleitet von ihrem Dompteur Dieter Kraml; rechts davon Waltraud Boltz, die Inhaberin des Auktionshauses, und Werner Baumann, alias Wo Sarazen.*

Abb. 186 *Tief unter der Erde in den Kellergängen der St. Georgener Unterwelt befindet sich die „Grotte des Zauberers". Der Künstler Wo Sarazen stellt hier seine Objekte aus, die alle skurrile Namen tragen.*

– Staunen – Eine Traumwelt erleben" eingeladen.

Gekommen war auch der Journalist Stephan Herbert Fuchs, und er berichtete:

Fast schon symbolisch gelangt der Besucher über eine steile Treppe in die unterirdischen Gänge, weit verzweigt, über mehrere Stockwerke verteilt . . . An einem dunklen Eck liegt der Zauberer in Gestalt Wo Sarazens. Den leblos scheinenden erweckt ein strahlender Engel, stilvoll mit einer Kerze und einem silbernen Tablett. Darauf liegt sein Manuskript. Wo Sarazen rezitiert von der Vergänglichkeit des Lebens. Er schließt: „Und niemals wird ein Mensch wissen, gibt es einen Gott oder gibt es keinen Gott."

Ein weiteres Kunstwerk seines Schaffens trägt den Titel „Europa Ade". Es zeigt eine schwarze Büste von Zement übergossen. Der Künstler und Zauberer in einem erläutert dazu: „Wir bedürfen dringend einer Reinigung, lange genug haben wir die Menschen unterjocht, doch nun sind wir dran. Die weiße Rasse muß untergehen!" Solche Worte klingen beängstigend in diesen totenstillen, nur spärlich beleuchteten Räumen, wo das Wasser von der Decke tropft.[163]

Für seine Objekte hätte der Künstler kaum bessere Räume finden können, als die ausgedehnten Kellergewölbe, die im 18. und 19. Jahrhundert in mühevoller Arbeit gegraben worden waren. Sie führen weit über das Grundstück hinaus und sind so rätselhaft, wie die Objekte, die Wo Sarazen schuf und darin ausstellte.

Er selbst bezeichnet das Museum kühn als „das ungewöhnlichste Kunstmuseum der Welt". Beim Eintritt in die Tiefe der Gewölbe bekommt der Besucher eine kurze Information des Künstlers zum Geleit:

Im Gegensatz zu anderen Museen wird bei uns das Inventar weder gehegt, noch gepflegt, noch bei Bedarf restauriert. Dem natürlichen Verfall – begünstigt durch die Feuchtigkeit der Gewölbe – wird in keiner Weise Einhalt geboten.

Das Gesetz vom ewigen Werden und Vergehen wird hier am Kunstwerk deutlich. Die Atmosphäre des Kellers begünstigt die Ahnung, daß hinter uns verschlossenen Türen unerhörte Geheimnisse verborgen sind.

Die ausgestellten Objekte tragen skurrile Namen. Nur einige Beispiele:

Objekt Nr. 10: Casanova in den Bleikammern Venedigs
Objekt Nr. 11: Schamhaftes Verstecken
Objekt Nr. 12: Puffmutter
Objekt Nr. 14: Einsteins Hirn
Objekt Nr. 18: Jungfrau mit drei Buchstaben im Kopf
Objekt Nr. 30: Weltsensation! – ein Politiker mit weißer Weste
Objekt Nr. 36: Bonner Spätlese

Was über seine Steinkunstwerke gilt, kann man sicher auch auf die Objekte in der „Grotte des Zauberers" aussagen: *Es sind vielfach esoterische Rätsel. Sie führen hin zu schmalen Pfaden. Sie offenbaren sich nicht jedem – und nicht sofort. Wer sie ergründen will, muß tief in sich hineinhorchen.*[164]

Steigt man die Treppen aus dem Kellergewölbe wieder hinauf, erwartet den Betrachter ein palaisartiges Haus.

In den Dachräumen befindet sich das Spielzeugmuseum, das ausgewählte besonders schöne Exponate zeigt.

Weiterhin ist im Haus ein Konzertsaal untergebracht, in dessen Mittelpunkt ein Bösendorfer Konzertflügel steht. Hier werden zur Zeit der Festspiele Liederabende und Jazz- und Klavierkonzerte mit namhaften Künstlern veranstaltet. Außerdem wird der Raum auch für Lesungen und Vernissagen genutzt.

Im herrlichen „Cabinet de fleurs", einem Wintergarten mit Palmen und tropischen Pflanzen, finden im kleinen Kreis Dichterlesungen und Diskussionsabende statt.

Auktionshaus Boltz

Bekannt geworden ist das Haus aber weniger durch diese Veranstaltungen, sondern als „Kunstauktionshaus Waltraud Boltz". Hier fanden seit 1976 über 300 Auktionen statt, wobei es sich vorwiegend um Spezialversteigerungen handelt. Sie alle aufzuzählen und zu beschreiben würde allein ein Buch füllen. Nur einige Beispiele von den Sachen, die unter den Hammer kamen: Bauernsilber, Feierabendziegel, Christbaumschmuck, Andachtsbilder, Bügeleisen, historische Schreibmaschinen, Bilderbücher . . .

Abb. 187 *Das Kunstauktionshaus Boltz zählt zu den schönsten Gebäuden von St. Georgen. Es befindet sich in der Brandenburger Straße.*

Abb. 188 *Eine Auktion, die für Schlagzeilen sorgte. Unter dem Titel „Schmusetiere unterm Hammer" wurden im Mai 1992 im Auktionshaus Waltraud Boltz 250 Teddybären versteigert.*

Eine der originellsten Auktionen lief im Mai 1992 unter dem Titel „Schmusetiere unterm Hammer" über die Bühne. Hier wurden rund 250 Teddy-Bären versteigert, wobei die wertvollsten Stücke, zwei Steiff-Teddybären, Mutter und Kind aus gelbem Mohairplüsch, für 3000 Mark den Besitzer wechselten.[165]

Diese Auktion fand weit über die Grenzen Bayreuths hinaus Beachtung, sogar die Zeitschrift „Stern" berichtete ausführlich. Das lag sicher auch am Rahmenprogramm, das – wer könnte es anders sein – Wo Sarazen gestaltete.

„Jeder Teddybär", so rezitierte er, „besitze sein eigenes Geheimnis. Ein Bär verstehe alles, was man ihm erzählt."

Der Aktionskünstler hatte eigens einen „Bärenschlager" getextet, zu dem der Pianist und Dozent der Bayreuther Fachakademie für Kirchenmusik (!), Michael Wessel, die Noten beisteuerte.

Bayreuth, du schöne Stadt am Roten Main,
bald wird ein Teddy Oberbürgermeister sein . . .

Weitere Lieder zum Thema wie „Großer Bär und kleiner Bär" aus dem Musical „Käpt'n Bye Bye" oder das Bärenlied aus dem „Dschungelbuch" kamen zur Aufführung.

Der absolute Höhepunkt des Programms war allerdings der Auftritt von Bianca, einer zwölfjährigen Dame mit 180 Kilogramm Lebendgewicht.

Das Auktionshaus hatte es tatsächlich geschafft, eine Bären-Dame nach St. Georgen zu bringen, die sich während der gesamten Veranstaltung unter das Publikum mischte. Der zahme Grizzly wurde nur begleitet von Dompteur Dieter Kraml. Er konnte den teils verängstigten Besuchern glaubhaft versichern, daß Bianca auch ohne Maulkorb ungefährlich sei.

Wo Sarazen kündigte zum Schluß des Rahmenprogramms an, Bayreuth zur Teddymetropole machen zu wollen. Er möchte den ersten Weltkongreß der Teddybärensammler in der Wagnerstadt organisieren.

Ob er da Bayreuth nicht einen Bärendienst erweist?

Meine Heimat – St. Georgen

Ein Rundgang durch St. Georgen[166]

Im Gasthaus „Brandenburger Schmiede", gleich neben der Ordenskirche, treffen sich einige alte „Brannaburger", um sich über ihr geliebtes St. Georgen zu unterhalten. Sie hätten sich keinen besseren Ort aussuchen können, denn das angesprochene Gebäude hat Tradition: Es wurde im Jahre 1703 als Wohnhaus des bedeutenden Maurermeisters Johann Jakob Weiß, unter dessen Regie die Häuserzeile in St. Georgen entstand, errichtet.

Viele der Anwesenden haben Bilder gesammelt, und mit diesen kommt so manche alte Erinnerung wieder ins Gedächtnis. „Schau, der Ritter's Paul, der hat mich damals verarztet", meint der eine,

und die andere bemerkt staunend: „Man kann es sich heute gar nicht mehr vorstellen, daß unterhalb vom Wagner-Krankenhaus die Bauern Felder hatten und dort ihre Kühe weideten."

Es ist ein lebhaftes Gespräch, und jeder weiß zu dem einen oder anderen Bild etwas zu berichten. Interessante Geschichten werden aus dem reichen Erinnerungsschatz hervorgeholt.

Am besten wird es sein, wir machen einen gemeinsamen Rundgang durch St. Georgen und versuchen zu beschreiben, wie es vor 60, 70 oder gar 80 Jahren dort ausgesehen hat und was sich so alles abspielte.

Beginnen wir gleich am Versammlungsort, also der „Brandenburger Schmiede". Hier wohnt seit über 70 Jahren Anna Fordermair, geb. Lauterbach, und sie erinnert sich: *Als wir 1919 in das Haus der vormaligen Besitzer Steinlein einzogen, war der Hausplatz so gepflastert, wie die Pflasterung um die Ordenskirche herum. Im Hausplatz stand ein großer Eisschrank, gespeist mit Stangeneis für das Flaschenbier. Unmittelbar nach der Haustüre, links, war das Schankfenster. Damals holten sich die Nachbarn ihr Bier vom Faß, meist ein „Schimmela", das war ein dreiviertel Liter.*

Wenn die Arbeiter der Spinnerei

Abb. 189   *1907 – 1919 war Georg Steinlein, Bäcker und Gastwirt, Besitzer des Hauses St. Georgen 48. 1919 verkaufte die Witwe Margarethe Steinlein aus Bindlach das Haus an Hans und Auguste Lauterbach. 1941 erbte Anna Fordermair den Besitz. Das Bild entstand 1915. Am Fenster ist Georg Steinlein zu sehen.*

155

Abb. 190 *Brauerei und Bäckerei Hans Lauterbach, vormalig Georg Steinlein, im Jahre 1926.*

Nach vorne hin lag die Brotstube für den Verkauf. Es gab Schwarzbrot, Laibla, Weckla und mürbe Hörnla. Besonders groß fielen die Kindsbettweckla aus, die im Volksmund Krätzerweckla hießen, weil sie die Paten, anläßlich der Kindstaufe, meistens in Körben (Krätzen) brachten.

In der Mitte des Hinterhauses war der Aufgang zum 1. Stock. Links von der Treppe lag das Waschhaus, zugleich Bad. Rechts der Kuhstall. Fast jeder Hausbesitzer hatte zwei Kühe, um leben zu können.

An die Kirchgasse zum Friedhof grenzte der Gans- und Entenstall. Dieses Gebäude wurde später zum Vereinslokal für die Brandenburger Liedertafel, die Feuerwache und den Veteranen- und den Bürgerverein umgebaut.

Ab 1926 arbeitete ich in der Backstube. Wir betrieben außer dem Verkauf im Laden auch eine Umtauschbäckerei. Die Bauern vom Lande brachten ihr gemahlenes Roggenmehl zu uns und bekamen dafür große, runde, acht Pfund schwere Brotlaibe, wobei der Backlohn für einen „Achtpfünder" 25 Pfennige betrug. Soweit Frau Fordermair.

um 5 Uhr Feierabend hatten, da war Hochbetrieb am Schankfenster. Die Leute aus Laineck, Bindlach und sogar aus Nemmersdorf, die alle mit den Rädern bis nach Bayreuth fuhren, gönnten sich ein „Stehseidla" nach getaner Arbeit. An die zwanzig Fahrräder standen da immer ums Haus.

Gleich nach der Schänke befand sich der Eingang zur Wirtsstube. Die Einrichtung war dem Zweck entsprechend. Die Tischplatten wurden jeden Tag mit der Bürste gesäubert, und der Fußboden bestand aus Holzbrettern, die ebenfalls täglich geschrubbt werden mußten. Am schrecklichsten waren zwei Spucknäpfe.

Im hinteren Haus lag die Backstube. Der Backofen wurde noch mit den langen Holzscheiten geschürt. Die Bäcker spreißelten sie selbst, das war eine Schinderei.

Abb. 191 *Backstube bei Bäckerei Fordermair 1938. Im Bild links Joseph Fordermair, daneben seine Gesellen.*

Abb. 192   *Ein Luftbild von St. Georgen aus dem Jahre 1938*

Abb. 193   *Die Pfarrherren von St. Georgen. V. l. n. r. Kirchenrat Klaus Theodor Seifert (Pfarrer von 1956 bis 1971), Herbert Schulz (Pfarrer ab 1988) und Hans Joachim Ernst Laßmann (Pfarrer von 1971 bis 1988).*

Abb. 194 *Ein Bild mit Seltensheitswert: Die Försters-Ziegelei hinter der Ordenskirche um die Jahrhundert-wende. Von links nach rechts: Babette Förster, Luise Schott (Kind), Babette Schott, Hans Schott (Kind), der Ziegelmeister, Margarete Gräbner, Lisa Knarr, Hans Förster, Kunigunde Zeitler, Johann Förster.*

Verlassen wir jetzt die „Schmiede" und gehen zur Ordenskirche. Hier wurden die meisten St. Georgener getauft, konfirmiert oder standen vor dem Traualtar. Natürlich erinnert man sich noch an die einzelnen Pfarrer, die vom Kanzelaltar herunter gepredigt haben und stets für ihre Gemeindemitglieder da waren.

Hinter der Kirche befindet sich ein Straßenzug, der auch „Hinter der Kirche" heißt. Wo heute die Firma Förster ein Geschäft für „Technische Gase und Schweiß-technik" betreibt, brannten früher die Vorfahren der Försters Ziegel und unterhielten danach ein Fuhr-geschäft.

Erwähnt werden muß auch ein berühmter zeitgenössischer Schriftsteller, der in St. Georgen

Abb. 195 *Im Haus „Hinter der Kirche 1" wurde der Schriftsteller Max von der Grün geboren.*

Abb. 196 *Vorne links im Bild die Schmiede von Adam Prechtl, anschließend Schlosserei Zellhöfer und dahinter die Gaststätte Konrad Popp.*

im Haus „Hinter der Kirche 1" geboren wurde: Max von der Grün. Seine Eltern lebten hier als einfache Arbeiterfamilie. Sein Vater war Schuhmachergeselle, seine Mutter Dienstmagd, später Porzellanarbeiterin. Dieses Milieu hat sicher auch Max von der Grün geprägt. Er ist als „Arbeiterschriftsteller" bekannt geworden, der durch sozialkritische Veröffentlichungen für Aufsehen sorgte. Max von der Grün lebte allerdings nur kurze Zeit in St. Georgen. Er verbrachte seine Kindheit in Mitterteich in der Oberpfalz und seine Lehrzeit bei Rosenthal in Selb und Marktredwitz. Nach dem Zweiten Weltkrieg arbeitete er als Maurer und Bergarbeiter im Ruhrgebiet, bevor er Mitte der 50er Jahre schriftstellerisch tätig wurde. Max von der Grün wurde mit zahlreichen Würdigungen bedacht. So erhielt er u. a. den Großen Kulturpreis der Stadt Nürnberg und den Wilhelm-Lübke-Preis. Als im Jahre 1983 im Bayreuther Stadtrat diskutiert wurde, ob ihm der Kulturpreis verliehen werden soll, kam es zu einer mehrheitlichen Ablehnung.

Bevor wir durch das schmale Gäßchen an der Ordenskirche vorbei wieder zur Hauptstraße zurückkehren, werfen wir noch einen kurzen Blick auf das Werkstattgebäude der Firma Heinrich Hacker „Fahrzeugbau und Autofedern".

Abb. 197 *Schützenzug durch St. Georgen. Im Hintergrund die Bierwirtschaft von Konrad Popp.*

Abb. 198   *Der Hutzlers Andreas (Schuhmachermeister) und seine Lisl.*

Wir stehen jetzt an der Kreuzung St.-Georgen-Straße/Bernecker Straße. Auf der rechten Seite „grüßt" das „hübsch-häßliche" Gebäude der Vereinsbank. Hier wollte man wohl einen modernen Akzent als Abschluß des historischen Straßenzuges setzen. Das Haus, das für diese „Schachtel" weichen mußte, gehörte allerdings auch nicht zu den typengleichen Markgrafenhäusern. Es hatte aber Charakter und paßte in das Straßenbild. Es handelte sich um das sog. Hutzlershäuschen. Darüber gibt es folgendes zu berichten: *Um 1900 bewohnte ein kinderloses Ehepaar mit Namen Schuster das kleine Haus. Danach waren die Bewohner das Ehepaar Hutzler. 1955 bezog das Haus der „Augenmichel". Er hat mit seinen Augentropfen vielen Menschen geholfen, aber sein Rezept nahm er mit ins Grab. 1969 wurde das „kleinste Haus in St. Georgen" abgerissen.*

Vor uns befindet sich nun das ehemalige Pflasterzollhaus. Heute ist in diesem auffallenden Eckhaus die Werkstatt des bekannten Motorsportlers Schindler unterge-

Sein Vater, Albert Hacker, stammte aus Gesees und hat 1933 in die damalige Prechtel'sche Schmiede eingeheiratet.

Wir kommen nun zum Eckhaus St. Georgen Nr. 54. Hier ist heute das Postamt untergebracht. Man erinnert sich: *Im Jahre 1902 kaufte die Wirtschaft und die Bäckerei ein Konrad Popp. Die Wirtschaft betrieb er, die Bäckerei verpachtete er an den Bäckermeister Lang. Später verlegte dieser sein Geschäft in die Matrosengasse, dann in die Jean-Paul-Straße, wo es heute noch im Familienbesitz ist. Nach dem Tod von Konrad Popp übernahm seine Tochter Anna das Geschäft, danach seine Enkelin, die nach ihrer Heirat 1964 Anna Gräbner hieß. Sie führte die Wirtschaft gemeinsam mit ihrem Mann, Erwin Gräbner, bis 1987 fort. Der kleine Laden nebenan wurde verpachtet, mal als Schreibwarenladen, mal als Friseursalon, dann als Versicherungsbüro.*

Abb. 199   *Das ehemalige Pflasterzollhaus in St. Georgen, die Einnahmequelle für Gebühren, die bei der Benutzung der St. Georgener Straße zu entrichten waren.*

Abb. 200 *Das Leers'sche Waisenhaus wurde im Jahre 1836 eröffnet.*

bracht. Früher war hier die Einnahmestelle für Gebühren, die die Bauern bei der Benützung der Straße, vor allem beim Viehmarkt, zu entrichten hatten. Dem Zolloffizianten Löwel soll dabei kein Bauer und Viehhändler durch die Lappen gegangen sein.

Wir biegen nun links ab in Richtung Gefängnis. Zwischen dem Zollhaus und dem ehemaligen Markgrafenschloß steht ein imposantes Gebäude, das einstige Leerssche Waisenhaus. Friedrich Christian Leers, Magistratsrat und Fabrikant, hat es mit seiner Stiftung ermöglicht, daß dieses Waisenhaus für 6 Knaben und 6 Mädchen im Jahre 1836 feierlich eröffnet werden konnte. 1860 brannte das Bauwerk ab, wurde aber 1902 wieder aufgebaut. Als nach dem Ersten Weltkrieg die Stiftungsmittel knapp wurden, kam in das Gebäude eine städtische Säuglingskrippe. Im Jahre 1967 richtete man im Leers'schen Haus eine Heilpädagogische Tagesstätte ein, und 1970 erweiterte man es durch eine

Werkstatt für Behinderte. Über 100 Mitarbeiter waren zeitweise im Hauptgebäude und in den Anbauten beschäftigt, bis man dann 1981 in die neuen Betriebsräume im Industriegebiet Ost umzog.

Kurze Zeit später wurde das verwaiste Waisenhaus neue Unterkunft für den „Verein Kurzschrift und Machinenschreiben", der dort ein Schreibmaschinenmuseum einrichtete.

Abb. 201 *Ein Pferdegespann der Spedition Förster*

Abb. 202   *Bis in die 60er Jahre stand in der Bernecker Straße das Haus mit angebauter Scheune der Kohlen- und Brennstoffhandlung Feulner. Ganz vorne rechts im Bild Kommerzienrat Siegmund Paul Meyer mit seinem Hund.*

Auf der gegenüberliegenden Straßenseite befand sich einst die Kohlen- und Brennstoffhandlung Feulner. Die Kohlen wurden bis zum Zweiten Weltkrieg mit Pferdewagen der Spedition Förster vom St. Georgener Bahnhof abgeholt und zum Weiterverkauf auf dem Eckgrundstück gelagert.

Bis in die 60er Jahre stand hier ein Haus mit angebauter Scheune, das einst zu den ausgedehnten Besitzungen der Familie Teuscher bzw. Koch gehörte. Deren Fabrikations- und Büroräume waren ja im erweiterten Prinzessinnenhaus untergebracht, aber der parkähnliche Garten reichte bis an die St. Georgener Häuserzeile. In der erwähnten Scheune wurden Blechbehälter für die Zuckerherstellung aufbewahrt, das Haus bewohnte ein Heizer der Firma Koch mit Namen Wiesel. Sein Sohn arbeitete übrigens nach dem Zweiten Weltkrieg als Chauffeur beim Oberbürgermeister.

In den 50er Jahren verkaufte die Firma Koch das Anwesen an Georg Feulner, der die Scheune zunächst als Lagerraum für Kohlen nutzte. Im Jahre 1964 wurde dann das Gehöft abgerissen und das heutige Wohnhaus gebaut.

Laufen wir nun die Bernecker Straße in Richtung Gefängnis und kommen an die Abzweigung zur

Abb. 203   *Das ursprüngliche Gebäude der Gastwirtschaft und Bäckerei Michael Seuß in der Bernecker Straße mußte dem Neubau der Gaststätte „Zum Grünen Baum" weichen.*

Abb. 204 *Im Anbau der Gastwirtschaft und Bäckerei Seuß befand sich ein kleiner Laden, in dem vor allem Mehl verkauft wurde.*

Markgrafenallee. Rechts steht die Gaststätte „Zum Grünen Baum". Auch hier mußte ein altes St. Georgener Haus einem Neubau weichen. Im ursprünglichen Gebäude war die Gastwirtschaft und Bäckerei Michael Seuß beheimatet. Im rückwärtigen Anbau befand sich ein kleiner Laden, in dem vor allem Mehl verkauft wurde. Der Haupteingang in die Wirtschaftsräume wurde später an die Bernecker Straße verlegt, dem ein Biergarten vorgelagert war, der im Sommer zum Verweilen einlud.

Viele alte Brannaburger können sich noch an den letzten Wirt Max Unglaub und an dessen Frau erinnern. Er wurde „Bananen-Max" genannt, wohl weil sie einen Kiosk an der Bernecker Straße gegenüber dem Eisenwerk Kaiser betrieben, in dem sie auch Südfrüchte verkauften. Die Lage des Kioskes an der Ein- und Ausfallstraße Bayreuth–Hof–Eger – ein Hinweisschild am Pflasterzollhaus wies darauf hin – war damals besonders

Abb. 205 *Der letzte Wirt auf der Gastwirtschaft Seuß war Max Un-glaub, den die St. Georgener liebevoll „Bananen-Max" nannten. 23 Jahre bewirtschaftete das Ehepaar Unglaub die Gaststätte.*

163

Abb. 206 *Gegenüber dem Eisenwerk Kaiser betrieben die Unglaubs an der Bernecker Straße einen Kiosk. Das Bild, auf dem Kunigunde Unglaub zu sehen ist, entstand im Jahre 1955.*

verkehrsgünstig. Der ganze Verkehr aus diesen Regionen führte über die Bernecker Straße nach Bayreuth, und viele Kraftfahrer hielten an, um sich zu stärken. Es gab wirklich alles, was das Herz begehrte: Die bekannten Zigarettensorten „Roxy", „Texas" und „Lux", Glenk-Bier aus der Altstadt sowie Gemüse und Früchte.

Abb. 207 *Das Haus Grüner Baum Nr. 8 gehörte früher den Eheleuten Zeiß. Vor dem Gebäude befand sich ein Ziehbrunnen, der die Matrosengasse mit Wasser versorgte.*

Abb. 208 *Paul Ritter, der „Bürgermeister der Matrosengasse", war stets für alle da.*

Kehren wir zum „Grünen Baum" zurück. Dort, wo heute der Radio- und Fernseh-Völkel sein Geschäft betreibt, war die alte Gaststätte „Grüner Baum" der Familie Leikauf, das Vereinslokal des Sängerkranzes.

Gleich daneben wohnte ein weiteres Brannaburger Original, der Ritter's Paul. Er war langjähriger Vorsitzender des Gesangvereins und kümmerte sich um die kleinen und großen Sorgen seiner Nachbarn. Deshalb nannte man ihn auch den „Bürgermeister der Matrosengasse". Viele St. Georgener erinnern sich noch daran, wie sie als Kinder vom Sanitäter Paul Ritter – das war er nämlich auch noch – verarztet wurden. Sie kamen zu ihm ins kleine Haus Grüner Baum Nr. 8, das heute noch steht. Es gehörte einst seinen Schwiegereltern Zeiß. Vor diesem Gebäude befand sich ein Ziehbrunnen, der in schlechten Zeiten die ganze Matrosengasse mit Wasser versorgte.

Gegenüber wohnte der wohlhabende Getreidegroßhändler Gustav Graf. Er hatte sein Lager beim St. Georgener Bahnhof, ungefähr dort, wo heute die Egerländer Straße die Gleise überquert. Gustav Graf konnte es sich leisten, im offenen, großen Auto durch St. Georgen zu fahren – und das war in den 20er Jahren schon etwas ganz besonderes.

In unmittelbarer Nachbarschaft von der heutigen Tankstelle Schindler hatte die Familie Krämer ihren Bauernhof.

Bevor wir zur Brücke über die Bahngleise kommen, sehen wir rechts das guterhaltene Haus Grüner Baum Nr. 12. Es gehörte dem Bauern Georg Götschel. Auch er besaß Land im heutigen Industriegebiet. Nach dem Verkauf der Felder wurde die Landwirtschaft eingestellt.

Wir gehen weiter und stellen uns auf die schon erwähnte Brücke, die die Eisenbahnlinie Bayreuth–Neuenmarkt/Wirsberg bzw. Warmensteinach überquert. Am Ende des Zweiten Weltkrieges wurde ein Teil der Brücke beschädigt, seit dieser Zeit war sie nur halbseitig befahrbar. Den beschädigten Teil

Abb. 209   *Im Biergarten der alten Gaststätte „Grüner Baum" der Familie Leikauf. Von links nach rechts: Hans Wagner, Margarethe Amschler, Gerda Wagner, Sophie Leikauf, Erika Leikauf, unbekannt, Hanna Leikauf, Irma Kießling.*

Abb. 210   *Der Getreidegroßhändler Gustav Graf vor seinem Anwesen Grüner Baum Nr. 3.*

Abb. 211   *1931, Grüner Baum Nr. 11, Margarete Krämer (Mitte), Babette Krämer (links daneben).*

Abb. 212 *Das Anwesen Grüner Baum Nr. 12 der Eheleute Nöckel im Jahre 1913. Vorne im Bild links Georg Götschel (Vater von Frau Nöckel), rechts Peter Götschel, hinten links am Fenster Johann Götschel, hinten rechts am Fenster Babette Götschel, verh. Küfner.*

besserte man mit Holzbohlen aus, so daß er von Fußgängern und Radfahrern benutzt werden konnte. Anfang der 60er Jahre entstand im Zuge der Neugestaltung und Verbreiterung der Straße die heutige Brücke.

Wir befinden uns nun im Randbereich von St. Georgen. Bevor wir umkehren, werfen wir noch einen Blick auf die Siedlung Hussengut und auf das Industriegebiet St. Georgen, das östlich von uns liegt.

Wohl kein Bereich unseres Rundgangs hat sich innerhalb von 40 Jahren so verändert wie diese beiden Gebiete. Dort, wo heute die Reihenhäuser stehen und wo sich Fabriken und Geschäfte angesiedelt haben, grasten damals die Kühe, und eine Handvoll Landwirte bauten um ihre Einzelhöfe Kartoffeln und Getreide an.

Abb. 213 *Die Eisenbahnbrücke am Grünen Baum, die die Eisenbahnlinien Bayreuth – Neuenmarkt/Wirsberg und Bayreuth – Warmensteinach überquert, wurde im Zweiten Weltkrieg erheblich beschädigt.*

Abb. 214/215   *Die beiden Luftaufnahmen von St. Georgen entstanden 1928 und 1993. Was sich in den letzten 65 Jahren alles veränderte, belegen diese Bilder eindrucksvoll.*

Abb. 216   *Das noch unbebaute Gebiet unterhalb des Krankenhauses Hohe Warte (heute Hussengut).*
Unten im Bild ist das Münchsgut zu erkennen.

Abb. 217   *Das Münchsgut um 1924. Links ist Wolfgang Raps und rechts*
Heinrich Nürmberger zu sehen.

Kommen wir zunächst zu den Bauernhäusern. Schon im bekannten Riediger-Plan aus dem Jahre 1745 sind im angesprochenen Bereich einige Anwesen eingezeichnet. Das bekannteste war dabei das sog. Vietinghoffsche Gut, das spätere Münchsgut. Es gehörte dem Kammerjunker und Oberforstmeister Johann Gerhard von Vietinghoff, dessen Wappen auch in der Ordenskirche hängt. Er hatte 1736 den Grund und Boden vom Markgrafen Friedrich erhalten, weshalb das Anwesen auch „Friedrichsgab" genannt wurde. Nach mehrmaligem Besitzerwechsel erwarb der Kaufmann Christian Münch um das Jahr 1820 das ehemalige Rittergut. Es blieb danach über 100 Jahre im Familienbesitz. Heute ist in dem auffallenden Gebäude das Späth'sche Altersheim untergebracht.

Neben dem Münchsgut existierten noch die Höfe der Bauern Bayerköhler, Genk und Feilner, das Hussengut, das Opelsgut und das Wundersgut. Der Name „Gut" ist dabei wohl etwas übertrieben, denn es waren eher kleinere, typisch fränkische Bauernhöfe mit

Abb. 218 *Gleich an der Bahnlinie Bayreuth – Neuenmarkt/Wirsberg lag der Bauernhof der Familie Bayerkoehler. Das Gelände hinter dem Hof ist jetzt völlig verbaut.*

Abb. 219 *Dieses Gruppenbild entstand 1927 vor dem „Genk-Haus", Grüner Baum Nr. 13.*

Abb. 220   *Ländliche Idylle am Grünen Baum: Der Bauernhof der Familie Feilner. Von links nach rechts: Peter Feilner, Margarete Feilner, Marie Feilner, Christiane Feilner, geb. Dannreuther, Margarete Preiß (Schwester von Peter Feilner), Cordula Feilner (geb. Preiß).*

Abb. 221   *Dort, wo sich heute die Lagerhalle der Zigarettenfabrik Batberg befindet, stand das Weiherhaus, das Mitte der fünfziger Jahre abgebrochen wurde.*

Abb. 222 Das Hussengut wurde 1905 von Wolfgang Semmelmann gebaut und trägt die Hausinschrift: „Arbeit ist des Menschen Pflicht, wer nicht sähet, erntet nicht." Das Bild stammt aus dem Jahre 1929 und zeigt von links nach rechts Margarete Semmelmann, Adam Semmelmann, eine Hausgehilfin und Adam Semmelmann jun.

Abb. 223 Das Wundersgut im Jahre 1948. Von links nach rechts Babette Bayerlein, verw. Engelbrecht, Fritz Engelbrecht und Gusti Bayerlein.

Abb. 224 Das alte Opelsgut. Auf dem Bild links Johanna Heidenreich, rechts Elisabeth Heidenreich, geb. Engelbrecht.

Abb. 225/226 *Das Hussengut zählt heute zu einer beliebten Wohnanlage in St. Georgen, in der auch das gesell-schaftliche Leben floriert. Maßgeblichen Anteil daran hat nicht zuletzt die ,,Siedlergemeinschaft Bayreuth Hus-sengut e. V.", in der über 500 Mitgliederfamilien zusammengeschlossen sind. So werden gemeinsame Ausflugs-fahrten und Familienwanderungen organisiert. Jedes Jahr wird außerdem zu einem zünftigen Siedlerfasching ein-geladen. Ein weiterer Vorteil: die Mitglieder können den umfangreichen Gerätepark, der in einer eigenen Garage untergebracht ist, nutzen.*

Abb. 227 *Die alte Aufnahme stammt aus dem Archiv von Bürgermeister Bernd Mayer. Sie zeigt im Vordergrund die Dampfziegelei Schäferlein, hinten links die Zuckerwarenfabrik „Insel" und den St. Georgener Bahnhof, hinten rechts das Schloß und oben im Bild die Bindlacher Allee.*

sechs bis acht Kühen. Der Stall war direkt an das Wohnhaus angebaut; die kleine Scheune stand daneben.

Den „goldenen Schnitt" machten die Bauern nach dem Krieg, als ihr Grund und Boden Bauland wurde, das sie für gutes Geld verkaufen konnten. Die Landwirtschaft wurde dann aufgegeben.

Die meisten dieser ehemaligen Bauernhäuser stehen noch. Man kann sie allerdings gar nicht so leicht finden, da sie heute eingekeilt zwischen Neubauten sind.

Ein Bauernhof ist allerdings nicht mehr vorhanden, das ehemalige Weiherhaus. Dieses Gebäude darf nicht verwechselt werden mit dem alten Weiherhaus aus der Markgrafenzeit, das weiter nördlich auf dem Weiherdamm stand. Das angesprochene Weiherhaus lag mitten auf dem ehemaligen Brandenburger See, dem Gelände des heutigen Industriegebietes.

Um die Jahrhundertwende siedelten sich dort die ersten Fabriken an, so z. B. eine große Ziegelei.

Abb. 228 *Die Fabrikanlage der Nährmittel-Industrie Oberfranken (Fa. Knorr).*

173

1912 wurde die Celluloidfabrik Franz Dobler errichtet, in der man Platten, Stäbe und Röhren aus Rohcelluloid herstellte. Durch den neuen Rohstoff konnte teueres Schildplatt und Elfenbein ersetzt werden.

Im Jahre 1918 kam das große Fabrikgebäude der Firma Knorr hinzu und bot vielen Menschen aus St. Georgen Arbeit. Dort wurde Hafer zu Haferflocken und Hafergrütze verarbeitet und unter der Marke Nio vertrieben. Außerdem befanden sich in der Nährmittelfabrik eine Hirse- und Erbsenschälerei sowie riesige Silos für das Rohmaterial.

Diese Betriebe profitierten von der verkehrsgünstigen Lage an der Eisenbahn und verfügten über einen Gleisanschluß.

In diesem Zusammenhang sollte erwähnt werden, daß die Strecke Bayreuth–Neuenmarkt seit 1853 in Betrieb war. An zwei Überführungen standen zwei kleine Bahnwärterhäuschen. Die Lokalbahn nach Warmensteinach wurde 1896 eingeweiht.

Abb. 229   *Block 60 an der Bahnlinie Bayreuth – Neuenmarkt/Wirsberg. Stolz präsentieren sich der Bahnwärter Kurt Maron und seine Frau Erika. Das Bild entstand 1955.*

Abb. 230   *Die Luftaufnahme von St. Georgen entstand im Jahre 1936. Oben im Bild links ist die Celluloidfabrik Franz Dobler zu erkennen. Oben halb rechts an der jetzigen Bernecker Straße sieht man die Bayreuther Spiegelfabrik Frenzel & Co.*

Auch die Schokoladen- und Zuckerwarenfabrik „Insel" und der 1941 fertiggestellte Milchhof lagen an dieser Bahnlinie.

Der eigentliche Wirtschaftsboom begann in den 50er Jahren. 1952 erwarb die Firma Berthold Winkler für ein großes Sägewerk Grund, und 1953 wurde allein an die Firma Wiessner ein halber Hektar Bauland verkauft. Die Zwirnerei F. Kuhnt, das Betonwerk Kurt Kowohl und die Möbelfabrik Becher kamen hinzu. Im Jahre 1957 wurde die größte Fabrik im Industriegebiet mit 350 Beschäftigten eröffnet und zwar das Werk VII der Firma Grundig. Es entwickelte sich zum größten Tonbandhersteller der Welt und beschäftigte 1971 über 1300 Menschen.

1956 konnte mit der Zigarettenfabrik Batberg ein weiterer Großbetrieb angeworben werden. Die ersten Zigarettenpackungen der Marke HB – von den Bayreuthern scherzhaft übersetzt mit „Hilf Bayreuth" – liefen im November 1957 vom Band.

Weitere namhafte Firmen wie Stäubli-Trumpelt, Optik-Steiner,

Abb. 231   *Die Matrosengasse in St. Georgen.*

Cherry Mikroschalter und Schott-Ruhrglas ergänzten die Palette. Viele andere kamen hinzu, manche mußten wieder ihre Segel streichen. Das Industriegebiet hat Bayreuth zur umsatzstärksten Stadt in Oberfranken gemacht. Nach diesem Ausflug in die Gegenwart wollen wir wieder in die Vergangenheit St. Georgens eintauchen.

Abb. 232   *Die Hochzeit von Hans und Frieda Lindner am 13. Mai 1913. Im Hintergund ist das Schuhwarengeschäft von Adam Amschler, Matrosengasse Nr. 8, zu erkennen.*

Abb. 233 *St. Georgen Nr. 29 wurde 1702 als erstes Haus in St. Georgen gebaut. Bauherrin war die Prinzessin Sophie von Sachsen-Weißenfels, die Gemahlin der Erbprinzen Georg Wilhelm. Das große Gebäude entstand durch den Zusammenbau der Häuser Nr. 27 und Nr. 29. Es diente später als Rathaus.*

Unser Rundgang führt uns nun in die Matrosengasse. Hier wohnten ja einst die tüchtigen Seeleute des Markgrafen. Noch heute fühlt sich manch einer, der durch die idyllische Gasse schlendert, in diese Zeit zurückversetzt. Ein eigenartiges Flair ist zu verspüren, für viele stellt die Matrosengasse das schönste Fleckchen in St. Georgen dar.

Wir nähern uns wieder dem Zentrum des Stadtteils und wollen durch die historische Häuserzeile stadteinwärts bummeln.

Dort, wo jetzt die SchmidtBank Geldgeschäfte erledigt, Haus-Nr. 29, war einst das Kolonialwarengeschäft Bauer. Daneben befindet sich seit 1807 das Pfarramt, Haus-Nr. 27. Das große Gebäude entstand ja ursprünglich durch den Zusammenbau der beiden Einzelhäuser. In diesem verbindenden Mittelteil des ehemaligen Rathauses gehörten eigenartigerweise die zwei Zimmer im ersten Stock zur Pfarrwohnung, wäh-

Abb. 234 *Heute wird der linke Teil des Gebäudes als Pfarrhaus genutzt. Im rechten Teil ist eine Filiale der Schmidt-Bank untergebracht.*

rend im Erd- und Dachgeschoß der Mittelteil der anderen Haushälfte angegliedert ist.

Zwischen dem Pfarrhaus und der Gaststätte Götschel liegt zurückversetzt von der Straße eine im Jahre 1899 entstandene Villa, die kaum jemand kennt. Sie gehörte früher den Eheleuten Florschütz und ist heute im Besitz der Familie Leupold.

In der heutigen Gastwirtschaft Götschel, Haus-Nr. 25, wurde 250 Jahre lang eine Bäckerei betrieben. Da viele Bäcker auch Bier brauten, kam eine Gastwirtschaft dazu. 1961 wurde die Backkunst aufgegeben und nur die Gastwirtschaft fortgeführt.

In der ehemaligen Bäckerei im linken Gebäudeteil ist heute die Versicherungsagentur Günter Dörfler untergebracht.

Abb. 235   *Die Bäckerei und Bierwirtschaft wurde von Fritz Meier 38 Jahre geführt, bis die Familie Götschel im Oktober 1939 die Wirtschaft im Haus St. Georgen Nr. 25 übernahm.*

Abb. 236   *Zwischen Pfarrhaus und Gaststätte Götschel liegt zurückversetzt von der Straße das Haus St. Georgen Nr. 25¹/₂. Die im Jahre 1899 entstandene Villa (vorne rechts) ist heute im Besitz der Familie Leupold. Deutlich sichtbar das Areal der früheren Orangerie des Schlosses. Im Bild ebenfalls zu sehen: Das Gefängnis, die Porzellanfabrik „Walküre" und das Festspielhaus.*

Abb. 237/238   *Der historische Straßenzug von der Gravenreuther Stiftskirche aus gesehen (oben, östlicher Teil) und in anderer Richtung von der Ordenskirche aus (unten, westlicher Teil).*

Abb. 239 *Die Samenhandlung Daniel Schmidt, St. Georgen Nr. 19, belieferte die Bauern weit und breit mit ihren Sämereien.*

Schräg gegenüber, im Haus Nr. 46, sehen wir den Laden der Gärtnerei Schirmer. Der Vorbesitzer war die Familie Hammon. Sie betrieb eine kleine Landwirtschaft und war wegen der vielen „Gaaßen" (Ziegen), die frei im Haus herumliefen, bekannt.

Im Haus Nr. 44 lebte die Familie Sack. die bis in die 20er Jahre eine kleine Malzfabrik betrieb. Christian Moreth übernahm das Anwesen und eröffnete eine Metzgerei. Seine drei Söhne erlernten das Metzgerhandwerk. Georg Moreth ist der jetzige Besitzer des Hauses.

Das Haus St. Georgen Nr. 19 gehörte seit der Jahrhundertwende Daniel Schmidt, dessen Samenhandlung bei den Bauern weit und breit bekannt war. Er fuhr das erste Auto im Stadtteil, den so beliebten „Grünen Frosch". Im Rückgebäude entstand die Perlenfabrik Schmidt und Brendel, die Halsketten, Armbänder, Perlendeckchen usw. herstellte. An diesen Betrieb können sich viele ältere St. Georgener Bürger deshalb erinnern, weil sie selbst in Heimarbeit Perlen aufgereiht haben.

Auf der anderen Straßenseite, Haus Nr. 42, ist heute die Weinhandlung Dörsch. Hier können wir im Türstock noch das Entstehungsjahr 1703 finden. Dort, wo heute ein „guter Tropfen" verkauft wird, war früher der Konsumverein St. Georgen.

Abb. 240 *Die Jahreszahl 1703 auf dem Türstock des Hauses St. Georgen Nr. 42 weist auf das Entstehungsjahr hin.*

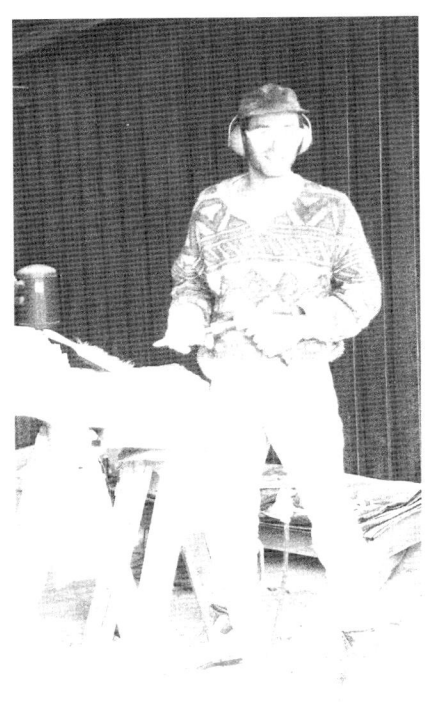

Abb. 241 *Die Steinmetzarbeiten der Firma Feilner, früher Amschler, finden allgemeine Anerkennung. Der Steinmetzmeister Feilner bei der Arbeit.*

Der jetzige Besitzer, Leo Niedermayer, ist der Mann in St. Georgen, der für gute Stimmung sorgt. Er hat im Rückgebäude eine große Werkstatt und ein Geschäft für Markenklaviere und Flügel eingerichtet.

Die Gaststätte „Roter Ochse" befand sich einst im Haus Nr. 40, bis die Steinhauerfamilie Amschler den Besitz erwarb. Heute ist die Familie Feilner Inhaber der renommierten Steinhauerei.

Im Haus Nr. 36/38, dort wo heute der Otto-Versand und die Firma Klaus W. Hübner ihren Sitz haben, befand sich die Drogerie Jakob Zeitler, die später von Wilhelm Kolb übernommen wurde. Vor dem Haus stand eine Tankstelle, die damals allerdings nur aus einer einfachen Zapfsäule bestand. Neben Benzin, Drogerieartikeln und Lebensmitteln wurden auch Getränke verkauft. Zu Zeiten des Viehmarktes wurde am Stehtisch Schnaps ausgeschenkt.

An die nächsten beiden Häuser kann man sich noch besonders gut erinnern. Die Besitzer von St. Georgen Nr. 34, heute Friseur-Salon Nötter, waren die alten Silberschmidts. Sie betrieben bis 1915 eine Töpferei; beim Totengäßlein war der Brennofen. Später erbte die Familie Amschler den Besitz. Adam Amschler richtete ein Friseurgeschäft ein. Seine Frau war in erster Ehe mit dem Herrschaftskutscher Nötter verheiratet, von dem es folgendes zu erzählen gibt: *Im Jahre 1919 hatte er den Auftrag, eine Gräfin aus Italien nach Bayreuth zu bringen. Wie lange er unterwegs war, weiß man nicht, auf jeden Fall erledigte er den Auftrag. In Bayreuth angekommen, setzte er die Gräfin vor dem Hotel „Goldener Hirsch" ab. Ausgetrocknet von der Hitze während der langen Fahrt, begab er sich ins Gasthaus Schindler und stürzte zwei Glas kaltes Bier in sich hinein. Als er heimkam, freuten sich seine Frau und seine beiden Buben sehr. Leider war die Freude nur von kurzer Dauer. Herr Nötter hatte den gierigen Trunk nicht vertragen und starb davon.*

Abb. 242 *Der Drogist Wilhelm Karl Kolb, St. Georgen Nr. 36, betrieb eine der ersten Tankstellen in Bayreuth. Auf dem Bild der Hanomag-Kleinstwagen, der im Volksmund „Kommißbrot" hieß.*

In Haus Nr. 32 wohnte der Ofensetzer Karl; die Kinder sagten alle Onkel Karl zu ihm. Er baute Zeppeline, die einen Meter lang waren und an der Decke hingen. Wir durften am Fenster stehen und sie bestaunen, denn sie bewegten sich sogar. Wir hatten unsere Freude dabei.

Im Haus Nr. 30, heute Besitz der Metzgerei Ruckriegel, betrieben Fritz Weith und später sein Sohn Bernhard eine Metzgerei. Im linken Teil des Hauses befand sich das Kolonialwarengeschäft von Frau Böhner.

Wir wechseln wieder die Straßenseite und kommen zu Haus Nr. 15, wo im Rückgebäude die Fabrik „Lederwaren Schatz" ihr Domizil hatte. Das Vorderhaus wurde 1708 vom Oberhofmeister Georg Christoph Ratiborsky, einem der ersten Ordensritter des Markgrafen Georg Wilhelm, errichtet. Er hat allerdings nicht selbst in St. Georgen gewohnt.

Im Anwesen St. Georgen Haus Nr. 13 führte Friedrich Schmidt sein Geschäft mit Eisen- und Metallwaren. Als anerkannter Lieferant für landwirtschaftliche Maschinen und Pflüge belieferte er die Bauern der ganzen Umgebung. Welche Bedeutung er hatte, zeigt die Tatsache, daß ihm die Vertretung der Pflugfabrik Gebr. Eberhardt, Ulm, für das Bayreuther Gebiet übertragen wurde.

Im Haus St. Georgen Nr. 11, bisher Familie Neukam, residiert heute die Raiffeisenbank. Das Gebäude hat eine besondere Tradition. In ihm war eine der ältesten Wirtschaften beheimatet. Schon seit Mitte des 18. Jahrhunderts läßt sich der „Goldene Stern" nachweisen. Anna Fordermairs Eltern pachteten im Jahre 1911 diese Gastwirtschaft. Sie erinnert sich: Es war das beste Lokal in St. Georgen. Viele Gäste aus der Nachbarschaft und der Stadt kamen gerne. Sie schätzten die Gastlichkeit, die man ihnen hier bot. Wenn es im Winter viel Schnee hatte, so erzählte mein Vater, war es für ihn eine Ehrensache, die Leute am Samstag und Sonntag oder zur Polizeistunde mit dem großen Bierschlitten ein Stück heimzufahren.

Abb. 243 Im Haus St. Georgen Nr. 32 bewohnte der Schneider Fischer die obere Etage. In der unteren linken Wohnung lebte der Ofensetzer Karl, rechts arbeitete der Schuster Engelbrecht.

Abb. 244 Der Straßenzug St. Georgen im Jahre 1917. Rechts die Metzgerei von Fritz Weith.

Abb. 245 Im Haus St. Georgen Nr. 15 wohnten der Schuhmachermeister Wolfgang Horn und der Flaschner Thomas Vogel. Das Bild entstand 1913 und zeigt den Schuster Horn mit seinen Kindern.

Darunter waren auch so bekannte Bürger wie der Prokurist Georg Neukam, der Stadtbaumeister Fritz Lehnert oder der Schlossermeister Georg Purucker. Die Weydenhammersche Brauerei lag hinter dem Garten in Richtung Markgrafenallee. Dort war auch ein wunderschöner Biergarten und eine Kegelbahn.

Meine Vater züchtete Schäferhunde und richtete sie auch ab. So kam es, daß unser Hund eines Tages die Tür zur Vorratskammer aufbrach und eine Platte Bratwürste verschlang. Das war eine Aufregung! Meine Mutter beschwor uns, nichts zu sagen, damit es die Gäste nicht erfuhren. Als jedoch die ersten Familien vom Spaziergang am Samstag nachmittag im Lokal eintrafen, meldete ich prompt: „Heit gibt's kana Brotwärscht, die hot alle una Hund g'fress'n." Raus war es, und das Hallo blieb nicht aus. Ob es Haue gab, weiß ich nicht mehr

Abb. 246   Das Eisen- und Metallwarengeschäft von Friedrich Schmidt, St. Georgen Nr. 13. Die Aufnahme stammt aus dem Jahre 1915.

Abb. 247   Nach der Aufgabe der Gastwirtschaft „Goldener Stern", St. Georgen Nr. 11, wurde ein Laden für „Haus- und Küchengeräte, Kurz- und Spielwaren" eingerichtet. Außerdem wurde vor dem Haus eine weitere Tankstelle installiert.

Abb. 248 *Umzug der St. Georgener Schützen vor dem Restaurant Peter Zahn, St. Georgen Nr. 9*

ich war ja erst vier Jahre alt. Außerdem gab es ja noch andere gute Sachen zu essen: selbstgemachte Sülze, Rippla mit Kraut und anderes mehr.

Nach der Aufgabe der Wirtschaft wurde ein Laden für „Haus- und Küchengeräte, Kurz- und Spielwaren" eingerichtet und außerdem vor dem Haus eine weitere Tankstelle installiert.

Bevor wir in die Kellerstraße einbiegen, seien noch kurz die Häuser St. Georgen Nr. 9 und Nr. 7 erwähnt. Dort, wo heute die Gaststätte „Zum Brandenburger" ihr Bier ausschenkt, war die Wirtschaft Zahn, später Förster, als Schützenlokal beliebt.

Im Eckhaus, der heutigen Bäckerei Übelhack, befand sich der Kolonialwarenladen Schmidt, die späteren Pächter waren Haase und Ehemann, bevor dann der Bäcker Wolfgang Bedall das Anwesen kaufte.

Abb. 249 *Vorne links im Bild das Anwesen St. Georgen Nr. 7 (heute Bäckerei Übelhack) und daneben St. Georgen Nr. 9 (heute Gaststätte „Zum Brandenburger").*

Abb. 250 *Schützenzug durch die Kellerstraße im Jahre 1955. Viele Kinder aus St. Georgen marschieren mit.*

Abb. 251 *Rückkehr vom Kirchgang. Das Bild stammt aus dem Jahre 1937 und wurde im Kasernenhof aufgenommen.*

Abb. 252 *Dreschtag in der ehemaligen Kaserne von St. Georgen. Im Bild rechts der „Dampfer", die Dampfmaschine, und dahinter die Dreschmaschine. Oben auf dem Balkon ganz rechts mit Kopftuch die Frau des Gefängnisaufsehers Weich. Das Mädchen mit Mittelscheitel in der Mitte der Personengruppe ist Marie Vogel, geb. Riedel. Ganz vorne, dritter von links, Martin Weich.*

Bei unserem Rundgang streifen wir nun die Kellerstraße. Dazu weiß Anna Fordermair folgendes zu berichten: *In der Kellerstraße wohnte der Vogels Thomas. Er war Flaschner von Beruf und als Witzbold, Sänger und Dichter bekannt. Er verstand sich gut mit den Kindern. Sein Häuschen nannte er „Villa Amanda" nach seiner Frau. Es hatte gleich am Eingang rechts und links zwei kleine Räume. Im blauen Zimmer stand ein Sarg, den er sich bereits zu Lebzeiten anfertigen ließ und der ihm als letzte „Wohnstatt" dienen sollte, im gelben war sein Schlafzimmer. Vor dem Sarg hatten wir Angst. Der Vogels Thomas hatte eine Tochter, die ein kleines Café in der Richard-Wagner-Straße betrieb. Eines Tages bat er meine Mutter, sie anrufen zu dürfen. Wir hatten damals schon ein Telephon, und ich erinnere mich noch an dieses Gespräch: „Sag mol, du hast wohl zum Frühstick an Backstaakees gessn, du stinkst ja bis her zu mir!" Sie erschrak zuerst, mußte aber dann herzlich lachen, denn sie kannte ja ihren Vater mit seinen derben Späßen.*

Bevor wir zum Abschluß noch die Brandenburger Straße bis zur Schere wandern, werfen wir noch einen Blick in die ehemalige Kaserne. Seit über 200 Jahren sind hier keine Soldaten mehr untergebracht. Trotzdem ist durch den torbogigen Eingang und die Anordnung der Häuser noch deutlich die frühere Nutzung erkennbar. Die ehemaligen Kasernenhäuser wurden in der Folgezeit von Arbeiterfamilien, Handwerkern und kleinen Bauern bewohnt. Auf dem alten Kasernenhof tummelten sich Ziegen, Gänse und Hühner.

Wir verlassen die Kaserne und gehen am bekannten Saubrunnen vorbei.

An der Brandenburger Straße liegen nun links mehrere prachtvolle Bürgerhäuser, die zum Besitz der Fabrikantenfamilie Rose gehörten. Sie wurden schon an anderer Stelle beschrieben.

Die angesprochene Straße und die Markgrafenallee stellten die Verbindung St. Georgens zur Stadt Bayreuth her. Diese wunder-

Abb. 253 *Die Brandenburger Allee. Links im Bild, das kleine weiße Häuschen, ist die alte Goller-Schmiede.*

Abb. 254 *Bauer Dörfler vor der Kaserne im Gespräch mit Schutzmann Lang.*

185

Abb. 255   *Diese Aufnahme aus dem Jahre 1956 zeigt die Fabrikanlage der Fa. Hermann Leupold auf dem einstigen Rose-Areal.*

baren Alleen wurden unter dem Markgrafen Georg Wilhelm, also zu Beginn des 18. Jahrhunderts, angelegt. Sie bestanden aus Lindenbäumen und z. T. auch aus Roßkastanien und Plantanen.

Heute sind von der einstigen Pracht, die viele Chronisten beschrieben haben, nur noch Überreste vorhanden.

Wir laufen nun den Berg etwas hinunter und sehen links neuerbaute Appartementhäuser. Hier stand bis 1992 eine große Halle der Firma Hermann Leupold, Großhandlung für Handwerks- und Industriebedarf. Herrmann Leupold hatte zunächst den Grund von Major Rose gepachtet, bevor er ihn im Sommer 1949 käuflich erwarb. Es wurde hier vor allem Handel betrieben mit Ersatzteilen für landwirtschaftliche Maschinen, Kleineisenwaren und Werk-

Abb. 256   *Das sogenannte Pförtnerhäuschen an der Brandenburger Straße mußte 1993 einem dreistöckigen Wohnhaus weichen. Das Bild zeigt OB Dr. Dieter Mronz und Mitglieder des Bauausschusses bei der Ortsbesichtigung. Der Torbogen rechts blieb stehen.*

Abb.257 *Die behutsame Sanierung des Pulvermüllerhauses wurde 1986 abgeschlossen. Hinter der reizvollen Fassade entstanden fünf Appartements.*

Abb. 258 *1983 wurde die sog. Villa Wild, ein Backsteinbau aus der Gründerzeit, abgerissen.*

zeugen aller Art. Die Firma baute im Industriegebiet-Ost ein neues Werk, und die alte Halle wurde abgerissen.

Heftige Diskussionen gab es, ob das 1922 entstandene sog. Pförtnerhaus auch der Spitzhacke zum Opfer fallen sollte. Da das Gebäude nicht unter Denkmalschutz stand wurde es schließlich doch beseitigt. Die oft gestellte Frage „abreißen oder renovieren" kann

auch beim nächsten Ortstermin diskutiert werden. Wir stehen dabei an der Abzweigung zur Stuckbergstraße.

Erhalten hat man das Pulvermüllerhaus. Es wurde ursprünglich nach den Plänen der typengleichen Häuser des historischen Straßenzuges gebaut. Bei der Errichtung der benachbarten Apotheke wurde leider ein etwa zwei Meter breites Stück abgerissen. Das Haus stand längere Zeit leer, und Abrißpläne existierten. Im Jahre 1986 konnte dann aber glücklicherweise das zweite Richtfest für das Pulvermüllerhaus gefeiert werden. Nach der behutsamen Sanierung unter Leitung des Architekten Reinhard N. Eckhardt entstanden hinter der reizvollen Fassade fünf Appartements.

Der Spitzhacke zum Opfer fiel dagegen im Jahre 1983 die sog. Villa Wild, ein Backsteinbau aus der Gründerzeit. Der Fabrikant Christoph Wild hat dieses Gebäude im Jahre 1904 errichten lassen. Die Denkmalschützer hielten das etwas heruntergekommene Bauwerk nicht für schutzwürdig, da es „nur" eine Kopie einer in der Coburger Gegend stehenden Villa sei und gar nicht an den Platz passe. Auch Proteste des Stadtra-

Abb. 259 *Brunnen an der Brandenburger Straße um die Jahrhundertwende. Das kühle Naß brachte für die Kinder Erfrischung.*

Abb. 260   Das „Alte Schulhaus" wird heute von der Städtischen Musikschule genutzt.

Abb. 261   Die Städtische Wirtschaftsschule in der Brandenburger Straße gewinnt immer mehr an Bedeutung.
Sie erfüllt für Wirtschaft und Handel in Bayreuth und Umgebung unverzichtbare Bildungsaufgaben.

Abb. 262 *Die Brandenburger Straße*

tes und des Oberbürgermeisters Wild konnten den Abriß nicht verhindern.

Zwei Schulen haben ein paar Schritte weiter ihr endgültiges Quartier gefunden. Links ist die Städtische Wirtschaftsschule. Hier wurden vor dem Umbau von der Firma Wittmann, später Schießer, Kleider hergestellt, danach büffelten Kinder der Volksschule St. Georgen in den Räumen.

Rechts unterrichtet heute die Städtische Musikschule. Dieses Gebäude wurde schon längere Zeit schulisch genutzt. Es beherbergte u. a. die Hauswirtschaftliche Berufsschule und türkische Volksschulklassen.

Vorbei am ehemaligen Café-Restaurant Mader, kommen wir zur „Schere". Dort, wo die Brandenburger Straße und die Markgra-

Abb. 263 *Die Beckenwirtschaft Mader in der Brandenburger Straße um 1900.*

189

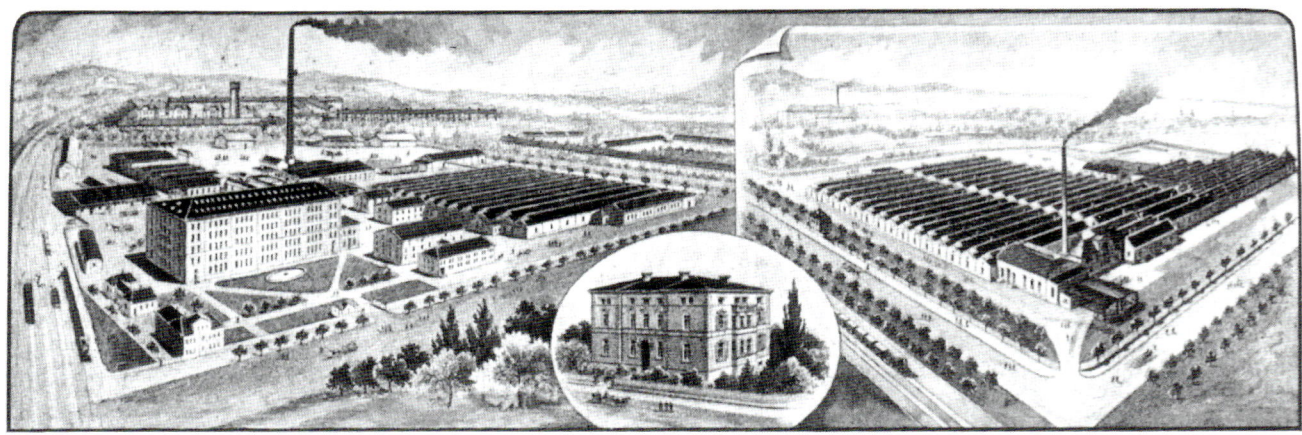

Abb. 264 *Wo Brandenburger Straße und Markgrafenallee scherenförmig zusammenlaufen, ist die „Schere".
Hier hört der Stadtteil St. Georgen auf. Die farbenfroh beleuchteten Fenster sollen viele Besucher anlocken.*

fenallee scherenförmig zusammenlaufen, hört der Stadtteil St. Georgen auf.

Im Garten des ehemaligen Verwaltungsgebäudes der Mechanischen Baumwollspinnerei und Weberei, das wir linker Hand erkennen, steht ein seltsam anmutendes Denkmal: Auf einem Granitsockel sind verbogene, skurril miteinander verschweißte Maschinenteile aufgetürmt. Besser hätte es Wo Sarazen auch nicht zusammengebracht. Aber dieses Gebilde hat einen ernsten Hintergrund. Die drei Jahreszahlen im Granitsockel geben darauf einen Hinweis: „21. October 1854 –

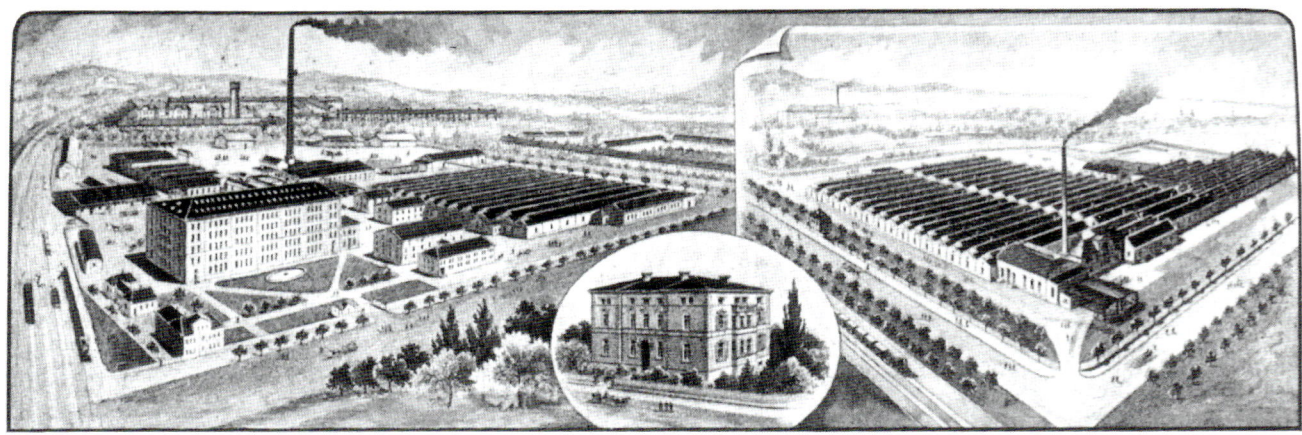

Abb. 265 *Im Oktober 1853 erfolgte die Gründung der „Mechanischen Baumwoll-Spinnerei" in Form einer
Aktiengesellschaft. Sie brachte die Markgrafenstadt in Kontakt mit der Welt.*

190

5. & 11. April 1945 – 22. Juli 1949"
ist zu lesen.

Das erste Datum bezieht sich
auf die Entstehung der Fabrik.
Einheimische Handels- und Bank-
kreise haben damals eine Aktiengesellschaft gegründet und zunächst eine Spinnerei, dann Ende
der 80er Jahre des vorigen Jahrhunderts eine Weberei aus dem
Boden gestampft. Es entstanden
riesige Fabrikhallen.

Am Ende des Zweiten Weltkrieges waren die Fabrikanlagen Ziel
englischer und amerikanischer
Bomberstaffeln und wurden vollkommen zerstört. Daran erinnern
die zweite Jahreszahl und die zur
Unkenntlichkeit beschädigten
Maschinenteile.

Im Jahre 1949 konnte ein Teil
der Fabrik unter größten Schwierigkeiten wieder aufgebaut werden. Der 22. Juli war der Tag des
Richtfestes des Neubaus.

Auf dem Weg zurück in die
Markgrafenallee, die letzte Station
unseres Rundganges, liegt vor uns
das Lokal „Zur Schere". Hier

Abb. 266   *Das Mahnmal im Garten des ehemaligen Verwaltungsgebäudes der Mechanischen Baumwollspinnerei und Weberei.*

Abb. 267   *Die Markgrafenallee.*

Abb. 268 *„Restauration Markgrafentor" in der Markgrafenallee.*

sollte 1724 nach Plänen eines dubiosen Kammerherrn mit Namen Isaac Duplessis als Stadterweiterung ein Georg-Wilhelm-Stift entstehen. Es war vorgesehen, 60 Frauen verschiedensten Standes aufzunehmen und zwar sechs Prinzessinen, sechs Komtessen, 24 adlige und 24 bürgerliche Jungfrauen. Dieses Vorhaben wurde damals nicht realisiert, und auch nach den vielen Jungfrauen wird man heute an diesem Ort vergeblich suchen.

Wir passieren das neuerrichtete Landratsamt auf den ehemaligen Grundstücken der „Mechanischen", dessen feierliche Grundsteinlegung am 15. Mai 1992 stattfand, und kommen auf der linken Seite zur „Restauration Markgrafentor", dessen damaliger Pächter Körnlein bereits das süffige Maisel-Bier zum Ausschank brachte.

Gegenüber stand das „Neue Schulhaus" das ebenfalls bei den Luftangriffen der Alliierten kurz vor Ende des Zweiten Weltkrieges völlig zerbombt wurde.

Abb. 269 *Das „Neue Schulhaus" in der Markgrafenallee wurde kurz vor Ende des Zweiten Weltkrieges völlig zerstört.*

Anmerkungen

1 Die wichtigsten Veröffentlichungen zur Geschichte St. Georgens sind im Literaturverzeichnis zusammengestellt. Zur Stadtgründung siehe v.a. Müssel, Karl: St. Georgen am See als Stadt, Gründung, Privilegierung und städtische Entwicklung aus neuer Sicht, in: AO 66. Band, 1986 S. 215–241; Rost, Karl: Die Bau-, Bevölkerungs- und Wirtschaftsentwicklung der Bayreuther Vorstadt St. Georgen von der Gründung bis zum Ende der Selbständigkeit (1702–1811), ZA Uni Bayreuth, 1970/II; Rupprecht, Bernhard: „Gedächtnuß der von Uns angefangenen Neuen Stadt zu St. Georgen am See", Die Planstadt des Markgrafen Georg Wilhelm, in: Neuhaus, Helmut (Hg.): Aufbruch aus dem Ancien régime, Beiträge zur Geschichte des 18. Jahrhunderts, Köln, Weimar, Wien, 1993.

2 Über Markgraf Georg Wilhelm gibt es zahlreiche biographische Arbeiten älteren und jüngeren Datums.
Vgl. v. a. Holle, Johann Wilhelm: Georg Wilhelm, Markgraf von Bayreuth 1712–1726, in: AO 6/3, 1856; Heinritz, Johann Georg: Die Lebens- und Regierungsjahre des Markgrafen Georg Wilhelm zu Bayreuth, in: AO 2/2, 1843; Springer Angela: Markgraf Georg Wilhelm von Brandenburg Bayreuth (1678–1726), Bayreuth, ZA Uni Bayreuth 1985 II; Müssel, Karl: Ordensstifter im Zeichen St. Georgs, Fränkischer Heimatbote Nr. 11, 1978.

3 Aus O.V.: Gespräch in dem Reiche derer Toten, Bd: 2, Leipzig 1728, UB-Bay. B 471, S. 1076 ff. (Biographie Georg Wilhelms ab 1695); Quelle auch in Gansera Söffing, S. 159 ff.

4 Heinritz, a. a. O. S. 68

5 Siehe dazu Hirsch, Johann: Der Brandenburger Weiher, in: AO 6/2, 1855, S. 91 f.

6 Wie Anm. 3.

7 Siehe dazu Herrmann, Paul Georg: Die Leichenprozession für den verstorbenen Markgrafen Georg Wilhelm von Bayreuth am 13. Februar 1727, in: AO 31/1, 1930, S. 59 ff.; daraus auch Zitate.

8 Eine umfassende geschichtliche Darstellung des Schlosses fehlt noch; es gibt aber viele Arbeiten, in denen das Gebäude behandelt wird. Siehe vor allem: Gansera-Söffing, Stefanie: Die Schlösser des Markgrafen Georg Wilhelm von Brandenburg-Bayreuth, Bayreuth 1992, S. 38–48 und S. 134–144; Müssel Karl: Das Markgrafenschloß St. Georgen, in: Festschrift zum 7. Branna-

burger Bürgerfest 1991, S. 13–39; Gassauer, Dieter: Bayreuth unter Markgraf Georg Wilhelm. Bauliche Veränderungen von 1701–1726, ZA Uni Bayreuth, 1969/II, S. 17–25; Frenzel, Ursula: Beiträge zur Geschichte der barocken Schloß- und Gartenanlage des Bayreuther Hofes, Erlangen 1958.

9 Siehe dazu vor allem. StA Bamberg, C 9/IV Nr. 10642. Dort heißt es in einem Schreiben vom 8. Juli 1701, daß sich die Handwerker „bey dem alhiesigen Oberbaumeister la Porta" anmelden sollen.

10 Ebd.

11 Gassauer, Dieter: Bayreuth unter Markgraf Georg Wilhelm, S. 18.

12 Zu Porta, Cadusch und Weiß siehe Sitzmann, Karl: Künstler und Kunsthandwerker in Ostfranken, Kulmbach 1983 (2. Aufl.) S. 64, S. 275 und S. 567.

13 StA Bamberg, C 9/IV Nr. 10642. Die Quelle ist auch abgedruckt in Gansera-Söffing, Stefanie, S. 179 f.

14 Ebenda, S. 182.

15 Müller, Wilhelm: Das Stadtbild Bayreuths in alten Ansichten, Bayreuth 1964, S. 20.

16 StA Bamberg C 9/IV Nr. 10642.

17 Zu Parallelen zur englischen und holländischen Schloßarchitektur siehe Gansera-Söffing, Stefanie a.a.O. S. 40 ff.

18 Habermann, Sylvia: Bayreuther Gartenkunst, Worms 1982, S. 59.

19 Siehe dazu Sitzmann, Karl a.a.O. S. 423

20 Gansera-Söffing, Stefanie a.a.O. S. 140 f.

21 Memoiren der Königlich Preußischen Prinzeß Friederike Sophie Wilhelmine, 1. Bd. Berlin 1908, S. 19 f.

22 Führer durch Bayreuth und Umgebung, S. 24.

23 Über den Brandenburger Weiher und die Schiffahrt siehe v. a. Hirsch, Johann: Der Brandenburger Weiher, in AO 6/2, 1855; Busch, Josef Martin: Geschichte der Vorstadt St. Georgen, Bayreuth 1851; Herrmann, Erwin: Höfische Feste und markgräfliche Schiffe in St. Georgen, in AO 65, 1985.

24 Siehe dazu Hirsch, a.a.O., S. 86.

25 Ebd., S. 90.

26 Siehe dazu UB Erlangen, Cod. B 112. Quelle auch in Herrmann, a.a.O., S. 301.

27 Staatsarchiv Bamberg, Bestand C 9 / IV, Nr. 2 200, Vgl. auch Herrmann, a.a.O., S. 303 f., Habermann, Sylvia: Bayreuther Gartenkunst, Worms 1982, S. 210.

28 Siehe dazu Busch, a.a.O., S. 3.

29 Ebd.

30 Vgl. dazu v. a. Herrmann, Erwin: Höfische Feste und markgräfliche Schiffe in St. Georgen, in AO 65, 1985, S. 299–322; Müssel, Karl: Bayreuther Seefeste der Markgrafenzeit, in: Fränkischer Heimatbote 7/1975; Dergl.: Brandenburger Seefeste, in: Festschrift zum 2. Brannaburger Bürgerfest, 1981, S. 7–13; Heinritz, Johann Georg: Versuch einer Geschichte der Königlich Bayeri-

schen Kreis-Hauptstadt Baireuth, Bayreuth 1823/25

31 Die Liste ist abgedruckt bei Herrmann, a.a.O., S. 303 f.

32 Siehe dazu Herrmann, a.a.O., S. 310 ff.; die gedruckte Programmfolge ist veröffentlicht bei Creta, HV, MS 29.

33 Memoiren der Markgräfin Wilhelmine von Bayreuth, 2. Bd., Leipzig 1827, S. 28.

34 Heinritz, Johann Georg, a.a.O. S. 13 f.

35 Heinritz, Johann Georg: Zur Geschichte der Stadt Bayreuth, zweiter Teil, Bayreuth 1825, S. 15 f.

36 Über das Weiherhaus siehe u. a. Hirsch, Johann: Der Brandenburger Weiher, in AO 6/2, 1855, S. 85 und die dort angegebenen Urkunden; Müssel, Karl: Das Weiherhaustreffen im Sommer 1734, Fränkischer Heimatbote Nr. 7 – 1984; König, Beschreibung der Stadt Bayreuth, Archiv des HV, MS 114.

37 Friederike Sophie Wilhelmine, Memoiren, 11. Auflage, Berlin 1908, S. 12, 5 f.

38 Hirsch, (a.a.O., S. 95).

39 Eine detaillierte Forschungsarbeit über die Ordensgeschichte der Markgrafen in Bayreuth fehlt noch. Vgl. aber: Müssel, Karl: Die Rittertafel im Markgrafenschloß St. Georgen am See (1722), in AO 71, 1991, S. 293 – 304; Schwarz, Georg Rother Adler Orden war eine hohe Ehrung, Fränkische Heimat Nr. 7/91.

40 Die Ordensstatuten sind abgedruckt in Busch, Josef Martin: Geschichte der Vorstadt St. Georgen, Bayreuth 1851, S. 10 – 22.

41 Holle, Johann Wilhelm: Georg Wilhelm, Markgraf von Bayreuth, in AO 6/3, 1856, S. 6.

42 Heinritz, Johann Georg: Die Lebens- und Regierungsjahres des Markgrafen Georg Wilhelm zu Bayreuth, in AO 2/2, 1843, S. 82.

43 Memoiren der königlich preußischen Prinzeß Friederike Sophie Wilhelmine, 2. Bd., 11. Aufl., Berlin 1908, S. 20.

44 Habermann, Sylvia: St. Georgen am See, in Festschrift zum 7. Brannaburger Bürgerfest 1991, S. 9.

45 Vgl. dazu Müssel, Karl: Bayreuth – St. Georgen, Ordenskirche – Stiftskirche, München 1982, S. 11 ff.

46 Für den Hinweis danke ich Herrn Thomas Fürst; siehe dazu auch Süddeutsche Zeitung vom 8./9. April 1993, S. 3.

47 Rothemund Eduard in: Bayreuther Land/Nr. 4, 1931, S. 98; Zur Geschichte der Ordenskirche siehe vor allem: Müssel Karl: Bayreuth – St. Georgen, Ordenskirche – Stiftskirche (Schnell, Kunstführer Nr. 1306), München 1982; dort S. 19 Quellen und Literaturauswahl.

48 Sitzmann, Karl: Die Ordenskirche zu St. Georgen, in: Oberfränkische Heimat Nr. 5, 1926.

49 Busch, Josef Martin: Geschichte der Vorstadt St. Georgen bei Bayreuth, Bayreuth 1851, S. 8.

50 Meißner Helmuth: Kirchen mit Kanzelaltären in Bayern, München 1987, S. 49.

51 Dött, Ilse-Käthe: Protestantische Querkirchen in Deutschland und der Schweiz, Münster 1955, S. 32 f.

52 Siehe dazu Gräder, Karl: Ordenskirche St. Georgen, in: Frankenheimat Nr. 11, 1954.

53 Zeilinger Günter: Heute soll die Glocke werden . . ., in: Festschrift zum 5. Brannaburger Bürgerfest 1987, S. 46 f.

54 Zum Gravenreuther Stift und zur Stiftskirche siehe vor allem: Hirsch Johann: Das Gravenreuth'sche Stift zu St. Georgen bei Bayreuth, in AO 7/2, 1858; Müssel Karl: Bayreuth-St. Georgen, Ordenskirche-Stiftskirche, München 1982, S. 16–18; ders.: Das Gravenreuther Stift in St. Georgen, Frankenheimat, Beilage zum Bayreuther Tagblatt, Nr. 2/1965; Gebeßler, August: Stadt und Landkreis Bayreuth, München 1959, S. 21 f.

55 Müssel Karl: Georg Christoph von Gravenreuth, in AO 51/1971, S. 159–194.

56 a.a.O. S. 188 und S. 191

57 Zitiert nach Müssel, Karl, a.a.O. S. 183; er nennt als Quelle Staatliche Bibliothek Bamberg, M.v.O., fol. 41 ff.

58 Ebd. S. 191.

59 Das Testament ist abgedruckt bei Busch, Josef Martin: Geschichte der Vorstadt St. Georgen, Bayreuth 1851, S. 54 ff.

60 Hirsch, Johann, a.a.O. S. 29 f.

61 Ebd. S, 26 f.

62 Siehe dazu Meißner Helmuth: Kirchen und Kanzelaltäre in Bayern, München, Berlin 1987, S. 127.

63 Siehe dazu Bayreuther Tagblatt vom 6. Dezember 1961, S. 5, Das Ende der Gravenreuther Stiftung, 25.000 Mark für St. Georgener Stiftskirche (Co = Conrad, Herbert).

64 Müller, Wilhelm: Die Gruft in der Gravenreuther Stiftskirche, in AO 51/1971, S. 195 – 198.

65 Zur Biographie der Prinzessin Christiane Sophie Wilhelmine siehe Veh, Otto: Prinzessin Christiane Sophie Wilhelmine von Brandenburg-Kulmbach, in AO 36/1, 1952, S. 128 – 140; Bilabel: Aus dem Leben der Prinzessin Christiane Sophie Wilhelmine von Brandenburg-Kulmbach, in AO 16/1, 1884, S. 164 – 193.

66 Bilabel, a.a.O., S. 168 ff.

67 Siehe dazu Veh, Otto, a.a.O., S. 135 f.

68 Reiche, J. C. E. von: Bayreuth, Bayreuth 1795, S. 60 f.

69 Die Informationen zu Dr. Langermann und sein Wirken in Bayreuth wurden entnommen aus: Schubert, Peter: Vom „Dollhaus" zur modernen Klinik, Die Geschichte der Anstaltspsychiatrie in Bayreuth, Diplomarbeit Uni Bamberg, 1989.

70 Die Informationen zur Familie Teuscher/Koch wurden freundlicherweise von Herrn RA Wolfgang Kauper aus Nürnberg zur Verfügung gestellt.

71 Siehe dazu Habermann, Sylvia: Der Auftritt des Publikums, Bayreuth 1992, S. 19.

72 Siehe dazu Kolb, Hans: 150 Jahre IHK für Oberfranken, in: Oberfränkische Wirtschaft, 5/93, S. 3 f.

73 Eine umfassende Geschichte der Strafanstalt St. Georgen fehlt bislang, ist aber in Arbeit. Für den Zeitraum bis 1750 sehr aufschlußreich: Riedel, Adam Christoph: Beschreibung des im Fürstenthum Bayreuth zu sanct Georgen am See errichteten Zucht- und Arbeit-Hauses, Bayreuth 1750; auf seine Ausführungen wird wiederholt Bezug genommen, ferner: Welden, C. von: Geschichte der Errichtung des Straf-Arbeitshauses mit der damit verbundenen Marmorfabrik zu St. Georgen, Bayreuth 1830. Die Zuchthausordnung ist abgedruckt im Corpus Constitutionum Brandenburgico Culmbachensium, Bayreuth 1748; aus neuerer Zeit: Wutschig, Wilhelm: Die Geschichte der „Strafanstalten St. Georgen – Bayreuth", unveröffentl. Manuskript, 2. Fassung, Bayreuth 1953; Endres, Rudolf: Das „Strafarbeitshaus" St. Georgen bei Bayreuth, in Sachße, Christoph/Florian Tennstedt (Hg.): Jahrbuch der Sozialarbeit 4, Hamburg 1981, S. 89-105; Gassauer, Dieter: Bayreuth unter Markgraf Georg Wilhelm, Bauliche Veränderungen von 1701-1726, S. 56-71 (Das Zucht- und Arbeitshaus St. Georgen), ZA Bayreuth 1969.

74 Riedel, a.a.O. S. 9.

75 Das behauptet Endres, berücksichtigt aber nicht die während der Zeit errichteten Bauwerke in Bayreuth.

76 Die folgenden Schreiben sind abgedruckt in Riedel S. 15 ff. und Gassauer S. 58 ff.

77 Riedel, a.a.O. S. 63.

78 Ebenda, S. 62.

79 Siehe dazu v. a. Hennig, Helmut: Zigeuner im Fichtelgebirge, Heimatbeilage zum Amtlichen Schulanzeiger des Regierungsbezirks Oberfranken, Nr. 165 (Mai 1990) S. 21–26 ; Hagen, C. E.: Summarische Gerichtsverhandlungen über die im Jahre 1724 zu Berneck erfolgte Hinrichtung von 17 aufgegriffenen Zigeunern, in AO 3/3, 1847.

80 Riedel, a.a.O. S. 89.

81 Eberda, S. 83.

82 Ebenda, S. 85 f.

83 Reiche, Jobst Christoph Ernst von: Bayreuth, Bayreuth 1795, S. 56

84 Zum Landgerichtsgefängnis siehe Wutschig, Wilhelm, a.a.O. S. 41 f.

85 Wutschig, Wilhelm, a.a.O. S. 43 ff.

86 Zu Widerstand und Verfolgung während des Nationalsozialismus in Bayreuth siehe Ronald, Werner, Rabenstein, Christoph: 100 Jahre SPD Bayreuth, Bayreuth 1985; Herrmann Gertraud und Erwin: Nationalsozialistische Agitation und Herrschaftspraxis in der Provinz – Das Beispiel Bayreuth, in: Zeitschrift für Bayerische Landesgeschichte, 1976, Bd. 39, S. 201–250.

87 Die Akten befinden sich im Stadtarchiv Bayreuth.

88 Siehe Ronald Werner, Rabenstein Christoph, a.a.O. S. 74

89 Zu E. Naujoks und seinem Aufenthalt in den Gefängnissen in Berlin und Bayreuth siehe Aas, Norbert: Von der Illegalität in Berlin zur Opposition in Bayreuth, Das Leben des unabhängigen Sozialisten Ewald Naujoks, Bayreuth 1988.

90 Schultze-Pfaelzer, Gerhard: Kampf um den Kopf, Meine Erlebnisse als Gefangener des Volksgerichtshofes 1943–1945, Berlin 1948.

91 Abbé David: In französischer und Nazi-Haft 1941–1945, Offingen 1989 (Originalausgabe: Abbé David: Du bagne francais a bagne nazi, Montsurs 1974) S. 127–149. Die Erzählung wurde stark gekürzt.

92 Zum Zwerglein-Denkmal siehe vor allem folgende drei Aufsätze, aus denen auch die Zitate entnommen sind.
Meier-Gesees, Karl: Das Brandenburger Zwerglein, in: Frankenheimat, Beilage des Bayreuther Tagblatt Nr. 11, 1954;
Müssel, Karl: Der kleine Wilhelm am Bayreuther Hof, Vom Leben und Sterben des Kammerzwergs Laubenberg, Fränkischer Heimatbote, Monatsbeilage „Nordbayerischer Kurier", Nr. 11/1985;
Regler, G: Zum Titelbild, in: AO 24/3, 1926, S. 1;
ferner: Herrmann, Franz: Bayreuther Markgrafen-Büchlein, Bayreuth 1910, S. 55;
Seidel, Ingeborg: Das künstlerische Schaffen des Bayreuther Hofbildhauers Elias Räntz, ZA 1972/I, S. 31 f.;
König, Beschreibung der Stadt Bayreuth, MS 114 (Bestand HV an der Unibibliothek Bayreuth).

93 Zur ersten Phase (Eremitage) siehe Habermann, Sylvia: Bayreuther Gartenkunst, Worms 1982, S. 142 bis 146; zur zweiten Phase (Riedelsgut) siehe Gebeßler, August: Stadt und Landkreis Bayreuth, S. 70; ferner: Hirschmann, Ph.: Das Sokrates-Standbild, Oberfränkische Heimat Nr. 13/1930; o. V.: Das Gastspiel des Sokrates in St. Georgen, aus: Festschrift zum 2. Bürgerfest 1981; o. V.: Das Standbild des Sokrates in St. Georgen, NK vom 17. Juni 1983.

94 Über die St. Georgener Kelleranlagen siehe vor allem: o. V.: Entdeckungsreise durch die Bayreuther Katakomben, Fränkische Presse vom 25./26. Februar 1961; o. V.: Menschliche Maulwurfsarbeit in St. Georgen, Bayreuther Tagblatt vom 4./5. März 1961; Fränkische Presse vom 3. 3. 1964; Gassauer Dieter: Die Katakomben in St. Georgen, in: Bayreuth unter Markgraf Georg Wilhelm, ZA 1969/II S. 34 f.

95 Fränkische Presse vom 25./26. Febr. 1961.

96 Zitiert nach Gassauer S. 35.

97 Anordnung Georg Wilhelms vom 10. August 1711; Stadt A Bth.

98 Privilegien vom 5. März 1702, Abschrift 24. März 1717, Stadt A Bth.

99 Vgl. dazu Herrmann, Erwin: Zum Fund einer Statue in St. Georgen, Hei-

[100] matbote des NKs, daraus auch die Zitate.

[100] Siehe dazu Habermann, Sylvia: Bayreuther Gartenkunst, Worms 1982, S. 64; die Liste befindet sich in StA Bamberg, C 9 VI Nr. 3560.

[101] Die Informationen wurden vor allen entnommen aus: Gräder, Karl: Der Friedhof von St. Georgen, Frankenheimat, Beilage des Bayreuther Tagblatt, Nr. 11, 1959; Wolfart: Bayreuther Friedhöfe, in: Bayreuther Stadtbuch von 1924, Bayreuth 1924, S. 94 ff.

[102] Wolfart a.a.O. S. 99; siehe dazu auch Seidel, Ingeborg: Das künstlerische Schaffen des Bayreuther Hofbildhauers Elias Räntz, ZA Uni Bayreuth 1972/II, S. 34 f.; Sitzmann, Karl: Künstler und Kunsthandwerker in Ostfranken, Kulmbach 1983 (Nachdruck), S. 416.

[103] Siehe dazu Meier-Gesees, Karl: Denkmal der Bayreuther Beckenwirte, Frankenheimat, Beilage des Bayreuther Tagblatt, Nr. 10/1951.

[104] Siehe dazu Mühlhäußer Kurt: Sie führten Bayreuther Truppen nach Amerika, Grabmäler erinnern an die beiden markgräflichen Regimentskommandeure, Fränkischer Heimatbote Nr. 11, 1977; ferner Städtler, Erhard: Die Ansbach-Bayreuther Truppen im Amerikanischen Unabhängigkeitskrieg 1777 – 1783, Nürnberg 1956.

[105] Es gibt in der Geschichte St. Georgens kein Thema, das so ausführlich behandelt wurde, wie die Fayence-Manufakturen. Deshalb genügt an dieser Stelle eine grobe Zusammenfassung. Genauere Informationen finden sich in: Hofmann, Friedrich H.: Geschichte der Bayreuther Fayencefabrik St. Georgen am See, Diss. Augsburg 1928; Münch, Karin: Die wirtschaftlichen Hintergründe für die Entwicklung der Fayencefabrik in Bayreuth, ZA Uni Bayreuth, 1976/II; Müssel, Karl: Die Frühzeit der Bayreuther Fayencemanufaktur, Sonderdruck aus Keramos, Zeitschrift der Gesellschaft der Keramikfreunde e.V. Düsseldorf, Heft 110, 1985 (= überarbeitete Fassung „Die Anfänge der Bayreuther Fayencemanufaktur aus neuerer Sicht, in: AO 60, 1980); ferner; Grüner, Christa: Anfänge der Bayreuther Industrie im 18. Jahrhundert, ZA Uni Bayreuth, 1970/II, S. 15 – 28; Brunner, Oskar: Die Bayreuther Fayencefabrik, in: Oberfränkische Heimat Nr. 6, 1926.

[106] Für die Zeit bis 1728 siehe v. a. Müssel, Karl, a.a.O. Er konnte viele Fehler und Ungenauigkeiten richtigstellen.

[107] Der Vertrag befindet sich im Staatsarchiv Bamberg. Er ist abgedruckt bei Stieda, Wilhelm: Die Keramische Industrie in Bayern während des 18. Jahrhunderts, Leipzig 1906, S. 38 ff.

[108] Füssel, Joh. Mich.: Unser Tagebuch, Erlangen 1787, S. 82/83.

[109] Siehe dazu Gebeßler, August: Stadt- und Landkreis Bayreuth, München 1959, S. 56.

[110] Siehe dazu Hofmann, a.a.O. S. 68.

[111] Siehe dazu Geschichte der Porzellanfabrik Walküre, zusammengestellt von der Firmenleitung am 19. 11. 82.

[112] Zur Marmormanufaktur siehe v. a. Grüner, Christa, a.a.O. S. 29 – 38; Riedel, Adam Christoph: Beschreibung des im Fürstenthum Bayreuth zu sanct Georgen am See errichteten Zucht- und Arbeithaus, Bayreuth 1750, S. 111 – 146.

[113] Das Privileg befindet sich im Stadtarchiv Bayreuth; es ist abgedruckt bei Riedel a.a.O. S. 117 ff.

[114] Dergl. S. 78 und S. 122.

[115] StA Ba C 7 VIII, 2503 I, Zustandsbericht der Marmormanufaktur vom 29. Mai 1799.

[116] Siehe dazu Schaller, Christoph: Kunstwerke aus dem Marmor des Frankenwaldes, in: Heimatbote Nr. 6, 1953.

[117] Tournon, Baron Camille de: Die Provinz Bayreuth unter französischer Herrschaft, Wunsiedel 1900 (deutsche Übersetzung), S. 54 f.

[118] Siehe dazu die interessante Darstellung Becher, Artur: Bayreuther Marmor für Kelheim, in AO 69, 1989, S. 423 – 436.

[119] Die Informationen über die Tabakspfeifenmacher wurden entnommen aus: Müssel, Karl: Die Tabakspfeifenmacher von St. Georgen am See, Fränkischer Heimatbote Nr. 11, 1984; dort auch Verweis auf weitere Literatur.

[120] Reiche, Jobst Christoph Ernst von: Bayreuth 1795, S. 59.

[121] Siehe dazu Grüner, Christa, a.a.O. S. 40, ferner StAB, K 190, 475 und 476.

[122] Siehe dazu Grüner, Christa, a.a.O. S. 40

[123] Zustandsbericht der Marmor-Manufaktur vom 29. Mai 1799, StAB, C 7 VIII, 2503 I.

[124] Siehe dazu Gehlert, Winfried: Geschichte der Zuckerraffinerie Theodor Schmidt, Fränk. Heimatbote Nr. 4, 1969; dort auch Auszug des Schreibens Dr. Schmidts vom 13. 8. 1834.

[125] Seeser, Adam: Lebenserinnerungen, unveröffentlichtes Manuskript, Archiv Ronald Werner.

[126] Ebenda

[127] Siehe dazu Müssel, Karl: Der Malerprofessor Wilhelm von Diez, in: Festschrift zum 6. Brannaburger Bürgerfest 1989, S. 31 – 41.

[128] Zur Geschichte der Bayreuther Brauereien siehe vor allem Tröger, Siegfried: Die Geschichte des Kommunbrauwesens in Bayreuth, ZA Uni Bayreuth 1977/II; Frank, Christl: „Des Bier hot a Gschmäckla . . .“ in: Bayreuth, Mosaik einer Kulturstadt, Bayreuth 1972; Bock, Herrmann: Bayreuther Bierstreit in der guten alten Zeit, in: Heimatbote Nr. 4/1952; Hirschmann, Philipp: Alte Bayreuther Gasthöfe und Wirtschaften, in: Oberfränkische Heimat Nr. 21/1929; Rost, Karl: Die Bau-, Bevölkerungs- und Wirtschaftsentwicklung der Bayreuther Vorstadt St. Georgen von der Gründung bis zum Ende der Selbständigkeit (1702 – 1811), ZA Uni Bayreuth, 1970/II, S. 46 – 50 (Das Brauwesen).

[129] Die beiden Brauordnungen sind u. a. in: Coll. Sauer-Wein, StABa C 18/1, 25

[130] StA Bth., 11746 (Brauvisitationen, 1880 ff.).

[131] StA Bth., 11867 (Biererzeugung im hiesigen Stadtbezirk, 1840 ff.); die Anleitung ist auch abgedruckt in Tröger, Siegfried, a.a.O. S. 74 – 76.

[132] Eine Zusammenstellung der Bayreuther Brauereien bei Tröger, Siegfried, a.a.O. S. 77 – 82.

[133] Zur „Stern-Bräu“ siehe Müssel, Karl: Festschrift zum 5. Brannaburger Bürgerfest, 1987.

[134] Siehe dazu auch Trübsbach, Rainer: Geschichte des Bäckerhandwerks Bayreuth Stadt und Land, Bayreuth 1984, S. 93 – 95.

[135] Siehe dazu Müssel, Karl: Roter Ochse, Goldener Stern und Schwarzer Bär, Von den ältesten Gastwirtschaften St. Georgens und ihren Wirten, in Festschrift zum 5. Brannaburger Bürgerfest, 1987, S. 9 – 25.

[136] Fordermair, Anna: Als Schweinchen das Beckenbier soffen, Erinnerungen an Viehmärkte auf dem „Brannaborcher" (Auszug), in: Heimatbote Nr. 4/1992.

[137] StA Ba. KDK – HKB Rep. C 9 VI 4 a Nr. 10 642.

[138] Volkamer, Johann Christoph: Nürnbergische Hesperiden Nürnberg 1714

[139] Siehe dazu Müssel, Karl: Brandenburger Seefeste, in: Festschrift zum 2. Brannaburger Bürgerfest 1981, S. 7 f.

[140] Unterlagen über den Brandenburger Kulturstadl wurden uns freundlicherweise vom Vorstandsmitglied Wieland Beinert zur Verfügung gestellt. Siehe vor allem Festschrift „10 Jahre Brandenburger Kulturstadl", Bayreuth 1992.

[141] Aus: Informationsblatt des Brandenburger Kulturstadls „Es ist vollbracht", Bayreuth 1990.

[142] Siehe dazu Nordbayerischer Kurier vom 14. 5. 1990 „Mutter ist oft nicht die beste". Brandenburger Kulturstadl spielt Erich Kästners Kinderstück „Pünktchen und Anton".

[143] Siehe dazu Grußwort zur Festschrift 1992 (Anm. 140).

[144] Seeser, Adam: Lebenserinnerungen, unveröffentlichtes Manuskript, Archiv Ronald Werner.

[145] Siehe dazu Müssel, Karl: Richard Wagners Bayreuther Patenkind, in Fränkische Heimat Nr. 5, 1979; dort auch Auszug des Briefes Richard Wagners

[146] Wagner, Cosima: Die Tagebücher, Band I (1869 – 1877), München 1976, S. 528.

[147] Pretzsch, Paul: Cosima Wagners Heimgang, Bayreuther Land, Heimatbeilage zum Bayreuther Tagblatt, Nr. 4, 1930.

[148] Zur Geschichte der Taubstummenanstalt bzw. Schule für Sprachbehinderte siehe vor allem: Kraußold: Die Taubstummenanstalt in Bayreuth, in: AO 13/1, 1875, S. 43 – 54; Friedmann, Heinrich: Die prot. Taubstummenanstalt in Bayreuth, in: Bayreuther Land,

Nr. 8/1928; Meyer Rudolf: Zur Geschichte der Taubstummenanstalt (1820–1973) und der Schule für Sprachbehinderte (1973 bis heute) in Bayreuth, Zusammenstellung der Daten; Fuchs, Stephan Herbert: Sprachbehinderungen müssen früh erkannt und bald behandelt werden, in: Frankenpost vom 5. 6. 1991; Broschüre des Bezirks Oberfranken „Schule für Sprachbehinderte Bayreuth mit Heim und Tagesstätte", Bayreuth 1990.

[149] Friedmann, Heinrich, a.a.O. S. 142.

[150] Eine Gesamtdarstellung über die Schützenvereine in Bayreuth fehlt bislang, es gibt aber umfangreiche unveröffentlichte Manuskripte und mehrere Einzelaufsätze. Siehe vor allem Rotter, Christian: Das Schießwesen in Bayreuth, Chronik in 5 Teilen, Bayreuth 1929; ders.: Das Schießhaus St. Georgen, seine Vorgänger und seine Geschichte. Bayreuth 1932; ders.: Was Scheiben sprechen, in: Bayreuther Land, 1924, S. 2–9; ders.: Hans Rotter, Lebensabriß eines engagierten Schützen, Bayreuth ca. 1935; ders.: Das Schützenfest der priv. Schützengesellschaft St. Georgen im Jahre 1929; Richter, Ernst: Chronik der Kgl. privilegierten Schützengilde Bayreuth, Bayreuth 1914; Müssel, Karl: Die Anfänge des Vogelschießens in St. Georgen am See, in 2. Festschrift zum Brannaburger Bürgerfest 1981; Hanke, H.: Anfangs: Vekehrsgefährdung und Polizeibefehl, Das Schießhaus St. Georgen wurde 150 Jahre alt, Fränkische Presse vom 26. 5. 1961;

[151] Richter, Ernst, a.a.O. S. 1.

[152] Müssel, Karl, a.a.O. S. 28.

[153] Zitiert nach Rotter, Christian: Das Schießwesen in Bayreuth, S. 47 f.

[154] Die Schützenordnung ist abgedruckt bei Müssel, Karl, a.a.O. S. 28–30.

[155] Zitiert nach Hanke, H. a.a.O.

[156] Zitiert nach Rotter, Christian: Das Schießwesen in Bayreuth, S. 56.

[157] Rotter, Christian, a.a.O. (Der Text wurde stark gekürzt).

[158] Die Informationen über den Sportring wurden freundlicherweise durch Herrn Werner Feulner zur Verfügung gestellt.

[159] Die Angaben über den Verein stellte uns freundlicherweise Fritz Mertel zur Verfügung.

[160] Unterlagen über das Kleine Plakatmuseum, vor allem Zeitungsartikel und Ausstellungskataloge, stellte uns freundlicherweise Dr. Franz Joachim Schultz zur Verfügung.

[161] Nordbayerischer Kurier vom 14. 2. 1987 „Information statt Kunst. Internationale Filmplakate im Kleinen Plakatmuseum".

[162] Zitiert nach Fuchs, H. Stephan: „Konzert ist Verrat an Wagner", Frankenpost vom 2. 7. 1992.

[163] Siehe dazu Fuchs, H. Stephan: „Die Grotte des Zauberers", Frankenpost vom 13. 8. 1991.

[164] Zitiert nach Boltz, Waltraud: Ein Haus der Kunst und der Begegnung, Festspielsommer 1992; die weiteren Informationen über das Haus wurden ebenfalls dieser Broschüre entnommen.

[165] Über diese Ausstellung siehe Fuchs, H. Stephan: „Jeder Teddy hat sein eigenes Geheimnis", Frankenpost vom 11. Mai 1992; Puppen / Plüsch, 250 Teddys kamen unter den Hammer, in: Spielzeug-Markt 6.7/1992 S. 47; „Stern" Nr. 23/1992.

[166] Der Rundgang wurde zum größten Teil durch Befragung von Zeitzeugen zusammengestellt. Alle kursiven Textteile hat Frau Fordermair verfaßt.

Literaturverzeichnis

Aas, Norbert: Von der Illegalität in Berlin zur Opposition in Bayreuth, Das Leben des unabhängigen Sozialisten Ewald Naujoks, Bayreuth 1988

Abbé, Raimund David: In französischer und Nazi-Haft 1941 – 1945, Deutsche Übersetzung, Offingen 1989

Bayerlein, Fritz: Die wirtschaftliche Lage des ehemaligen Fürstentums Bayreuth von 1806 – 1910 unter besonderer Berücksichtigung seiner Textilindustrie, Diss. Innsbruck 1929

Becher, Artur: Bayreuther Marmor für Kelheim, in: AO 69, 1989

Berve, Raghilt: Stadterweiterungen der fränkischen Residenzstädte Ansbach, Bayreuth und Erlangen im 17. und 18. Jahrhundert, Düsseldorf 1975

Bilabel: Aus dem Leben der Prinzessin Christiane Sophie Wilhelmine von Brandenburg -Kulmbach, in: AO 16/1, 1884

Busch, Josef Martin: Geschichte der Vorstadt St.Georgen bei Bayreuth, Bayreuth 1851

Conrad, Herbert: Das Ende der Bayreuther Markgrafenzeit, in: Fränkischer Heimatbote Nr. 6/1969

Ders.: Ein Hauswappen erzählt Geschichte, In Bayreuth vor 250 Jahren: Unter Georg Wilhelm, dem Bauwütigen, in: Fränkischer Heimatbote Nr. 11/1971

Ders.: Ordensfest im Brandenburger 1732, in: Fränkischer Heimatbote Nr. 4/1970

Creta, Erdmann Johann: Stadt- Schul und Rechenmeister zu Bayreuth, Lebens- und Reiß-Beschreibung, Bayreuth 1715-1730

Döberlein, Walter: Die industrielle Entwicklung der Stadt Bayreuth seit 1945 mit Schwerpunkt Industriegebiet St. Georgen, ZA Uni Bayreuth, 1972/I

Dött, Ilse Käthe: Protestantische Querkirchen in Deutschland und der Schweiz, Münster 1955

Eger, Manfred: Als bei St. Georgen noch Seeschlachten stattfanden, in: Fränkische Presse vom 24./25. 1. 1959

Endres, Rudolf: Das Strafhaus St. Georgen bei Bayreuth, in: Christoph Sachße/Florian Tennstedt (Hg.): Jahrbuch der Sozialarbeit 4, Hamburg 1981

Engelbrecht, Wilfried: „Das Neueste aus Bayreuth" - Die Presse im markgräflichen, preußischen und französischen Bayreuth (1736 – 1810), Bayreuth 1993

Fischer, Georg: Die Subsidienverträge des Markgrafen Alexander von Ansbach – Bayreuth, in: AO 30/1, 1927

Fischer, Horst: Häuserbuch der Stadt Bayreuth, Bayreuth 1991

Fordermair, Anna: Als Schweine das Bekkenbier soffen, in: Heimatbote Nr. 4/1992

Frank, Alfred: Der Markgraf rief, und alle, alle fronten, in: Frankenheimat Nr. 11/1965

Ders.: Die Marmorfabrik im Zuchthaus St. Georgen, in: Fränkischer Heimatbote Nr. 8/1973

Ders.: Fürstenbesuch in der markgräflichen Residenz, in: Frankenheimat Nr. 2/1960

Ders.: Fürstliche Geschäfte, in: Frankenheimat Nr. 6/1985

Frank, Christl: „Des Bier hot a Gschmäckla. . ." in: Bayreuth, Mosaik einer Kulturstadt, Bayreuth 1972

Frenzel, Ursula: Beiträge zur Geschichte der barocken Schloß- und Gartenanlagen des Bayreuther Hofes, Diss. Erlangen 1958

Friedmann, Heinrich: Die prot. Taubstummenanstalt in Bayreuth, in: Bayreuther Land Nr. 8/1928

Füssel, Joh. Mich.: Unser Tagebuch, Erlangen 1787

Gansera-Söffing, Stefanie: Die Schlösser des Markgrafen Georg Wilhelm von Brandenburg-Bayreuth, Bayreuth 1992

Gassauer, Dieter: Bayreuth unter Markgraf Georg Wilhelm – Bauliche Veränderungen von 1701 – 1726, ZA Uni Bayreuth, 1969/II

Gebeßler, August: Stadt und Landkreis Bayreuth, München 1959

Gehlert, Winfried: Geschichte der Zuckerraffinerie Theodor Schmidt, in: Fränkischer Heimatbote Nr. 4, 1969

Gräder, Karl: Der Friedhof von St. Georgen, in: Frankenheimat Nr. 11/1959

Ders.: Ordenskirche St. Georgen, in: Frankenheimat Nr. 11/1954

Grüner, Christa: Anfänge der Bayreuther Industrie im 18. Jahrhundert, ZA Uni Bayreuth, 1970/II

Habermann Sylvia: Bayreuther Gartenkunst, Worms 1982

Dies.: Alte Bayreuther Fassaden, Bayreuth 1983

Dies.: Der Auftritt des Publikums, Bayreuth und seine Festspielgäste 1924 – 1944, Bayreuth 1992

Dies.: St. Georgen am See – Vom Schauplatz barocker Feste zum alltäglichen Vorort, in: Festschrift zum 7. Brannaburger Bürgerfest, 1991

Hartmann, Karl: Geschichte der Stadt Bayreuth im 19. Jahrhundert, Bayreuth 1954

Ders.: Geschichte der Stadt Bayreuth in der Markgrafenzeit, Bayreuth 1949

Ders.: Musikpflege in Altbayreuth, in: AO 33/1, 1936

Heidenreich, Bernhard: Ritterorden und Rittergesellschaften, Ihre Entwicklung vom späten Mittelalter bis zur Neuzeit, Würzburg 1960

Heinritz, Johann Georg.: Die Lebens- und Regierungsjahre des Markgrafen Georg Wilhelm zu Bayreuth, in: AO 2/2, 1843

Ders.: Versuch einer Geschichte der k.B.Kreis-Hauptstadt Baireuth, Bayreuth 1823

Ders.: Zur Geschichte der Stadt Baireuth, Zweiter Theil, Bayreuth 1825

Hennig, Helmut: Zigeuner im Fichtelgebirge, Heimatbeilage zum Amtlichen Schulanzeiger des Regierungsbezirks Oberfranken, Nr. 165, Bayreuth 1990

Herrmann, Erwin: Friedrich der Große in Bayreuth, in: Duchhardt, H. (Hg.): Friedrich der Große, Franken und das Reich, Köln, Wien 1986

Ders.: Höfische Feste und markgräfliche Schiffe in St. Georgen, in AO 65, 1985,

Ders.: Zum Fund einer Statue in St. Georgen, in: Fränkischer Heimatbote, 1981

Herrmann, Franz: Bayreuther Markgrafen – Büchlein, Kurze Geschichte des ehemaligen Fürstentums Bayreuth, Bayreuth 1910

Herrmann, Paul Georg: Die Leichenprozession für den verstorbenen Markgrafen Georg Wilhelm von Bayreuth am 13. Februar 1927, in: AO 31/1, 1930

Hildebrand, Johann Friedrich: Denk- und Dankrede, welche auf der Thumspitze zu St. Georgen nach Aufsteckung desThurmknopfes gehalten wurde, Bayreuth 1794

Hirsch, Johann: Das v. Gravenreuth'sche Stift zu St. Georgen bei Bayreuth, in: AO 7/2, 1858

Ders.: Der Brandenburger Weiher, in AO 6/2, 1855

Ders.: Ein Beitrag zur älteren Geschichte der Pfarrei St. Georgen bei Bayreuth, in AO 7/3, 1859

Hirschmann, Philipp: Alte Bayreuther Gasthöfe und Wirtschaften, in: Oberfränkische Heimat Nr. 21/1929

Ders.: Das Sokrates-Standbild, in: Oberfränkische Heimat Nr. 13/1930

Hofmann, Friedrich Hermann: Bayreuth und seine Kunstdenkmale, München 1902

Ders.: Die Kunst am Hofe der Markgrafen von Brandenburg, München 1902

Ders.: Geschichte der Bayreuther Fayencefabrik St. Georgen am See, Augsburg 1928

Holle, Johann Wilhelm: Georg Wilhelm, Markgraf zu Bayreuth 1712 -1726, in: AO 6/3, 1856

Hübschmann, Ekkehard u. a.: Bayreuth, umgeguckt und hinterfragt, Bayreuth 1992

Kolb, Hans: 150 Jahre IHK für Oberfranken, in: Oberfränkische Wirtschaft Nr. 5/1993

Kiel, Rainer-Maria: Die Kriegsdienste der Bayreuther Markgrafen, in: Fränkischer Heimatbote Nr. 6/1989

Kraußold, Lorenz: Die Taubstummenanstalt in Bayreuth, in: AO 13/1, 1875

Ders.: Über die sogenannte Ordenskirche in St. Georgen bei Bayreuth, in: AO 8/2, 1861

Krip(p)ner, Samuel: Krippneri origines orbis S. Georgii ad lacum. Der Anfang und wahrhaffte Ursprung der Stadt St. Georgen am See insgemein der Brandenburger genannt, Bayreuth ca. 1736

Ledebur, Leopold von: Biographische Nachrichten über diejenigen Prinzen des markgräflich Brandenburgischen Hauses, die in der österreichischen Armee militärische Würden bekleidet haben, in: Märkische Forschungen Bd. 4, Berlin 1847

Mayer, Bernd: „Ich liege hier und schlafe", Die Fürstengruft in Bayreuths Stadtkirche, in: Sonntagsblatt Nr. 6/1988

Ders.: Bayreuth – Die letzten 50 Jahre, Bayreuth 1983

Ders.: Bayreuth a'la Carte, Bayreuth 1987

Ders.: Bayreuth wie es war, Bayreuth 1981

Meier-Gesees, Karl: Denkmal der Bayreuther Beckenwirte, in: Frankenheimat Nr. 10/1951

Ders.: St. Georgener Fayencen, in: Frankenheimat Nr. 1/1957

Meißner, Helmuth: Die Empore der Ordenskirche von St. Georgen und ihre Vorläufer in Himmelkron, in: Frankenheimat Nr. 9/1967

Ders.: Kirchen und Kanzelaltäre in Bayern, München/Berlin 1987

Mühlhäußer, Kurt: Sie führten Bayreuther Truppen nach Amerika, in: Fränkischer Heimatbote Nr. 11/1977

Müller, Wilhelm: Bayreuther Vororte: St. Georgen, in: Heimatbote Nr. 10/1964

Ders.: Da wurden die Stückchen Brot dünn, in: Frankenheimat Nr. 10/1966

Ders.: Das Stadtbild Bayreuths in alten Ansichten, 1600 – 1900, Bayreuth 1964

Ders.: Die Gruft in der Gravenreuther Stiftskirche, in: AO 51, 1971

Ders.: Schiffsmodell vom Brandenburger See, in: Heimatbote Nr. 2/1966

Münch, Karin: Die wirtschaftlichen Hintergründe für die Entwicklung der Fayencefabrik in Bayreuth, ZA Uni Bayreuth, 1976/II

Müssel, Karl: Der ruhmlose Abgesang der Markgrafenzeit, in: Heimatbote Nr. 12/1991

Ders.: Eine abenteuerliche Englandreise, Begebenheiten auf der Kavalierstour des Erbprinzen Georg Wilhelm (1695), in: Fränkischer Heimatbote Nr. 1/1974

Ders.: Auf den Spuren des Marquis Du Châlet, Das Geheimnis um ein Franzosengrab in der Ordenskirche, in: Fränkischer Heimatbote Nr. 10/1983

Ders.: Aus Böttgers Meißener Labor nach Bayreuth, in: Fränkischer Heimatbote Nr. 5/1985

Ders.: Aus dem Leben des bayerischen Oberamtsmannes Georg Ch. Ratiborsky, in: Fränkischer Heimatbote Nr. 1/1985

Ders.: Bayreuth – St. Georgen, Ordenskirche und Stiftskirche. München/Zürich 1982

Ders.: Bayreuth in acht Jahrhunderten, Geschichte der Stadt, Bayreuth 1994

Ders.: Bayreuther Glockengießer und ihr Werk, in: Fränkischer Heimatbote Nr. 12/1985

Ders.: Bayreuther Seefeste der Markgrafenzeit, Glanzzeit und Ende des Brandenburger Sees – Vor 200 Jahren trockengelegt, in: Fränkischer Heimatbote Nr. 7/1975

Ders.: Brandenburger Seefeste, in: Festschrift zum 2. Brannaburger Bürgerfest, 1981

Ders.: Das Gravenreuther Stift in St. Georgen, in: Frankenheimat Nr. 2/1965

Ders.: Das Markgrafenschloß St. Georgen, in: Festschrift zum 7. Brannaburger Bürgerfest, 1991

Ders.: Das Weiherhaustreffen im Sommer 1734, Vor 250 Jahren kam Friedrich der Große erstmals ins Bayreuther Land, in: Fränkischer Heimatbote Nr. 7/84

Ders.: Der alte Brunnen in St. Georgen, in: Festschrift zum 5. Brannaburger Bürgerfest, 1987

Ders.: Der kleine Wilhelm am Bayreuther Hof, in: Fränkischer Heimatbote Nr. 11/1985

Ders.: Der Malerprofessor Wilhelm von Diez, in: Festschrift zum 6. Brannaburger Bürgerfest, 1989

Ders.: Der Neujahrswunsch der Nachtwächter in Sankt Georgen am See, in: Frankenheimat Nr. 12/66

Ders.: Die „Rittertafel" im Markgrafenschloß St. Georgen am See (1722), in: AO 71, 1991

Ders.: Die Anfänge des Vogelschießens in St. Georgen am See, in: Festschrift zum 2. Brannaburger Bürgerfest, 1981

Ders.: Die Erbprinzenresidenz St. Georgen – Eine barocke Stadtgründung am Brandenburger See, in: Frankenland 5, 1985

Ders.: Die Frühzeit der Bayreuther Fayencemanufaktur, Sonderdruck aus Keramos, Zeitschrift der Gesellschaft der Keramikfreunde e.V. Düsseldorf, Heft 110, 1985 (= überarbeitete Fassung „Die Anfänge der Bayreuther Fayencemanufaktur aus neuer Sicht, in: AO 60, 1980)

Ders.: Die Matrosen vom Brandenburger See, in: Festschrift zum 4. Brannaburger Bürgerfest, 1985

Ders.: Die Ritterglocke, in: Festschrift zum 5. Brannaburger Bürgerfest, 1987

Ders.: Die Tabakspfeifenmacher von St. Georgen am See, in: Fränkischer Heimatbote Nr. 11/1984

Ders.: Eine abenteuerliche Englandreise, in: Fränkischer Heimatbote Nr. 1/1974

Ders.: Englische Träume in Bayreuth, aus: Unser Bayern, Heimatbeilage der Bayerischen Staatszeitung, Nr. 12/1984

Ders.: Friedrichsgrab – das ehemalige Rittergut am Brandenburger See, in: Fränkischer Heimatbote Nr. 2/1987

Ders.: Idyll hinter der Kirche, in: Festschrift zum 4. Brannaburger Bürgerfest, 1985

Ders.: Nicht realisierter Bauplan für St. Georgen, in: Fränkischer Heimatbote Nr. 9/1986

Ders.: Prinz Eugen von Savoyen und die Bayreuther Markgrafen, in: AO 59, 1979

Ders.: Ordensstifter im Zeichen St. Georgs, Vor 300 Jahren wurde Markgraf Georg Wilhelm in Bayreuth geboren, in: Fränkischer Heimatbote Nr. 11/1978

Ders.: Richard Wagners Bayreuther Patenkind, in: Fränkischer Heimatbote Nr. 5, 1979

Ders.: Roter Ochse, Goldener Stern und Schwarzer Bär, Von den ältesten Gastwirtschaften St. Georgens und ihren Wirten, in: Festschrift zum 5. Brannaburger Bürgerfest, 1987

Ders.: St. Georgen am See als Stadt, in: AO 66, 1986

Ders.: St. Georgen bei Bayreuth: Die „Hugenottenstadt" ohne Hugenotten, in: Erlanger Bausteine zur fränkischen Heimatforschung, 34, 1986

Ders.: Wie St. Georgen seinen Namen erhielt, in: Festschrift zum 6. Brannaburger Bürgerfest, 1989

Ders.: Zur Gründungsgeschichte von St. Georgen am See, in: Festschrift zum 1. Brannaburger Bürgerfest, 1980

Pöhlau Fritz: Staat und Wirtschaft in Ansbach-Bayreuth im Zeitalter Friedrichs des Großen, Diss. Erlangen 1934

Preiß, Norman: Bayreuther Alleen in alter Zeit, ZA Uni Bayreuth, 1978/II

Pretzsch, Paul: Cosima Wagners Heimgang, in: Bayreuther Land Nr. 4/1930

Regler, Georg: Zum Titelbild, in AO 29/3, 1926

Reiche, Jobst Christoph Ernst von: Bayreuth, Nachdruck der Ausgabe 1795, Erlangen 1980

Reuter, Ortulf: Die Manufakturen im fränkischen Raum, Stuttgart 1961

Reuther, Hans: Dome Kirchen und Klöster in Franken, Frankfurt 1963

Richter, Ernst: Chronik der Kgl. privilegierten Schützengilde Bayreuth, Bayreuth 1914

Riedel, Adam Christoph: Beschreibung des im Fürstenthum Bayreuth zu sanct Georgen am See errichteten Zucht- und Arbeit-Hauses, Bayreuth 1750

Roß, Günter: Struktur und Dynamik der industriellen Entwicklung Bayreuths im 19. Jahrhundert, 1. Teil in: AO 70, 1990, 2. Teil in: AO 71, 1991

Rost, Karl: Die Bau-, Bevölkerungs- und Wirtschaftsentwicklung der Bayreuther Vorstadt St. Georgen von der Gründung bis zum Ende der Selbständigkeit (1702 – 1811), ZA Uni Bayreuth, 1970/II

Rothemund, Eduard: St. Georgen, in: Bayreuther Land Nr. 4/1931

Rotter, Christian: Das Festschießen in St. Georgen am See, in: Bayreuther Land Nr. 8/9, 1934

Ders.: Das Schießwesen in Bayreuth, Chronik in 5 Teilen, unverö. Manuskript, Bayreuth 1929

Rudolff – Hille, Gertrud: Die Bayreuther Hofbühne im 17. und 18. Jahrhundert, in: AO 33/1, 1936

Rupprecht, Bernhard: „Gedächtnuß der von Uns angefangenen Neuen Stadt zu St. Georgen am See", Die Planstadt des Markgrafen Georg Wilhelm, in: Neuhaus, Helmut (Hg.): Aufbruch aus dem Ancien régime, Beiträge zur Geschichte des 18. Jahrhunderts, Köln, Weimar, Wien, 1993

Schaller, Christoph: Kunstwerke aus dem Marmor des Frankenwaldes, in: Heimatbote Nr. 6, 1953

Schenk, Clemens: Die kunstgeschichtlichen Sehenswürdigkeiten Bayreuths, Würzburg 1924

Schiedermair, Ludwig: Bayreuther Festspiele im Zeitalter des Absolutismus, Leipzig 1908

Schmitz, H.: Altbayreuther Bauten, in: Bayreuther Stadtbuch von 1924, Bayreuth 1924

Schneider, Louis: Das Buch vom Rothen Adler Orden, Berlin 1857

Schubert, Peter: Vom Dollhaus zur modernen Klinik, Diplomarbeit, Bamberg 1989

Schuhmann, Günther: Die Markgrafen von Brandenburg-Ansbach, in: Jb Mfr., 90 Jg., Ansbach 1980

Schultze-Pfaelzer, Gerhard: Kampf um den Kopf, Berlin 1948

Schwarz, Georg: „Rother Adler-Orden" war eine hohe Ehrung, in: Aus der Fränkischen Heimat, Beilage der Bayerischen Rundschau Nr. 7/1991

Seeser, Karl: Lebenserinnerungen, unverö. Manuskript

Ders.: Über die Familie Rose, unverö. Manuskript

Ders.: Über Johann Nikolaus Blanck, unverö. Manuskript

Seidel, Ingeborg: Das künstlerische Schaffen des Bayreuther Hofbildhauers Elias Räntz, ZA Uni Bayreuth, 1972/II

Sicken, Bernhard: Der Fränkische Reichskreis, Würzburg 1970

Sieghardt, August: Markgrafenschloß St. Georgen, in: Bayreuther Land Nr. 8/9, 1934

Sitzmann, Karl: Die Ordenskirche zu St. Georgen, in: Oberfränkische Heimat Nr. 5/1926

Ders.: Künstler und Kunsthandwerker in Ostfranken, 2. Aufl. , Kulmbach 1983

Springer, Angela: Markgraf Georg Wilhelm von Brandenburg Bayreuth (1678-1726), ZA Uni Bayreuth, 1985/II

Städtler, Erhard: Die Ansbach-Bayreuther Truppen im Amerikanischen Unabhängigkeitskrieg 1777 – 1783, Nürnberg 1956

Tournon, Camille de: Die Provinz Bayreuth unter französischer Herrschaft (1806 – 1810), hrsg. von L. Fahrmbacher, Wunsiedel 1900

Tröger Siegfried: Die Geschichte des Kommunbrauwesens in Bayreuth, ZA Uni Bayreuth, 1977/II

Trübsbach, Rainer: Geschichte der Stadt Bayreuth, 1194 – 1994, Bayreuth 1994

Ders.: Geschichte des Bäckerhandwerks Bayreuth Stadt und Land, Bayreuth 1984

Ders.: Wirtschafts- und Sozialgeschichte Bayreuths im 18. Jahrhundert, in: AO 65, 1985

Veh, Otto: Prinzessin Christiane Sophie Wilhelmine von Brandenburg – Kulmbach, in: AO 36/1, 1952

Volkamer, Johann Christoph: Nürnbergische Hesperiden, Nürnberg 1714

Vollet, Hans: Abriß der Kartographie des Fürstentums Kulmbach-Bayreuth, Kulmbach 1977

Wagner, Cosima: Die Tagebücher, Band I, München 1976

Welden, C. von: Geschichte der Errichtung des Straf-Arbeitshauses mit der damit verbundenen Marmorfabrik zu St. Georgen, Bayreuth 1830

Wolfart, : Bayreuther Friedhöfe, in: Bayreuther Stadtbuch von 1924, Bayreuth 1924

Wutschig, Wilhelm: Die Geschichte der „Strafanstalten St. Georgen – Bayreuth", unverö. Manuskript, 2. Fassung, Bayreuth 1953

Zeilinger, Günter: Heute soll die Glocke werden. . ., in: Festschrift zum 5. Brannaburger Bürgerfest, 1987

Ziegler-Hildner, Elsa: Erinnerungen an die Zeit ab 1910, in: Festschrift zum 2. Brannaburger Bürgerfest, 1981

***

Abkürzungen:

AO	Archiv für Geschichte von Oberfranken
Diss.	Dissertation
ZA	Zulassungsarbeit

Heimatbeilagen der Bayreuther Zeitungen:
Bayreuther Land: Heimatbeilage im „Bayreuther Tagblatt" in der WR
Oberfränkische Heimat: Heimatbeilage in der „Oberfränkischen Zeitung" in der WR
Heimatbote: Heimatbeilage in der „Fränkischen Presse" von 1949 bis 1967
Frankenheimat: Heimatbeilage im „Bayreuther Tagblatt" von 1950 bis 1967
Fränkischer Heimatbote: Heimatbeilage im „Nordbayerischen Kurier" von 1968 bis 1988
Heimatbote: Heimatbeilage im „Nordbayerischen Kurier" seit Nov. 1988

Sachregister

Namensregister

Bildnachweis

In einer Reihe von Fällen war es nicht möglich, die Erstrechte an Photographien eindeutig zu bestimmen. Alle Irrtümer bitten wir zu entschuldigen. Sollten Urheberrechte nicht berücksichtigt sein, so geschah dies ohne Absicht. (Angegeben ist die Abb.-Nr.)